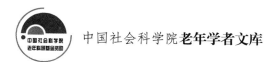

中国社会科学院 **老年学者文库**

杨学琛清史论文集

杨学琛 / 著

社会科学文献出版社
SOCIAL SCIENCES ACADEMIC PRESS（CHINA）

目　录

清代旗地的性质及其变化

　　旗地是清代满族特有的土地占有形式。对旗地的探讨，可以帮助我们了解满族的生产关系、阶级结构、阶级斗争及满族发展的特点。旗地的形成与变化过程，也说明了下列问题：它一方面反映出国家机器强力改变生产关系的作用，另一方面表明阶级斗争摧垮凭借暴力维持的落后剥削方式的巨大威力。

　　清代旗地的文件主要收藏在内务府档库中，内阁、军机处、宗人府的档库也收藏了一部分。清人的奏议、文集、方志、笔记中记述旗地的材料比较少，各朝大清会典、会典则例与事例，以及《皇朝文献通考》等官书也只简单记载了旗地的数目、分配和皇庄的组织情况。因而，关于旗地发展变化的具体情形便成为难以了解的问题。新中国成立以来，专门论述旗地的文章还不多。这些论著对于旗地的研究提供了一些有意义的贡献，但是由于很少运用丰富的档案资料，作者对一些问题的认识还不够全面。他们或以皇庄（旗地的一部分）的情况来概论旗地的全貌，或以后期事实作为探讨清初旗地的重要根据。对旗地研究的进一步深入，还有待开展。今就初步搜集到的中央档案馆和东北档案馆两处所保存的有关旗地的档案，结合清实录、清会典等官书，进行初步整理，略述所见如下。

一　清初旗地的性质

　　15～16 世纪，居住在明代辽东边外的女真部落已发展到奴隶制阶段。

1621 年，他们进入明辽东地区（今辽沈地区）以后，迅速向封建制转化。1621 年，努尔哈赤将所占据的辽沈地区大片土地授给满族人民，每丁给地六垧（每垧六亩），每三人中一人充兵，每牛录三百丁出谷二百石作为国课。同时，对汉族人民也授地六垧，并规定三丁合耕官田一垧（后改为三丁出谷二石）。这样确立了封建土地所有制和封建赋役制。1625 年，又将辽沈地区大量汉人编入庄田，每庄男丁十三名，牛七头，耕地一百垧，二十垧供官，八十垧自食，建立了大批农奴制庄田，部分由贵族所有，部分赐予备御以上的八旗官员。

1644 年，满族贵族勾结部分汉族地主，打败李自成部农民军，入都北京，建立起以满族贵族为首的清中央封建政权。满族贵族以八旗兵丁作为巩固统治、镇压人民的重要支柱。一方面为了长期保证兵源，另一方面为进一步扩大农奴制的剥削范围，他们大量圈占土地，逼民为奴，强制移植农奴制于关内。

掠夺土地是建立农奴制的重要条件。顺治元年（1644）十二月，世祖下谕，清查近京各州县无主荒田，"分给东来诸王勋臣兵丁人等"。[1] 四年正月，又令于近京府州县内，"不论有主无主地土"，悉行圈占。[2] 到康熙八年（1669），先后三次大规模圈占畿辅土地，共计十七万余顷，占当时全国耕地面积五百余万顷的三十分之一。[3]

圈地是对汉族人民最野蛮的掠夺。畿辅许多州县田地被圈占殆尽，仅残留少数薄碱歉收旱涝无常的瘠土。如永清县原额地五千二百六十七顷，圈去四千四百六十七顷；固安县原额地四千零八十一顷，圈去三千五百八十五顷[4]；安州所剩四百余顷，俱系薄碱不堪之地[5]；在霸州，高阜好地悉被圈占，遗下临河水地，"历年水涝，十无一收"[6]。田地被圈之民或补领"碱薄屯地"，或给以"原系免粮"之"老荒和不毛之薄碱

---

① 《清世祖实录》卷十二。
② 《清世祖实录》卷三十。
③ 《清圣祖实录》卷二十。
④ 《顺治题本》（残本）。
⑤ 户部尚书巴哈纳：《为大明地土事》，《顺治题本》。
⑥ 顺天巡按宝蔚：《为水患淹没禾稼等事》，《顺治题本》。

地"，年年歉收，包赔税粮。① 这样逼使原住地区汉族人民"庐舍田园顿非其故"②，被迫"离其田园，别其坟墓"，"妇子流离，哭声满路"③，大批地流亡逃移，在畿辅造成极大混乱。各地驻防旗人也同样进行圈占，但数量较少。

畿辅旗地、驻防旗地和盛京旗地共同构成了清代文件中所说的"八旗旗地"。

旗地除由皇帝任意挑选、设立皇庄外，是按八旗王公、官员等次和所属壮丁数目（即"计丁授田"），在王公、官员、兵丁人等之间进行分配的。王公各按爵秩给以庄地园地，又凭借所属壮丁数目，计丁授田。官员分给园地、壮丁地，兵丁则只分给壮丁地。结果，旗地主要集中在皇帝、王公、官员等旗人农奴主手中。

占夺土地后，满族贵族一方面大量迁徙关外旧有奴仆（称为"东人"或"盛京随来陈壮丁"）入关隶庄。所谓满族"百万之众入关"，即包括巨量这种奴仆在内。另一方面大批掠夺关内人口，迫使为奴，耕地纳租。这在中央档案馆收藏的《顺治题本》中有不少的记载。④ 清廷制定了收买民人为奴的条例，以增加奴仆数量，还施行逼民"投充"的政策。顺治初年，摄政王多尔衮几次下令，许各旗收投充"为役使之用"。⑤ 世祖亲政以后，也宣布各旗可"收贫乏之业者，用以力农"。⑥ 于是满族贵族肆无忌惮地大肆逼民投充。"距京三百里外，耕种满洲田地之处，庄头及奴仆人等，将各州县庄屯之人逼勒投充，不愿者即以言语恐吓，威势迫胁。各色工匠尽行搜索，务令投充"。⑦ 在满族贵族威胁下，畿辅民人或因田地被圈，无处栖身，或因苛派钱粮无法缴纳，或恐圈地，或惧清廷

---

① 顺天巡按曹叶卜：《为呈明圈地情由请减钱粮事》，《顺治题本》。
② 《清世祖实录》卷二十五。
③ 卫周胤：《请陈治平三大要》，《皇清奏议》卷二。
④ 兵部督捕左侍郎吴达礼：《为隐匿人犯请旨交与刑部事》，刑部尚书图海：《为隐匿人犯请旨交与刑部事》，《顺治题本》。
⑤ 《清世祖实录》卷十五；刘余祐：《请革投充疏》，《皇清奏议》卷五。
⑥ 《清世祖实录》卷五十九。
⑦ 《清世祖实录》卷十五。

"分民屠民",纷纷被逼投充①,形成"汉人不论贫富,相率投充"的风潮。② 投充者有的携带土地,这些土地也构成了旗地的一部分。

在满族贵族推行的这一系列反动措施下,农奴制庄田在畿辅和东北大批地建立起来了。

从旗地的分配、土地所有者身份、庄田规模与经营方式看,旗地可分为皇庄、王庄、官员庄田、兵丁人等份地四个类型。根据习惯说法,官员庄田和兵丁人等份地通常称为旗地(或一般旗地),属于皇帝和王公的庄田,则称为"皇庄""王庄"。本文也采取这种用法。以下先从皇庄说起。

皇庄也叫官庄,是清皇帝的私产。有缴纳"皇粮"专供皇室享用的内务府官庄,也有供给陵寝祀品、宫殿坛庙营缮费用的盛京所属户部、礼部、工部及三陵官庄。内务府官庄是皇庄的主要部分,由内务府会计司管理。主要有粮庄和银庄,分布于畿辅和奉天。从顺治元年(1644)圈地编庄到乾隆二十三年(1758),畿辅有粮庄三百二十二所,银庄一百三十二所,盛京粮庄八十四所,锦州粮庄二百一十一所,热河粮庄一百三十八所,另外还有棉锭庄、豆秸庄、稻庄、菜园、果园、雀户等,总计官庄土地共达四万余顷。③

皇庄上的壮丁有以下几个来源:(1)迁入关内的"盛京随来陈壮丁",占畿辅粮庄壮丁总数的百分之六十二。(2)投充壮丁,顺治时,畿辅投充民人达四千丁,银庄即系编制投充人建立的。(3)庄头置买的"庄头户下壮丁",占畿辅粮庄壮丁总数的百分之二十三。④(4)被发遣到庄田劳动生产的罪犯。

康熙二十四年(1685)以前,每庄设壮丁十名,选一人为庄头,领地七百二十亩至七百八十亩。壮丁繁衍则留于本庄,缺则补足。各庄给牛六至八头,量给房屋、器皿、田种、口粮及衣服,免第一年钱粮。⑤

---

① 《顺治题本》(残本);《清世祖实录》卷十五。
② 《清世祖实录》卷三十一。
③ 乾隆《大清会典》卷八十七;光绪《大清会典》卷九十四。
④ 乾隆十年《内务府会计司三旗银两庄头处呈稿》。
⑤ 《皇朝文献通考》卷五;《顺治年间档》;雍正《大清会典》卷二百二十八。

顺治初，盛京官庄每庄有耕地一百二十日（一日六亩），纳粮三百六十仓石（亩折五斗）。各庄还要上缴大量的猪、鸭、鹅、蛋、草等物。顺治年间，畿辅头等粮庄纳谷草四千束，草一万束。按每束折银一分计算，合银一百四十两，折粮二百八十仓石。①

官庄杂泛差徭非常繁重。内务府经常命令盛京粮庄壮丁修治马圈，采集马料，喂养马群。并派"甲人"住庄，监视壮丁"妥加饲养"。粮庄壮丁常被调往深山僻野采蜜伐木，捕捉水獭。② 列为畿辅粮庄正项负担的车马人夫征调也很惊人。仅"拉菜车""拉粪车""皇太子花园雇车夫、把师、牛钜、买秫秸""送看守行宫太监车""送太监和尚来回车"五项，即需口内粮庄每年纳银一万三千两，合粮二万六千仓石。③

壮丁是皇室的奴仆，世代充当，严禁逃亡与冒入民籍，不许应试为官。皇庄严禁壮丁拖欠钱粮。少交者，"照章责打"。④ 皇帝可以任意赏赐官僚以壮丁。内务府常调粮庄壮丁打牲，或逼令壮丁迁往另地官庄。⑤ 壮丁的婚姻也受到严格的限制。《顺治年间档》记载，盛京粮庄、棉锭庄的姑娘只能许配给粮庄、棉锭庄的壮丁，"不得私自给与另外的人，违者处罚"。

由上所述，可以看出皇庄的壮丁一方面领种官地，有自己的独立经济，遭受沉重的租役剥削；另一方面，人身极不自由，牢固地依附于皇帝。这种野蛮的剥削方式，可以说是严格意义上的农奴制，也就是列宁所说的和奴隶制"没有什么区别"的农奴制。

庄头户下的壮丁，是庄头的奴仆，受到更加惨重的剥削。他们"衣食于主人"，无独立的经济，无完整的人格，在庄头役使之下进行生产，辛勤劳动而"每不免于坐受饥寒之苦"。⑥ 这还是奴隶制剥削方式的残余。

---

① 雍正《大清会典》卷二百二十八。
② 《顺治年间档》。
③ 《内务府会计司晓谕众庄头档》。
④ 《顺治年间档》。
⑤ 《顺治年间档》。
⑥ 乾隆十年《内务府会计司三旗银两庄头处呈稿》。

王庄是八旗王公贵族收取"王粮"的庄园，它们分布于畿辅和奉天。构成王庄土地的来源主要有二：（1）恩赐地。恩赐地又分为封地和圈地。封地是按王公等次分封的。亲王分给关内粮庄头十名，园头一名，果豆庄头一名。郡王、贝勒等各减有差。① 圈地系拨给王公所属壮丁（每丁给地三十亩）的地亩。王公皆占有大量奴仆，分得大量圈地。顺治十七年（1660），清帝赐给平西王吴三桂二千壮丁地，每丁五日（一日六亩）。② 平南王尚可喜在畿辅有壮丁地二千五百二十五分，每分三十亩。③（2）带地投充的土地，是入关初期各王公贵族逼勒民人投充进来的土地。顺治初年，把都鲁王（英禀王阿济格）在滦州、香河、宝坻、三河、玉田、丰润、乐亭及开平卫收投充人六百七十八丁，带地一十四万二千二百九十一垧。④ 在畿辅，八旗宗室有庄园二千二百余所。⑤

王庄经营方式与皇庄相似，也是设立庄头役使壮丁耕种。如《顺治年间档》记载，欧欧哈公主在盛京章库达有五个庄，耕牛由公主置办，第一年上半年量给种子、口粮、饲料。由正月十五日起至七月止，男丁妇女每月每口给粟一金斗，小孩减半。每庄耕田一百二十垧，每垧给种子二升。此外，还给以盐纸及小器具。壮丁种地当差，缴纳"王粮"，稍有拖欠，即遭鞭打、锁禁，送官究办。⑥ 这也是役使壮丁生产的农奴制剥削方式。

官员庄田系八旗官员和部分上层"旅兵"（领催、亲军）等旗人农奴主占有的土地。入关以前，八旗将领大量掠夺人口财物，当时已有"将领从役最多，富家畜马最强，是以所得必多"的说法。⑦ 入关以后，他们继续掠夺人口，勒民投充，扩大奴仆数量。按"计丁授田"原则，"富厚有力之家，得田每至数百垧"。⑧

---

① 雍正《大清会典》卷二百三十八。
② 《清世祖实录》卷一百三十五。
③ 《户部地亩档》。
④ 《顺治题本》（残本）。
⑤ 《皇朝文献通考》卷五。
⑥ 东北档案馆 5059 号档。
⑦ 《清太宗实录》卷三十六。
⑧ 《清世祖实录》卷一百二十七。

官员庄田也是设立庄头拨丁耕种。奴仆（包括东人和投充人）是庄田的主要劳动人手。奴仆多系自备锄灶，"耕种收获，供送本主"，纳租当差。[①] 据档案记载，清初东人奴仆多系自备农具，使用家主供给的耕牛，全家老幼，在屯力作。[②] 奴仆领种家主土地，一般是缴纳定额租。如旗人农奴主绰儿吉交刘庄头领种的庄子，每年缴银五百三十两。[③] 蓟州民王三捷于顺治三年（1646）带地三百五十亩投充内院祁充格家，岁缴租银十二两。[④]

奴仆除纳租"养主"外，还从事牧马、放牛、养羊、打草等各种杂役。[⑤] 家主出征，携带奴仆充当"厮役"，牧放马匹，侍奉三人。[⑥] 主人可以将奴仆出卖或赠送，也可以任意鞭打捶辱。所有奴仆妻女耳上皆穿六孔，以防潜逃。即使在灾荒岁月、颗粒不收的时候，奴仆也不能逃避家主"督责"。[⑦] 在沉重的租役剥削和主人的"任情困辱""非刑拷打"下，不少奴仆被"逼责过甚，难以存活"，自尽者"甚多"。[⑧]

但是，"奴仆"毕竟不是奴隶了。家主不能杀死奴仆。家主杀死奴仆除了要受责一百鞭外，还要被罚俸、降级或革职。顺治六年（1649），"牛录章京布达习礼坐非刑拷掠家仆，革世职，鞭一百，折赎"。[⑨] 顺治七年（1650），"梅勒章京黑成功坐擅杀家人，革职，不准世袭"。[⑩]

八旗兵丁人等土地的经营方式是比较复杂的问题。部分上层旗兵（领催、亲军、富裕马甲）占地较多，役使奴仆生产。[⑪] 一般旗兵没有奴仆，带同家属耕种土地，少数士兵有一二壮丁帮贴生产。入关前，

① 《皇清奏议》卷八，李裀：《安插流移疏》；又卷十，王益明：《请定辽阳规制疏》。
② 刑部尚书刘昌：《题为审明奸民诱窝逃入情由》；刑部尚书图海：《题为急匿人犯请旨交与刑部事》；兵部督捕左侍郎吴达礼：《题为窝隐人犯请旨交与刑部事》，《顺治题本》。
③ 《顺治题本》（残本）。
④ 刑部尚书蓝拜：《题为送审投充人王三捷越告事》，《顺治题本》。
⑤ 刑部尚书巴哈纳：《题为拏拿获强贼事》；《题为杀死人命事》，《顺治题本》。
⑥ 林起龙：《更定八旗兵制疏》，《皇清奏仪》卷八；《清世祖实录》卷八十。
⑦ 林起龙：《更定八旗兵制疏》，《皇清奏议》卷八。
⑧ 《清圣祖实录》卷三十。
⑨ 《清世祖实录》卷四十四。
⑩ 《清世祖实录》卷四十七。
⑪ 林起龙：《更定八旗兵制疏》，《皇清奏议》卷八。

他们就是"整器械、治家业、课耕田地"①，贫困不堪。入关以后，"计丁授田"，"满洲披甲人，或止父子，或止兄弟，或止一身，得田不过数晌"。② 这是一般旗兵没有奴仆领到少量本身"份地"情形的写照。月饷不多，"兵马器械皆从此（份地）出"，贫穷的旗兵只能依靠自己同家属耕种土地维持生活。清政府也规定，"拨给甲兵地亩，有告称不能耕种者，不准"。③ 但清初连年出征，加之旱涝不常，"地瘠难耕"，严重影响到旗兵生产，土地"往往荒芜"，一遇灾荒，口粮不足，更加困敝。因此，顺治十一年（1654）规定四丁以下之家，土地退回，量加钱粮月米。④

由上所述，满族贵族入关以后在畿辅和东北扩大了农奴制剥削，建立起了大量农奴制庄田。但是，在具有长期封建租佃制传统的汉族地区，在整个旗地中完全排除封建租佃关系也是不可能的。

首先，旗地是依据奴仆数量按"计丁授田"的原则分配的，顺治初年，奴仆大量逃亡，有的旗人农奴主的奴仆逃亡殆尽（详后），遗下庄地势必招民佃种。同时，田地被圈之人（自耕农和佃农）无处安身，除逃亡、投充之外，便租种旗地。如史惇的《恸余杂记》载："圈田所到，田主登时逐出……其佃户无生者，反依之以耕种焉。"

其次，一些分得少量圈地的旗人，或无奴仆不能立庄，或不能亲身下屯耕种而出租土地。档案记载，顺治三年正白旗旗人杨守才于任丘县"奉文圈占旗地一顷五亩"，招民人纪明野等佃种八十亩，"每亩租银四分"。⑤

再次，一些无赖奸民将别人土地并于自己名下带投于八旗有势之家，仍由原有土地之人耕种，按亩向投充奸民纳租，转交旗人。⑥ 这些情况尽管有所不同，但归根到底，都反映出一个问题，即封建租佃关系突破满

---

① 《清太宗实录》卷十。
② 《清世祖实录》卷一百二十七。
③ 《八旗通志初集》卷十八；光绪《大清会典事例》卷一百五十九。
④ 《清世祖实录》卷八十；《皇朝文献通考》卷五。
⑤ 乾隆五年《内务府来文》。
⑥ 《顺治题本》（残本）。

族贵族强制推行的农奴制的枷锁，在旗地发生和发展起来。

综观上述，清初旗地的性质是相当复杂的，一般旗兵土地多系自己经营耕种，八旗官员和皇室王公庄田主要采用农奴制剥削方式，同时存在封建租佃关系和奴隶制残余。与入关以前比较，从地区和数量看，是农奴制经济的扩大，使农奴制成为清初旗地的主导形式。这是满族统治者强力维持入关前落后的剥削方式的结果。这对社会生产和满族的发展都起了严重的阻碍作用。

二　旗地由农奴制向封建租佃制的转化

满族贵族凭借暴力圈占土地，逼民为奴，强加农奴制于长期实行封建和租佃制的汉族地区，激起了满汉人民的强烈反抗，迫使统治者不得不放弃固有的农奴制剥削方式而代之以租佃关系。

清初旗地的设立，一开始就遭到反抗。畿辅田地被圈的人民"饥寒迫身"，或大规模向圈地官僚示威反抗（如民人于康熙初年反对苏纳海等的圈地），或"煽惑讹言，相从为盗"。① 一些汉族地主，从生员、乡绅、州县官直到巡抚、总督、户部尚书，不断上章抗谏。但是满族贵族，包括掌握清廷实权的摄政王多尔衮、清世祖、辅政大臣鳌拜，并未因这些阻力而动摇。他们顽固地推行农奴制度，并制定维护农奴制度的三项政策：（1）严禁奴仆逃亡的"逃人法"；（2）禁民典买旗地；（3）圈占民田拨换荒芜庄地。

顺治元年（1644），规定"窝逃者置之重刑"。② 三年，定"逃人鞭一百，归还本主。隐匿之人正法，家产籍没。邻佑九甲长乡约各鞭一百，流徙边远"。③ 六年，改为窝主"免死，流徙"。④ 十一年，以逃多获少，

---

① 《清世祖实录》卷三十一。
② 《清世祖实录》卷八。
③ 《皇朝文献通考》卷一百九十七。
④ 《清世祖实录》卷四十三。

复定"隐匿逃人者正法，家产入官"。① 为了贯彻"逃人法"，又特设专理缉捕逃人事务的"督捕衙门"。顺治年间，追捕逃人、惩治窝主，成为"清朝第一急务"。② 处罚极严，"株连太多"，"使海内无贫富、无良贱、无官民、皆惴惴焉莫保其身家"。③ 平南王尚可喜、靖南王耿仲明，也因隐匿逃人，刑部拟议削爵，罚银五千两。④

满族贵族严禁民人典买旗地，以保证旗人农奴主长期占有土地。康熙九年（1670），下令禁止旗地越旗交易。

同时，在农奴制枷锁下，奴仆或因剥削太重，无力整治水利，积贮肥料，搞好耕种，以致连年歉收，地力破坏；或者是大批逃亡，遗下庄地荒芜不耕。一般旗兵苦于征战，无暇耕种，份地多芜。因此，圈占的良田沃壤，多半弄得"年年存水，难以耕种"，"地土荒旷"，"连年田禾不收"。⑤ 为了强制维护农奴制，满族贵族不顾汉族人民的反对，进一步圈占民田，拨换荒芜庄地。康熙五年（1666），办理圈换庄地的大学士管户部尚书事苏纳海，直隶、山东、河南总督朱昌祚，巡抚王登联等以民人竭力反抗，奏请停圈，竟被辅政大臣鳌拜杀害，硬行圈换庄地三十一万余垧。⑥

满族贵族推行的这些政策，进一步扩大了农奴制生产的范围，新建立了大批农奴制庄田。但是，在封建租佃制汪洋大海包围中，维持落后的生产关系，必然遭到人民的坚决斗争，日趋没落。

奴仆是坚决反对农奴制剥削的主力军。大批逃亡是奴仆斗争的主要方式。入关以前，奴仆即陆续逃走。入关以后，奴仆逃亡的行为骤增。现将所收有关奴仆逃亡的材料制成表1、表2如下。

---

① 《清世祖实录》卷八十六。
② 刑部尚书刘昌：《题为审明奸民诱窝逃人情由》，《顺治题本》。
③ 《清世祖实录》卷八十八。
④ 《清世祖实录》卷四十七。
⑤ 户部尚书噶达洪：《题为退出地土事》；户部尚书车克：《题为八固山禀称地内存水难以耕种事》，《顺治题本》。
⑥ 《清圣祖实录》卷二十。

表1 奴仆逃亡情况

时间	情况	出处
顺治元年九月	世祖令汉官捕解逃人,"窝逸者匿之重刑"	《清世祖实录》卷八
顺治三年五月	谕兵部:数月以内,"逃人已至数万"	《清世祖实录》卷二十六
顺治三年	多尔衮言:"入主以来,逃亡已十之七"	《恸余杂记》"圈田"条
顺治六年三月	谕兵部:"(奴仆)今俱逃尽,满洲官兵纷纷控奏"	《清世祖实录》卷四十三
顺治十一年	世祖言:"(一年间),逃人多至数万,所获不及十一。"	《清世祖实录》卷八十四
顺治十一年	兵部督捕右侍郎魏伯奏:"缉捕逃人……究治愈力,逃者愈多"	魏琯:《罢籍没定窝逃疏》,《皇清奏议》卷七
顺治十三年四月	谕八旗各牛录:"十余年间……背逃甚众,隐匿滋多。"	《清世祖实录》卷一百零二
顺治十四年二月	谕督捕衙门:自改定窝主正法以来,"年来秋决重犯、半属窝逃",改令免死流徙	《清世祖实录》卷一百零七
顺治十五年五月	谕督捕衙门:"年来逃人犯法者未止,小民因而牵连被害者多。"	《清世祖实录》卷一百一十七

表2 奴仆逃亡原因及情况

时间	姓名	逃亡原因	窝主	逃亡简况	出处
顺治二年	徐三腿	—	兄	在真定府兄处匿住九年,卖带子赶集过活	《顺治题本》53号
顺治三年	王九儿	—	回民	在西安府长安县回民马尚忠处匿住	《顺治题本》14号
顺治四年	荣氏,高氏	受气而逃	雇工	上元县雇工荣光德娶高氏为妻,荣氏亦嫁与民人为妻	《顺治题本》28号
顺治五年	沈氏	因失主鹅被打而逃	和尚	与宁国府卖药和尚奇修同逃	《顺治题本》17号
顺治六年	许氏	—	乞丐	逃后讨饭,被生活逼迫上吊,被乞丐救下娶为妻	《顺治题本》35号
顺治六年	马大姐	—	满洲雇工	逃至武强县,满洲周二家雇工刘和娶为妻,同居七年被捉	《顺治题本》73号
顺治七年	陈三纳及妻子	—	—	拐驴一头逃走,到各处雇工度日	《顺治题本》50号

续表

时间	姓名	逃亡原因	窝主	逃亡简况	出处
顺治七年	李进才	—	船夫	与郯城县民徐二一道拉船回家,徐二冒为己弟,雇与王进孝家牧牛	《顺治题本》114号
顺治七年	张文三夫妻及夏龙、董三	失主牛二头,惧责逃走	地主	逃至定州雇与由思道干活,夏龙蓄钱"典下地土"。由思道因夏龙耕地打碎犁铧,将夏龙打死	《顺治题本》33号
顺治七年	投充奴李文选等	—	—	李文选等纠贼二十余人"行劫",同伙多是逃走的投充奴仆	《顺治题本》240号
顺治八年	范可明夫妻	—	兄	逃至馆陶县兄处居住	《顺治题本》38号
顺治九年	投充吴宗海	—	店家	在各处雇与人拉车得钱度日,夜宿店家	《顺治题本》94号
顺治九年	何关	—	父	"原投满人喂马使唤",逃至父家,四处雇工	《顺治题本》123号
顺治十年	投充丘秃,东人麻子、刘桂等	—	—	拐主马骡五匹,伙同民人"行劫"	《顺治题本》169号
顺治十一年	周五等男女老幼108名	在屯力作,因遭水灾而逃	—	周五等拐主牛骡42只,马3匹,"子女盈车,田器俱载","荷锄灶而逃"。逃至山东平度州住居民人家,谎称系逃荒之人"佃地分种"	《顺治题本》34号
顺治十一年	武朴大(四逃)	—	—	—	《顺治揭帖》303号
顺治十一年	—	—	官员庄头等	清廷重定窝逃法,对隐匿逃人的船家、庄头、另户、奴仆、生员、文武官吏分别定罪	《清世祖实录》卷八十六
顺治十二年	大姐	被主子打骂"受气不过"	—	—	《顺治题本》98号
顺治十二年	木清额(三逃)	—	—	"日间佣工,得钱糊口"	《顺治题本》94号

时间	姓名	逃亡原因	窝主	逃亡简况	出处
顺治十三年	张大夫妻二子及于大等六人	—	—	拐主牛车二辆逃走,匿住沧州	《顺治题本》76号
顺治十六年	呢牙汉(四逃)	—	—	"日间佣工,夜宿壕坑"	《顺治题本》129号

从表1、表2可以看出几个问题。第一,农奴制沉重的剥削,压得大多数奴仆缺食断炊,是造成奴仆大批逃亡的主要原因。此外,东人奴仆多系山东、山西、河北等地被俘民人,亲友之家就在附近州县,投充奴仆更系本地土著,奴仆逃走以后容易找到藏身之处,这也给奴仆逃亡提供了有利条件。清世祖说"十余年间……背逃甚众,隐匿滋多",充分反映了奴仆坚决摆脱农奴制的枷锁拼死斗争的决心。尽管满族贵族制定了严苛的法令来禁止逃亡,但并未取得预期的效果。

第二,隐匿逃人的窝主人数很多,成分复杂,方面很广。有汉民、满族、回民;有逃人亲友,也有"满洲家人";有农民、手工业者、店家、运军、和尚、游民、乞丐,也有地主、生员、举人、进士、州县长吏、文武大臣。这表明"逃人法"遭到普遍反对。

第三,奴仆逃走后,主要出路是垦地、佃种、受雇、寄寓、流浪、卖身、"为盗"等,出路虽各不同,但都反映出一个问题。特别值得注意的是,不少奴仆是"子女盈车,田器俱载",驱牛驴荷锄灶而行,逃走后在匿住地区佃地耕种。这最明显地反映了封建租佃制对农奴制的胜利。

第四,奴仆大批地、不断地、多次地逃亡,致命地打击了农奴制剥削方式。清初,畿辅旗地计丁授田的奴仆约四十万丁。可是,表1中所列举的材料表明,顺治三年"逃人已几数万",十一年"逃人多至数万"。这些记录虽嫌笼统,但是也可以说明奴仆逃亡的严重程度。这就必然减少庄田上的劳动力,部分旗人农奴主家业由是逐渐衰落。镶黄旗牛录章京儿格兔和达儿虎家在河间府北梁屯的二十六个奴仆,带走老婆孩子二十四名，驱马牛驴二十六头，载田器而逃，^① 遗下庄地不耕。这种现象不是个别的。因此，尽管清廷几次圈换庄地，但庄地荒芜的现象仍然十分严重。^②

同时，弥补奴仆逃亡的努力，收效越来越小。一则满族贵族是全国最高统治者，不便如入关以前那样大量掠夺人口；再则逼民投充遇到很大阻力，即使逼迫到手，他们仍会逃亡。这就迫使部分农奴主放弃农奴制剥削方式，招民佃种。一些家业衰落的旗人，则暗中典卖旗地与民人。这一情况，也使清廷逐渐减轻对"窝主"的处罚。如顺治十四年（1657）二月更定"窝主"免死刺字，家产、人口入官。此后，"逃人法"的贯彻大为放松。在奴仆大批逃亡、劳动力缺乏和汉族人民猛烈反抗圈地的影响下，康熙八年（1669）再次宣布永远停止圈地。这是满汉人民反对农奴制剥削、压缩农奴制范围的斗争的重大胜利。

与此同时，奴仆的分化日益发展。从身份来看，奴仆都是领种家主土地纳租当差的农奴，但从经济条件来看，他们原来就有所不同。带地投充人自备耕牛农具，纳租较轻，家主的控制比较松。东人奴仆的耕牛农具，多系主人供给，剥削很重。^③ 至于耕种土地的肥瘠、劳动力的强弱、年成好坏等，更是因人因地而异。特别重要的是，奴仆一般缴纳定额租，条件较好的奴仆可以通过开垦荒地、搞好庄田、扩大副业等方式增加收入，除上缴既定租银外，逐渐积累起一定数量的资财。^④ 这部分奴仆强烈地反对农奴制的束缚。他们主要采取了两种斗争方式，典买旗地和赎身为民。从康熙以来，奴仆典买旗地的行为十分频繁。据统计，仅作为八旗公产的"奴典旗地"（家主无力回赎的）即达五千八百九十七顷，约占畿辅一般旗地二十分之一。^⑤

---

① 刑部尚书刘昌：《题为审明奸民诱窝逃人情由》，《顺治题本》。
② 户部尚书噶达洪：《题为退出地土事》，《顺治题本》；《清圣祖实录》卷十一、二十四。
③ 刑部尚书图海：《题为隐匿人犯请旨交与刑部事》，《顺治题本》。
④ 东北档案馆嘉庆元年档109号载：正白旗石色克图"家下仆人"黄添福等于康熙年间自力开垦红册地二百二十八日。
⑤ 乾隆八年、十四年、二十三年《内务府来文》；东北档案馆嘉庆元年档1001号；《旗地则例》卷二。

奴仆典买旗地积累资财的情况产生了重要影响。一方面典买土地的奴仆实际上成为大小土地所有者，有的成了自耕小农，有的上升为地主。他们要求摆脱奴仆地位，赎身为民，以保护已有的资产，进一步发展个人财富。家主典卖土地后，无法继续维持农奴制庄田，也希望索取奴仆身价，释放家奴，这也就从另一方面为奴仆赎身提供了有利条件。① 这就是造成康熙以来纷纷出现的奴仆赎身事件的物质基础。

奴仆争取人身自由要求赎身为民的斗争不断高涨，迫使清廷逐渐放松奴仆赎身的限制。康熙十七年、二十一年、五十三年，清政府三次制定法令，允许部分奴仆赎身开户和出旗为民。② 满汉人民反对农奴制的斗争取得又一次重要成果。

综观上述，一方面大多数奴仆贫困不堪，无法度日，被迫大批逃亡和自尽；另一方面部分奴仆积累起相当数量的资财，纷纷赎身，或者"公然自称旗人"，冒充"正身"以摆脱农奴地位。③ 这就从根本上动摇了农奴制剥削方式的基础，迫使旗人农奴主招民佃种或典卖旗地。

在奴仆斗争的打击下，封建租佃关系迅速发展起来。顺治到康熙初年，旗地中虽有封建租佃关系存在，但比重不大，农奴制生产关系居主导地位。所以在世祖、圣祖诏谕及臣僚奏疏中，对旗地的一般提法是设立庄头拨丁耕种当差。康熙四年（1665）圣祖提出的"满洲籍家仆资生"，最典型地反映了清廷对旗地经营方式和满族阶级关系的看法。由于封建租佃关系的发展，康熙中年以后，满族贵族逐渐知道并被迫承认旗地经营方式发生的变化，对旗地的提法也就改变了。《总管内务府会计晓谕众庄头档》的记载，可以作为一个典型例证。康熙四十九年（1700），口内粮庄庄头奏请减少皇粮。康熙五十年，清廷令查粮庄所在的三十七州县，"旗人之地租与民种者，每亩取租若干"，作为参考。内务府调查后向上报告：唯正黄旗昌平州太子村一处，涿州苇它村一处，正红旗定兴县长安村一处，最好之地每亩三钱，二钱八分。除此以外，其余之地

---

① 乾隆二十一年《说堂稿》载：闲散宗室常登遣人告诉"金龙等八户家奴备价赎身"。
② 雍正《大清会典》卷三十，《编审八旗社丁》。
③ 《旗地则例》卷二。

俱每亩征银二钱五分以下一分以上不等，"执其中而约略计算，每亩该银一钱二分五厘"，少于粮庄租额。皇庄负担得以稍减，可见，清廷已知道旗地中租佃关系的普遍，并以旗地租银的多少作为调整皇庄租额的依据。此后，旗地经营方式便以"资佃耕种，收取租息"代替了"满洲籍家仆资生"。①

奴仆斗争还促进了旗地典卖与民的情况。奴仆的大批逃亡，影响到庄地荒芜，租粮拖欠，部分旗人家主收入减少。旗人农奴主长期定居城市，鲜衣美食，奢侈腐化，入不敷出，就只得典卖人口庄地。② 也有奴仆盗典主地，如岳乾佐领下雅斯哈的家奴杨坤"偷卖"主地三十亩。③ 这些典卖与民的旗地摆脱了农奴制经营方式。同时，领得份地耕种的旗兵，由于战争频繁，"器械朽坏"，"马匹倒毙"，费用增多，所分圈地欠缺劳力，旱涝不常，时至"颗粒无收"，大多数贫困不堪，被迫典卖份地。④ 因此，尽管清廷一直严禁旗地典卖与民，并不能起什么作用。顺治初年，已有典当旗地行为。⑤ 到了康熙年间，更形成旗地大量典卖与民人的高潮：

> "民典旗地之事，自康熙二三十年之间即有此风。"⑥
>
> "户部谨奏……近年以来，（追赎康熙年间典卖旗地的）案牍日多，构讼不息，臣等伏思，康熙年间典卖房地，至今多则八九十年，少亦三四十年。"⑦
>
> "撤回旗地……其在康熙三十九年清撤以前交易者，民人纳粮当差既久，此在应撤之内，应追给半价，亦应免治罪者。其在康熙三十九年清撤以后交易者……应治罪。"⑧

---

① 《清高宗实录》卷一百七十二；《皇朝经世文编》卷三十五，孙嘉淦：《八旗公产疏》。
② 《清圣祖实录》卷二百一十二；乾隆二十年、二十二年《内务府来文》。
③ 乾隆二十年二月《内务府来文》。
④ 《清圣祖实录》卷七十四，卷一百四十九。
⑤ 乾隆五年《内务府来文》。
⑥ 《皇清奏议》卷四十五，赫泰：《筹八旗恒产疏》。
⑦ 乾隆二十二年《内务府来文》。
⑧ 《畿辅官兵庄田》，《光绪大清会典》卷一百五十九；《皇朝文献通考》卷五。

　　由上所述，到康熙年间，奴仆的逃亡、赎身、发展自己独立经济，从根本上冲击了农奴制的剥削方式，推动了封建租佃关系迅速发展，促使旗地大量典卖与民（也包括旗人农奴主腐化破产，旗兵丧失土地等因素）。这表明从 17 世纪末到 18 世纪 20 年代，封建租佃关系已代替农奴制成为旗地主要生产关系，这表明满族社会发展水平的一大变化，满族农奴主大多转化为封建地主，农奴多为佃农代替。生产方式的这一变化，从根本上决定了满族贵族对旗地政策的变化。从此他们转而采取维护旗人地主利益、巩固封建租佃关系的政策，同时，仍适当照顾部分未转变的旗人农奴主的利益。这主要表现在清廷从雍正元年到乾隆九年制定的几项法令。第一，清廷放宽了奴仆赎身的限制和减轻奴仆逃亡的处罚。雍正二年六月，清廷修改了"逃人法"。新条例规定：逃人在该地居住超过一年的，窝主及十家长、邻居"俱照不应重律，责三十板完结"。不及一年，"俱各免议"。超过二年，"仍照从前定例治罪"（即窝主免死充军，家产、人口入官）。如所居之家"不知情者"，亦免议。逃亡的单丁男妇，"年过六十，或原废疾者，即未及六十，而伊家主愿令为僧道者，俱免照逃人例治罪"。① 处罚大为减轻。雍正三年二月议准：已经出旗的奴仆，除"钻谋"赎身等必须勒令归旗为奴外，若果系数辈出力之人，伊主念其勤劳，情愿听其赎身为民，本旗户部有档案可稽，州县地方有籍可据，仍归民籍，旧主子孙不得借端控告。②

　　第二，清廷制定了新的取赎民典旗地法。在封建租佃关系普遍存在、农奴制剥削无法维持和几十万户典地民人的反抗下，乾隆五年（1740），清廷重新制定了取赎民典旗地法。规定："地方官于赎地之时，将见在佃户（即典地民人）及见出之租数造册备案。嗣后，无论何人承买，仍令原佃承种，其租银照旧。如庄头土豪无故增租夺佃者罪之。"③ 这一规定是满族贵族对汉族人民又一次大规模的掠夺，抢去了数十万户典地民人占有的数百万亩土地。但是，"原佃承种"的规定，使数十万户民人变为

---

　　① 《清世宗实录》卷二十一。
　　② 雍正《大清会典》卷三十。
　　③ 《皇朝文献通考》卷五。

佃农，不再立庄拨农奴耕种。这也意味着数百万亩旗地纳入了封建租佃制范围，最终巩固了封建租佃制在旗地的主导地位。

第三，改变了官庄制度。由于官庄壮丁的逃亡、欠租和盗典官地，严重地打击了农奴制官庄，迫使皇室考虑对策。① 官庄庄头私典官地与招民佃种行为的迅速增多，又促使许多壮丁无地可耕。② 曾经是官庄钱粮差役主要负担者的壮丁，大批脱离了农业生产，不仅不能为皇室提供大量的剥削收入，反而成为官庄的无益"拖累"。以乾隆初年口内粮庄为例，口内有庄头五百一十八名。据四百六十余名庄头的报告，他们所辖壮丁共一万六千八百余名口，而庄头"驱使年久有益农务"的壮丁仅二百九十余名口，不到壮丁总数的百分之二。③ 这集中反映了农奴制为主导的官庄已走入穷途绝境，不能继续维持。因此，乾隆九年（1744），清廷做出了改变官庄制度的规定。

乾隆九年（1744），内务府以壮丁"妄生事端"，庄头名下壮丁过多实属"无益"为理由，奏准：口内，盛京、热河、山海关外等地内务府所属官生，除庄头亲生子弟及缘罪发遣壮丁毋庸置疑外，其余盛京随来并自置、投充及无罪拨遣的壮丁内，鳏寡老幼残疾及少数"有益农务"壮丁仍令庄头"留养"，其余壮丁交地方官"载入民籍，听其各谋生计"。据此，口内四百六十余名粮庄庄头向会计司呈报，留下九百余名壮丁；应拨出为民的有盛京随来陈壮丁一万零三百余名口，投充壮丁两千零三十余名口，庄头自置壮丁三千六百余名口，共一万六千余名口。盛京、热河、山海关外等地官庄亦放出大批壮丁为民。④ 这样，大批处于农奴、奴仆地位的壮丁摆脱了农奴制枷锁，"成为良民"。他们或购买土地、赴边开垦成为自耕小农，⑤ 或租旗地耕种。从此，官庄主要是由庄头招民佃种，役使壮丁耕地的农奴制剥削方式只占很小的比重了。

---

① 乾隆七年《内务府来文》。
② 乾隆八年《内务府来文》。
③ 乾隆十年《内务府会计司三旗银两庄头处呈稿》。
④ 乾隆十年《内务府会计司三旗银两庄头处呈稿》。
⑤ 光绪《大清会典事例》卷一百八十五。

　　王庄的变化又迟于皇庄。乾隆中年以后至嘉庆年间，封建租佃关系也成为王庄主要经营方式。旗民佃户或直接向王府佃种，或向庄头和壮丁典地租地。例如，英公府在奉天法库县的庄地，"嘉庆八年间，因充差壮丁潜逃者颇多，以致差银无着，故将养丁之地起租，以抵差银之收入"。① 嘉庆七年（1812）以前，因旗民佃户抗不交租事件较多，内务府特别制定了处理办法，规定，"如遇旗民佃户抗租不交者，俱行该旗民地方官催追。其欠户应得罪名，该地方官自行科拟"。②

　　总括上述，入关之初，满族贵族凭借暴力，强制改变生产关系，硬将落后的农奴制强施于长期实行封建租佃制的汉族地区，把社会拉向后退，严重地危害了生产发展，加重了对满汉人民的剥削，阻碍了满族前进。但是，历史的车轮是不可阻挡的，生产关系的变化是不以人们意志为转移的，满汉人民长期坚持斗争，终于摧垮了农奴制剥削方式。康熙末年（17世纪末至18世纪20年代），封建租佃制发展为一般旗地中的主导形式；乾隆初年（18世纪中期），在官庄上，地主经济占了上风；稍后，王庄也起了变化，满族社会发展水平已前进到接近当地汉族水平。这是满汉人民斗争所取得的巨大胜利，应该充分肯定这一变化的重要意义。

三　十八世纪中叶以后的旗地

　　随着旗地和皇庄、王庄的主导剥削关系先后由农奴制转变为封建租佃制，满族的阶级关系和阶级斗争内容起了很大的变化。佃户成为反抗封建剥削的主要成员，以旗民佃户为主的抗租霸地斗争上升为主要斗争形式，奴仆争取自由和民人典买旗地的斗争也继续发展。

　　在延续下来的农奴制庄田里，奴仆争取人身自由、反抗封建剥削、夺取土地的斗争日益高涨。这主要表现在奴仆抗租霸地、典买旗地、设

---

① 辽宁图书馆光绪三十四年《奉天法库县南坐落上屯等村地册》。
② 嘉庆七年七月5059号档。

法赎身三个方面。让我们先看典买旗地和赎身两方面的情况。

从档案中可以看出，乾隆年间奴仆典买旗地的行为相当普遍。① 这些奴仆典买土地后，或者是自己耕种，或者是转租与民。他们强烈反对农奴制的束缚，要求赎身为民。同时，部分旗人家主日益衰落，出卖庄地和奴仆，或者叫奴仆"备价赎身"。② 因此，随着封建租佃关系的发展，清廷进一步放松奴仆赎身的限制。乾隆三年（1738）和乾隆二十一年（1756），清政府两次制定允许部分奴仆赎身、开户和出旗为民的法令。③ 乾隆二十四年（1759），清政府又颁布了八旗户下家人赎身例，大量释放奴仆出旗为民。条例规定：不论远年旧仆及近岁契买奴仆，如实系本主念其数辈出力，情愿放出为民，或本主不能养赡，愿令赎身为民的，令"地方官收入民籍"。④ 此后，奴仆数量大大减少。这是奴仆长期争取人身自由斗争的重大胜利。

与此同时，以旗民佃户为主的抗租霸地斗争，迅速地开展起来，成为其后斗争的主要形式。

随着封建租佃制发展为旗地的主导剥削关系和满族分化的加剧，大批下层的正身旗人贫困不堪，纷纷租种旗地，成为佃农。旗下人（壮丁、奴仆）也相继佃种旗地。旗民佃户共同生产，相邻居住，遭受同一地主的剥削，促进了满汉人民相互学习、彼此支援的友谊，也为满汉人民联合起来，开展"抗租霸地"斗争准备了条件。

与农奴制剥削形式相较，封建租佃关系是前进了一步。但是，皇室、王公贵族和一般旗人地主贪得无厌，日益加重对旗民佃户的剥削，豪猾庄头和收租的家奴又从中敲诈。乾隆初年，增租夺佃、撤佃自种、预征租银的恶习相当普遍。乾隆四年（1739），直隶总督孙嘉淦总论旗地租佃剥削的情形时指出，佃户除缴纳正项租银外，还身受四害：（1）佃户苦心经营，田甫成熟，地棍即"添租挖种"。（2）庄头预征

---

① 乾隆四年、九年、十二年、十八年《内务府来文》均载奴仆典买旗地的情况。
② 乾隆二十一年宗人府《说堂稿》。
③ 乾隆《大清会典则例》卷一百九十二。
④ 《皇朝文献通考》卷二十。

租银，额外科索，稍不如意，即"夺地另佃"。（3）另佃必添租，"租银既重，逋负必多"，佃户常被迫"弃地而逃"。（4）地主派家奴下屯收租，随手花去，反捏控佃户抗租不纳。四者集中为额外科索佃户，强行增租夺佃。①

旗人地主的巧计盘剥，增租夺佃，庄头人等额外科索，加重了对旗民佃户的剥削，形成"民人苦于另佃，求种地而不得"的局面，佃户不能比较稳定地耕种土地，从而严重地危害了生产的发展。广大佃户忍无可忍，奋起反抗。这是明末以来在全国范围内反对封建剥削、要求土地的佃农抗租霸地斗争的继续发展。兹选档案及其他文件中所见事例如表3所示。

表3 旗民佃户"抗租霸地"简况表

时间	地点	业主	斗争者	斗争情况	出处
雍正十二年	直隶	旗人地主	佃民	地主户绝，佃户无业主取租，乘机隐漏，认为己业。"更有隐匿年久，竟认为垦荒首报纳粮者"	《光绪大清会典事例》卷一五九
雍正十三年	直隶	旗退地及入官地	佃民	"历年既久，拖欠颇多"，高宗乃令凡雍正十二年以前欠者，通行蠲免	《清高宗实录》卷五
乾隆五年	滦州	正白旗殷德布、德克锦	—	殷德布、德克锦买华纷名下入官地九顷余，"原欲租给本地民人承种"，华纷在屯家人朴大兄弟五人，"不容租给民人，强行短租揽种，又不给付租银，以致有地无租"。殷德布、德克锦"差家人往屯，自行耕种"。朴大兄弟五人率领子侄，"手持铁尺长枪，不容自耕"，将殷德布、德克锦之家人"李八刚打伤，生死未卜"	乾隆六年《内务府来文》
乾隆五年	交河县	正白旗萨库齐	奴仆	旗奴孙兰等"抗不交租"，拆卖主屋二十六间	同上

① 孙嘉淦：《八旗公产疏》，《皇朝经世文编》卷三十五。

时间	地点	业主	斗争者	斗争情况	出处
乾隆六年	丰润县	钱粮庄头蔡怀碧	众佃民	乾隆五年蔡怀碧顶替革退庄头之缺,承领庄地十五顷余,佃户"王公显等串通各佃,勒租不给"。六年蔡怀碧收地自种,"王公显等复行串通众佃,竟行硬霸,不容种地"。并"群相结党"率领二百余人,"将蔡怀碧壮丁沈孝、沈秀,凶殴打伤,现在不起。并将农具犁铧打碎,凶猛异常"	乾隆六年《内务府来文》
乾隆六年	大兴县	镶黄旗黑稚图	—	正黄旗人哈达"串通大兴县民人陈三、赵守业、赵自双等将图所典堡上村房地恃强霸占"	乾隆六年《内务府来文》
乾隆六年	怀来县	钱粮庄头黄世昌	佃户	黄世昌以佃户缴纳租银不多,撤佃自种,佃民"乔斌、刘泽等恃强同抢种"	乾隆六年《内务府来文》
乾隆十三年	通州	旗人巴尔虎	奴仆	家人三达塞、二达塞、五达塞、四儿等种主地335亩,年交租银三十两,自乾隆十年至十二年"三年内分厘不与,且将房地私行典卖"	藏乾隆十三年《内务府来文》
乾隆十三年	乐亭县	钱粮庄头黄琢	佃民	民人贾朝佐、耿文焕等霸地不给租,并将庄头所种官地21亩禾苗抢去	藏乾隆十三年《内务府来文》
乾隆十三年	安肃县	钱粮庄头宋廷楫	佃民	庄头欲撤地自种,佃民刘通、田文高等"霸地"不给,抗不交租。并和刘景、刘应运等合谋将庄头另种地一顷"硬行夺种,称言即在县控告,我等亦不惧怕"。佃民郑元佩租种庄头自置地一块,房屋一所,抗不给房与地,并将屋中收存木植尽行变卖	藏乾隆十三年《内务府来文》
乾隆十九年	滦州	钱粮庄头李士达	民人	民人于化、于文仁、于英等"偷种"庄头未出租牧放牛马地一顷五十余亩,抗不交租,反称是民产	藏乾隆二十年《内务府来文》
乾隆二十一年	易州	镶黄旗二格、阿敏阿	奴仆	家奴徐璋"盗典"伊主老圈地亩	乾隆二十一年《内务府来文》

时间	地点	业主	斗争者	斗争情况	出处
乾隆二十六年	海州	钱粮庄头康文科	佃民	民人张瑞凤、陈彦等，"目无法纪"，"倚势抗霸"，不给租银	东北档案馆藏乾隆二十六年 6492 号档
乾隆三十年	盛京	—	奴仆	清廷增定盛京旗下家奴庄头人等盗卖田产例。盗卖田产至五十亩者，依子孙盗卖祖遗祀产例，发边远充军	《皇朝文献通考》卷二百
乾隆三十年至嘉庆八年	乐亭县	宗室岳龄	奴仆	旗人刘起端、刘起品、刘起麟、刘起凤、刘起兰等种主地八顷，年租京钱四百吊，向系家奴孙忠收科。孙忠病死，"将地迷失，并未取过钱三十多年了"。嘉庆八年始查出此地	嘉庆十七年《内务府来文》
乾隆三十二年	乐亭县	奉恩将军祥著	佃民、奴仆	祥著有地 235 亩，庄房 29 间，"尽被地户赵有义等勾同李衍等十八人抢种，并群集詈骂庄头，强行霸占数次"。众佃将"庄头裴承珍、李自宽锁打，百般被欺"。每间房只纳租制钱 82 文（低于市价）。"众佃强夺霸占"，"房地均属他人"。家人张方、张德等霸占主房四间，内"自住二间，将两间给与民人居住"，"霸占不让"	乾隆三十三年《内务府来文》
乾隆五十六年至嘉庆六年	—	—	佃民	乾隆五十六年停增租夺佃之禁，十余年间庄头土豪纷纷夺佃，佃农"无地可耕，游手好闲，多致流而为匪"	咸丰元年档
乾隆五十九年	古北口外丰宁县	四品宗室德克金泰	奴仆	家人白朝清及子白天成等种主地，年交租银 33 两，乾隆五十九年以后，"连年短欠"。嘉庆六年被水淹，"每年硬自减去银十三两作为定规……尚不能交全"	嘉庆十三年《说堂稿》
嘉庆元年至七年	滦州	钱粮庄头黄复乾	佃民	佃民 11 人租官庄地 580 亩，嘉庆一年至七年，拖欠租钱一千吊，分文不给。	道光元年会计司《呈稿》
嘉庆三年	保安县	钱粮庄头张琚	佃民与奴仆	庄头名下亲丁张维翰、张维忠等"霸种"官地 79 亩 5 分，民人王栋"霸种"72 亩。	嘉庆三年会计司《呈稿》

续表

时间	地点	业主	斗争者	斗争情况	出处
嘉庆三年	密云县	钱粮庄头项永兴	旗民佃户	旗人李达租种庄地140亩,民人温成租88亩,陶勃94亩,庄头名下壮丁项敖租80亩,四人俱不交租,又不退地	嘉庆三年会计司《呈稿》
嘉庆七年	盛京	多罗贝勒郡懿府	奴仆	闵忠等十二名壮丁,霸种庄地,抗欠奴仆租钱	嘉庆七年5059号档
嘉庆八年	文安县	宗室绵沄	奴仆	家奴李兴业、黄得隆、吕兴泰等承领主地二十余顷,嘉庆八年后,李兴业们"拖欠租钱,屡次索讨,总是不交"	道光五年宗人府档
嘉庆十年	盛京扒古台	马厂升科地	旗民佃户	闲散旗人关英、得田保、关志各、五十八、太兴、抓吉、额八纪、珍金保、敖伦太、杨束、曹松柏、旗兵巴图力六十三、双喜、关五各等,佃种马厂升科地1210余绳,抗租不纳,"拖欠违抗"	嘉庆十年正月二十四日3618号档
嘉庆十一年	滦州	钱粮庄头蔡志成	民佃	民人阚文基等佃种蔡志成契置旗地1308亩,年租130两8钱,拖欠十年、十一年租银	嘉庆十五年会计司《呈稿》
嘉庆二十一年至道光元年	乐亭县、蓟州	钱粮庄头任福来	旗民佃户	佃民"鸣钟聚会,抗不交租逐回差役",并勒令庄头唱戏三天方允交租。庄头被迫唱戏后,乐亭县佃民李济开等十八名,"倚仗滦州民,抗不交租,竟有盗典地亩者"。滦州佃户刘勇等二十五名,亦不交租	道光元年会计司《呈稿》
道光二年以前	武清县	宗室安良	奴仆与民人联合	宗室安良有奴仆张栓一户在武清县屯居住,早年张栓乘机隐瞒,不纳银服役,伊主不知。道光二年主始查出,勒令张栓岁交户口银十两。道光十年起,张栓抗不交银,并殴打伊主遣去收银之人。十一年伊主安良亲到栓家训责,"经张栓之戚朱九带领多人寻殴伊主,伊主隐忍回京"。张栓又将主家房屋拆卖三十余间	中央档案馆藏道光二十年十二月宗人府档

时间	地点	业主	斗争者	斗争情况	出处
道光二年	铁岭、辽阳	惠郡王府	奴仆	壮丁丁国荣、丁发、丁国俊、丁国有、丁德玉、丁国先等百余人,将承种王府庄地大半典卖与民人	辽宁图书馆藏京都惠郡王府五城骑缝底簿
道光七年至二十四年	盛京	钱粮庄头张伯林	佃民	佃民吴逢春、吴锦春二人,"霸种"官地八日,从七年起至二十四年均不交租	辽宁图书馆藏道光部行档 449 号,道光二十四年
道光八年至二十四年	盛京	钱粮庄头黄金柱	佃民	民人周天民佃种官地,抗不交租。佃民颜三、颜五等于道光十七年租地十数日,"硬行霸种"并不认租,亦不容撤出另佃	辽宁图书馆道光部行档 479 之二,道光二十四年

从表 3 可以看出几个问题。第一,发生斗争的地区相当广泛,事件连绵不断。在畿辅和东北许多州县,抗租霸地斗争迅速地开展起来。从近京州县的文安、滦州直到古北口外丰宁县和盛京的辽阳、铁岭,以至京师的大兴县、通州,相继发生了抗租霸地斗争,有的州县连续发生过几次。这反映了抗租霸地斗争是广大旗民佃户的普遍斗争形式。

第二,就斗争参加者来看,成员十分广泛,业主身份不同。有满族佃户,也有汉族佃户。佃户又有不同情况,有租种较多土地的生员,也有佃种皇室王公庄田的旗下家人、闲散、壮丁和汉族农民。但租种少量土地的满汉佃农构成斗争的主要成员。他们在向共同的剥削者——皇室、王公贵族和一般旗人地主进行斗争中,经常是联合在一起的。

第三,方式多种多样,斗争不断发展。在斗争中,旗民佃户或借灾逼主减租,或抗不交纳,或"恃强霸占"土地,这反映了佃农反抗封建剥削与夺取土地的要求,表明斗争正在不断发展。与此相应,斗争规模逐渐扩大,出现了"群相结党","鸣钟聚会,抗不交租,逐回差役"的事件,有的进而构成武装起义,直接反对封建国家。这就将佃农抗租霸地斗争推进到新的高峰。

旗民佃户和奴仆的抗租霸地斗争,取得了辉煌战果,产生了相当大的影响。首先，在广大佃户斗争的压力下，清廷制定了承认旗地佃户永佃权的法令，禁止增租夺佃。乾隆五年（1740），回赎民典旗地法规定不管何人承买回赎民典旗地，皆由原种地之人承种输租，不许庄头土豪增租夺佃。此后，这个规定推广到适用于整个旗地租佃关系范围。乾隆五十四年（1789），和珅当权，一度废除此法。但在旗地佃户猛烈斗争，甚至"流而为匪"的压力下，嘉庆六年（1801）重新恢复。此后一再申禁。虽然这是从保证地租出发，欠租即可另佃，不少旗人地主也常违禁夺地，但这毕竟是中国历史上承认佃户拥有一定程度的永佃权的法令，对限制地主增加租银、稳定佃户对土地的使用权，都起了相当大的作用，应当充分评估它的意义。

其次，壮丁对领种土地的使用权更加稳定了。皇庄、王庄的壮丁对领种的庄地，可以自种，也可以出租，甚至可以典与民人。辽宁图书馆藏《京都惠郡王府五城骑缝底簿》关于道光二年壮丁承领庄地的记载，可以作为一个例证。表4列举了四个王庄壮丁领地的处理情况。

表 4　王庄壮丁领地处理情况

壮丁姓名	承领庄地	典出庄地	本身自种地
丁国俊	承领地四日	典于民人魏荣显地二日	自种地二日
丁　发	承领地十一日	典于民人赵成地二日半 典于民人李功地二日半 典于民人丁文起地一日半 典于民人义顺当地三日	自种地一日半
王朝荣	承领地十日	典于旗人王朝清地五日 典于旗人马财地二日半 典于旗人马禄地一日半	自种地一日
王振利	承领地八日	典于旗人王朝清地四日 典于旗人王永兴地一日 典于旗人王朝玺地半日 典于民人于永成地一日 典于旗人王铨地半日 典于旗人王朝成地半日 典于旗人王朝碧地半日	—

五城骑缝底簿是王府向壮丁、佃户收取王粮的凭据，既然簿上如此记载，可见惠郡王府已经认可壮丁典当主地的事实。

辽宁图书馆藏肃亲王府壮丁何龄典当庄地的契约也可作为参考。原文如下：

> 立押租人何龄因乏手不足，今将本身村南地四段九日格道，情愿出租与刘世泰名下耕种，言明押租钱一千九百七十一吊正，每年十月初一日交现租钱三十六吊正。其钱笔下交完，并不短少。二家情愿，各无反悔，恐后无凭，立字存照。
>
> 中见人姜富、屈著、何颜、何樑

再次，好些佃户和奴仆通过斗争，在相当长时间内，减少了甚至摆脱了封建地租剥削，掌握部分土地。如雍正时佃户籍"主死户绝"无人收租，隐占土地。奴仆刘起端等"迷失"主地八百多亩，三十余年不纳地租，计租钱一万余吊，"霸地"不退、抗不纳租的行为相当普遍。

复次，打击了地主威风，削弱了地主对佃户的人身奴役和支配权力。从发现的档案中，地主对佃户的剥削项目主要是按亩征银，很少有其他力役差派的规定。中央档案馆保存了一些旗地租佃的契约，可以列举一件作为参考：

具结人都虞司厢（镶）黄旗雀户头目王存仁为认佃事

> 小的认领差地内有坐落邢格庄北差地八十四亩，今当案情愿将孔祺作为小的佃户，按亩给小的租子京钱五百文，每年共交租京钱四十二吊，以备交纳钱粮。自此具结以后，更无反悔，所结是实。
>
> 再此后，孔祺按年交租，如无短少，小的断不敢争论。倘再有与伊争控之处，小的情甘认罪是实。
>
> 雀户头目王存仁

这张文契除记载了租钱数目外，没有其他力役剥削项目，而且明白规定佃户交租后，雀户头目"不敢争论"与"反悔"，反映了佃户对出租者的封建人身依附关系是比较薄弱的。这是佃农反对人身奴役、减少封建剥削斗争的重要成果。

最后，加强了满汉人民友谊，推动了满族社会迅速发展前进。17 世纪末至 18 世纪 20 年代，封建租佃制刚代替农奴制，成为旗地的主导剥削形式，不到 20 年，以旗民佃户为主的抗租霸地斗争就蓬蓬勃勃地迅速开展起来。这一事实表明，在汉族人民反对封建租佃制剥削方式的斗争影响之下，满族人民向束缚生产力与满族发展的封建租佃制剥削关系猛烈斗争，从而在生产关系和阶级斗争这两个主要方面，满族的水平接近于当地汉族水平。同时，在实际生活中，满汉人民相邻居住，一起生产，遭受共同性质的剥削，佃种同一地主土地，并联合起来向共同的剥削者进行斗争，从而严重地打击了满族贵族推行的民族歧视、民族隔阂政策。这也就大大促进了满汉人民互相学习、彼此支持的战斗友谊，为进一步共同反抗封建地主阶级和外国资本主义侵略者的斗争准备了条件。

旗民佃户和奴仆抗租霸地斗争的高涨，还推动了民人典买旗地行为的发展。不少佃民突破禁令，典买佃种之地，不许原主取赎。壮丁、奴仆也纷纷"盗典"旗地。这就是造成乾隆以后旗地仍不断典卖与民的重要因素。同时，旗人内部的分化继续发展，贫困旗人不断卖地。无地少地的民人则采用各种形式典买旗地耕种。因此，尽管清廷四次大规模回赎旗地（乾隆十年至十二年为初次，十三年至十五年为二次，十六年至十八年为三次，十九年至二十五年为四次），多次清查申禁，不许民人典买，但都无济于事，不得不改变禁令。咸丰二年（1852），户部以畿辅旗地"除王公庄田而外，尚未典卖与民者盖亦鲜矣"的理由，奏准允许"旗民交产"，并制定十六项章程作为处理原则。其目的是，在不能制止旗地典卖与民的情况下，令其"报税升科"以增加赋税收入。从此，旗地的特殊性质日渐消失了。这是满汉人民长期斗争的重要胜利。

总括上述，旗地的形成及其发展变化的过程，是满族贵族通过国家机器强力扩大和维护农奴制的过程，是满汉人民不断猛烈斗争摧垮过时的生产关系的过程，也是满族迅速发展，由农奴制前进到封建租佃制的过程。它表明，作为上层建筑的国家机器可以对生产关系的改变起相当大的作用：它能强制移植落后的生产关系于先进地区，扩大其范围，延长其寿命。但是，归根到底，政治权力终究要屈服于经济发展的要求，阶级斗争的强大威力必然摧垮落后的农奴制，使封建租佃制上升为主导形式，为经济发展开辟道路。这个事例充分证实了恩格斯指出的，文明较低的民族进入和长期居住在文明较高的民族地区后，在绝大多数的场合上"不得不"和那个民族的"较高的经济情况相适应"的规律的正确性。[1]

本文的写成，感谢傅乐焕先生的指导和杨向奎先生与王毓铨先生的帮助；中央档案馆和东北档案利用组的同志们大力协助。特此志谢。

1963 年 5 月，北京

（本文原载《历史研究》1963 年第 3 期）

---

[1]　恩格斯：《反杜林论》，人民出版社，1956，第 189 页。

关于清代皇庄的几个问题

封建制度的基础是封建土地所有制。近几年来，我国史学界对中国封建土地所有制问题展开了热烈讨论，提出了很多重大理论问题，涉及的方面相当广泛，意见的分歧也很显著。中国封建土地所有制的形式，是许多同志集中讨论的主题。辩论的中心问题是：在中国封建社会占支配地位的是土地国有制，还是封建地主土地所有制？探讨这一题目时，皇庄的性质是引起争论的一个焦点。某些同志以历朝皇庄作为论证土地国有制的重要根据，另外一些同志则将它纳入封建地主土地所有制的范围。但皆系简略叙述，未做详细分析。

中国封建时代土地所有权的属性和特点，是讨论中涉及的另一重要理论问题。有的文章作者提出，马克思关于司法权、行政权和军事上、诉讼上的裁决权是封建时代土地所有权属性的论断，及其对"主人权力和土地占有制底连生"的精辟分析，只适用于西方，不适用于中国。该文主张，土地可以自由买卖和没有土地占有的等级结构，是中国封建地主土地所有制的两大特点。因此该文说："行政权、司法权、军事权就不能直接表现为土地所有权的属性。无宁说，这些权力是从地权上游离出来了。"[1]

封建庄园制度是很多同志激烈争论的又一个理论问题。一些同志认为，封建庄园制曾经在几百年内是中国封建地主土地所有制的主要形态，皇庄便是一种封建庄园。有的同志则主张，从两汉至唐宋，皆无统一的庄园经济制度，也不能根据明清时代的皇庄、寺庄等庄和园，就断定当时有庄园制，不能形成完整的庄园经济体系是中国封建地主土地所有制

---

① 胡如雷：《中国封建社会形态的一些特点》，《历史研究》1962 年第 1 期。

的重要特点。

正确阐述这些问题，是一项十分艰巨的任务。中国是一个广土众民的大国，封建制度延续了三千年左右，各个朝代各个地区的条件不尽相同，情况相当复杂，发展变化也不一致，为概括论述整个封建时代的土地所有制布下了很多障碍。在这种情况下，我们认为，依据马克思主义经典作家的指示，深刻钻研特定时期的一种土地制度，联系全局，引出结论，是探索上述重大理论问题的一个途径。

清朝的皇帝拥有大量庄园，通常被称为皇庄或官庄。它包括内务府官庄，盛京户部、礼部、工部以及三陵所属官庄，等等。皇庄是旗地的重要组成部分，在政治、经济、军事诸方面发生过显著的影响。它既是唐宋以来皇室庄园的继续和发展，又承袭了入关前后金国汗的庄园的某些特点。对清代皇庄的考察，可以为中国封建时代皇室庄园的研究和上述理论问题的探讨，提供一个典型事例，以利于进一步开展中国封建土地所有制问题的讨论；同时也可以帮助我们深入分析旗地的性质和影响，有助于对清代土地占有关系和满族历史的了解。本文拟对清代皇庄的建立、规模、性质、特点、影响及其发展、变化等问题加以探索。

一　皇庄的建立、发展和规模

清代的皇庄渊源于入关前清太祖努尔哈赤和清太宗皇太极占有的庄田。17世纪前期，满族贵族多次发动对明战争，掠人口，抢财帛，夺牛马，占地置庄。天命三年（1618）四月，努尔哈赤率军攻下抚顺，俘获人畜三十万，与诸贝勒共分。稍后，进占清河、铁岭、开原等地，掠财畜，立庄拨丁耕种。[①] 天命六年（1621），后金军陷辽阳、沈阳，攻取城镇七十余，尽据辽河以东之地。是年二月，在法纳哈路"置八贝勒之庄地"。[②] 九月，又于牛庄、海州以东，鞍山以西，"各贝勒设置三个拖克索

---

① 《满文老档》太祖卷六。
② 《满文老档》太祖卷十七。

（即庄田）"。① 天命十年（1625）十月，努尔哈赤下令，将辽沈地区汉人尽数编入庄屯，"皆令造汗及贝勒之庄。一庄十三男，七牛"，耕地百垧（一垧六亩），二十垧供官，八十垧自食。② 农奴制庄田大量增加。天命十一年（1626）九月，四贝勒皇太极即汗位，继续扩大庄田。天聪八年（1634）进占察哈尔，空其地为牧场，放养汗及诸贝勒的马牛羊驼。③ 天聪、崇德年间（1627～1643），清军悉据山海关以东全部地区，并于1636、1639、1643年三次大举入关，陷城百余，俘获人畜数百万，汗的庄田继续扩大。庄田的大批建立，提供了巨额银谷器物，对皇室生活用品及后金军粮的供应起了重大作用。

　　1644年满族贵族勾结部分汉族地主，打败李自成部农民军，入都北京，建立起以满族贵族为首的清政权，世祖福临便从一个偏僻边区的小国君汗一跃而为统治全中国的皇帝。清帝如同以往各朝专制皇帝一样，既是一个大土地所有者，入关前已经建立了大批庄田；同时又是封建国家的唯一代表，他和国家是同义语。所谓"朕即国家"，"以其言为天下法"，"前主所是书为律，后主所是著为令"等，都表明皇帝拥有独揽一切的无限专制的权力。他是主宰全国的帝君，有权任意支配国有土地。他可以把官田、荒地置于国家的直接支配下，或赏赐臣僚，或招民开垦官荒永执为业，当然更可以从中攫取大量土地作为自己的私产，同样也可以运用暴力掠夺民田，设置庄园。这就为大规模地扩大皇庄奠定了物质基础。正如恩格斯分析法兰克王国的皇室土地来源与分配时所指出，王权"把旧日的民田变成王室领地"，把"罗马的国有土地也并入自己领地"，并没收"造反者的土地"，然后，国王不断赠地给人。④ 清朝的皇帝，为了榨取财富，保证内府消费物料和饲马豆草的供应，巩固"发祥圣地"——盛京，分赐王公贵族庄田，应付各种急需，也凭借全国最高统治者的资格，运用其至高无上的权力，命令各级官员，调拨官田，占

---

① 《满文老档》太祖卷二十四。
② 《满文老档》太祖卷六十六。次年，将部分汉人壮丁放出为民。所建庄田，一部分赐给八旗官员，其余为汗及诸贝勒共分。
③ 《皇朝文献通考》卷一九三，《圣武记》卷十一。
④ 《马克思恩格斯全集》第十九卷，第542页。

夺民地，垦拓官荒，动支国库钱粮以作置庄费用，逼民投充，佥发罪犯和入官奴仆，充当官庄壮丁，扩大农奴的剥削范围。皇室庄园急剧增加。

圈占民田，调拨官地，是皇帝扩大庄地增置庄园的主要来源。顺治年间到康熙初年，清廷在畿辅三次大规模圈夺民田，调用屯地、官产，籍没故明勋贵田土，设立皇庄，分赐王公、官员皮田，拨给八旗兵丁份地，总称为"畿辅旗地"。皇帝挑选上地，设立大批粮庄，佥拨"包衣"（即奴仆，亦称壮丁）隶庄生产，每庄耕地七百八十亩。各内管领下，置菜园六十，瓜园三十，每园五丁，给地十二顷。近畿民人投充入旗，承领官地，编为银庄，亦称纳银庄头。不立庄的，每丁给地四十二亩，名叫"绳地人"。又于顺天、保定、河间、永平等府所属州县，设三旗果园一百三十六园，拨旧丁（即带入关内的包衣）七百零五名，经管当差，给养赡家口地二百七十一顷。同时，在畿辅划设御马厂，于奉天、吉林、黑龙江、热河等处，大规模地圈定山场、牧场，安置果园、粮庄、棉庄。①

康熙八年（1669），虽因汉族人民猛烈反抗，而降旨永停圈地，但皇室在关外仍然继续占夺民田。清初关内人民或因田土被圈，或被佥发，离乡别井，前往奉天垦荒，"就食求生"。当时，"四无居人，一片荒野，民等结草为庐"，披荆斩棘，"以几多血汗"，垦熟田地数十万亩。康熙十至三十年间（1671～1691），陆续被清帝圈占，编设粮庄八十四所。②

康熙八年以后，皇室多次调拨官地，增置庄园。康熙九年，于南苑置四庄，每庄给地十八顷。二十四年，在直隶新建大批粮庄，每庄十丁，耕地十八顷。二十六年，增粮庄壮丁为十五名，菜园十名。三十四年，在归化城添设粮庄十三所，每庄给地十八顷。雍乾以后继续拨地立庄。乾隆十一年（1746），以畿辅八旗公产地内未经承买及存退余绝地五千余顷，设立粮庄，整庄照例给地十八顷，半庄九顷。二十五年，以近京州县入官地一千五百九十九顷，置整庄二十三所，半庄七十三所。

---

① 《皇朝文献通考》卷五；康熙《大清会典》卷一五二、一五四；光绪《大清会典事例》卷一一九二、一一九七。

② 东北档案馆《奉天公署壬旗字一一七八号档》；《奉天行省公署档》一〇八六号。

道光二十八年（1848），以直隶存退地三千七百余顷，编粮庄一百七十五所。①

金民拨丁，拓荒边区，开垦"余地"，是康熙中年以后皇室扩大庄地的重要方式。康熙二十六年，清廷以奉天旷土甚多，令府尹"广置官庄，多买牛种，所收米谷，依时丰歉，照例输纳，设立官仓收储"。②继后续垦定制，设立庄头，编为盛京户部、礼部、工部官庄，供应三陵祭品和宫殿坛庙营缮费用。康熙三十年，圣祖以"边外积谷，甚属紧要"，命内务府预备籽粒、耒耜、耕牛，委官监管，派各庄壮丁垦种席喇穆伦与达尔河地方。③康熙四十五年（1706），在打牲乌拉地方，拣选蜜户，安置粮庄五所，每庄壮丁十四名，给以牛具，令其开垦。康熙五十七年（1718），于驻马口外弥陀山建粮庄十五所，各庄给荒地十八顷，责庄头垦种。豪猾庄头或者是役使壮丁竭力刨垦官荒，或捏称垦置，侵占官地，攘夺民田，名为"滋生"，庄地数目远溢原额。内务府查出，作为"余地"，编立皇庄，或令纳租。雍正七年（1729），热河内务府属官庄丈出余地二十方亩，增置粮庄五十三所。乾隆三十二年（1767），锦州和盛京内务府官庄丈出余地三万余垧，每垧纳银三钱六分。乾隆五十六年（1791），在锦州立庄五十六所，开垦大凌河牧场地三十余万亩。④

逼民带地投充，是皇室扩大庄园的另一重要方式。顺治年间，皇室和八旗王公贵族官员肆无忌惮地胁民为奴，"将各州县庄屯之人逼勒投充，不愿者即以言语恐吓，威势迫胁"。⑤为了顺利地兼并土地，皇室既施以暴力勒民入旗，又采用少征皇粮的方式诱民带地投充（详后）。因此，许多自耕农民或恐地被圈占，或因苛派钱粮无法上纳，被逼随带田土投充内府。⑥部分农民不愿入旗，将地附于他人名下带投。一些地主希

① 光绪《大清会典事例》卷一一九七，《皇朝文献通考》卷五。
② 光绪《大清会典事例》卷二八五、一〇九三。
③ 《清圣祖实录》卷一五三，第25页。
④ 《皇朝文献通考》卷五；光绪《大清会典事例》卷一一九六。
⑤ 《清世祖实录》卷十五，第60页。
⑥ 《清世祖实录》卷十五，第16页。

图保全赀产，投靠新主，倚仗皇威，为非作恶，也携地来投。豪猾奸民乘机占夺民业，将他人田土捏称己产，带投入旗，以致形成"汉人不论贫富，相率投充"。① 皇室由是收有大批投充地，编庄立园，设立特种役户。顺治初年，近京百姓带地来投，各按地亩设庄，编为纳银庄头。未立庄的二百八十五户，称"带地投充人"，各带地亩多寡不一，计地三千三百顷。另有蜜户三十六，苇户七，携地四百三十九顷。京外附近民人带地投充果园人丁，编立果园一百二十一所，共地八百七十顷。一些民人随地投充牲丁，计一千三百七十丁，每丁有地三十亩至四十二顷不等，共地一千七百七十二顷。②

此外，为使庄田永系腴地，皇室特立兑地条例，规定各庄薄碱沙洼地亩在附近州县入官地内拨换。

利用圈占民田、调拨官地、逼民投充、垦拓官荒等方式，清帝掠夺了巨量土地，皇庄数目急剧增多。据统计，顺治元年（1644）圈地设庄，到康熙中年，畿辅有内务府所辖粮庄四百余所，银庄一百三十二所，果园二百五十余所，瓜菜园九十余园，奉天（今辽宁）有盛京户部、礼部、工部及三陵所属官庄百余所，内务府属粮庄三百余所，果园一百三十一园，棉、靛、盐、碱庄六十所，热河内务府粮庄百余所。通计皇室拥有庄园一千六百余所，占地近六百万亩。此后不断扩建，乾隆年间增至一千九百余所。③ 这还不包括赐给王公的庄园。康熙四十六年（1707），全国纳粮民赋田、地、山、荡、畦地共五百九十八万余顷，而"高贵"的皇帝却拥有庄地近六万顷，为全国民地面积的百分之一。皇帝还领有辽阔的牧场。内务府辖属的畿辅御马草场，锦州大凌河牧场，盛京养息牧群，察哈尔地区的商都达布逊诺尔、达思冈爱牧场，场地皆极宽广。专

---

① 《清世祖实录》卷三十一，第10页。
② 乾隆《大清会典》卷八十七；乾隆《大清会典则例》卷一六四；光绪《大清会典事例》卷一一九七、一二一五；《皇朝文献通考》卷五；《会计司旗下园头家谱》。
③ 乾隆《大清会典》卷八十七；乾隆《大清会典则例》卷三十四、一六〇、一六四；光绪《大清会典事例》卷一一九二至一一九七；《清世宗实录》卷八，第18、19页；中央档案馆乾隆二年《内务府来文》；乾隆十年《内务府会计司三旗银两庄头处呈稿》；乾隆《盛京通志》新本卷三十八。

供皇室摘果、采松、刨参、驯鹿的贡山，散布于奉天、吉林和黑龙江，动辄连绵数十百里。

占夺土地之后，清帝大量金拨壮丁，隶庄生产。

皇室庄园上的壮丁有以下五个来源。第一，"盛京随来陈壮丁"。入关以前，皇室掠夺了大批人口，籍没了不少罪犯，编属包衣佐领，耕地、打牲、牧马、放羊。1644年起，"包衣"陆续被金入关，拨隶庄园，称为"盛京随来陈壮丁"，占畿辅粮庄壮丁总数的百分之六十二。① 第二，投充壮丁。顺治初年，畿辅投充民人已达四千丁，部分银庄即系编制投充人建立的。嗣后续有增加。畿辅粮庄的投充人也较多，占壮丁总数的百分之十三。② 第三，庄头置买的奴仆。为了增加劳动力，减少壮丁逃亡的影响，扶植庄头的经济力量，皇室允许庄头购买奴仆，耕地服役，称为"庄头户下壮丁"。这种壮丁数增加很快，乾隆初年，已占畿辅粮庄壮丁总数的百分之二十三，仅次于"盛京随来陈壮丁"。③ 第四，缘罪发遣的犯人和入官奴仆。顺治初年覆准："有罪之家，所籍入之奴仆，均拨给各庄，以充壮丁"。④ 嗣后陆续金发罪犯，隶庄生产。康熙四十七年（1708），刑部奏准："将抢夺商南军处之叛犯等……拨给各庄园，充当壮丁"。⑤ 这种壮丁大都遣往东北耕垦。第五，无罪发遣的。雍正时，世宗以"生齿日增，钱粮浩繁"，将内府佐领浑托和下人，"派往各庄，服田力稼"。⑥

通过上述方式，皇室征集了大量壮丁。虽因壮丁的数目增减不一（如赏赐、逃亡、滋生等），现存的文献残缺不全，我们难以知悉它的确切人数，但借助于保存下来的内务府档案和其他数据，还是可以推测出个大概。共请参阅表1。

---

① 中央档案馆乾隆十年《内务府会计司三旗银两庄头处呈稿》。
② 中央档案馆乾隆十年《内务府会计司三旗银两庄头处呈稿》。
③ 中央档案馆乾隆十年《内务府会计司三旗银两庄头处呈稿》。
④ 乾隆《大清会典则例》卷一六〇。
⑤ 《内务府则例》卷三。
⑥ 《清世宗实录》卷二〇，第6页。

表 1

地　点	庄园人户类别	顺治年间		乾隆初年		备注
		庄园数	丁数	庄园数	丁数	
畿　辅	粮　庄	—	—	581庄	30000余名	
畿　辅	银　庄	132庄285户	—	—	—	
畿　辅	果　园	257园	1100余名	—	—	
畿　辅	瓜菜园	90余处	900余名	90余处	—	
畿　辅	炭、煤、灰军	—	1605名	—	—	
奉　天	粮　庄	—	—	300庄	15419名	
奉　天	棉靛盐碱庄	—	—	60处	3333名	
奉　天	果　园	—	—	—	3724名	
奉　天	蜜　丁	—	—	—	1654名	
奉　天	盛京户、工、礼部及三陵官庄	—	—	百余所	13000余名	
热　河	粮　庄	—	—	138庄		
归化城	粮　庄	—	—	13庄		
驻马口外	粮　庄	—	—	15庄		
畿辅、奉天、察哈尔参丁、鱼丁、牲丁、牧丁					68000余名	

　　表 1 很不完全。乾隆初年，内务府所辖热河、归化城、驻马口外粮庄与畿辅银庄、瓜园、菜园、果园数百所，丁数不详，某些负担特定义务的人户（如雀户、鹰手等）未能尽数统计在内。但是，根据表 1，我们也可以得出两点结论。第一，皇庄壮丁增加很快，远溢原额。以畿辅粮庄为例。乾隆初年，有整庄三百四十七所，半庄一百七十一所，额设壮丁当为六千四百零二名（整庄十五名，半庄七名）。可是，表 1 中所载粮庄的实际人丁达三万余名，超过额定数目四五倍。第二，皇室庄园拥有大量人丁。除银庄等丁数空缺不计外，乾隆初年，表 1 所记的壮丁，多达六万余名。连带老幼家口，人数当在二三十万以上。如果补足银庄等遗漏未计之丁，人数又将增加很多。

　　总括上述，我们想要说明的事实是，清朝的皇帝凭借全国最高统治者的资格，运用专制帝王的无限权威，调拨官地，占夺民田，垦拓官荒，动支国库钱粮以作立庄工本，逼民投充，金差罪犯和入官奴仆，充当壮丁，建立了巨大的庄田，成为全国最大的地主。他的庄园、牧场、山场遍布于直隶、奉天、吉林、黑龙江、热河及察哈尔。康熙中期，庄园已达一千六百余所，占地近六百万亩，相当于全国册载民地面积的百分之一。乾隆年间，增至一千九百余所，占地近七百万亩，奴役着几十万劳动人民。

二 皇庄的土地所有制形式及清初庄园的生产关系与租役剥削的特点

清帝既是大庄园地主又是全国最高统治者的身份，决定了皇庄是一种比较特殊的封建土地所有制。庄园地租——"皇粮"的性质也较复杂。兼之，清朝初年皇室沿袭了入关前农奴制的奴役方式，更使皇庄的租役剥削和经营形式显示出与众不同的特点。

清帝占夺土地、金拨壮丁后，建立了各种类型的庄园。其名有粮庄、银庄、豆秸庄、豆粮庄、稻田庄、棉庄、靛庄、盐庄、碱庄、菜园、瓜园、果园，等等。各庄皆设壮丁若干名，选一人为庄头或园头，承领庄地，纳租当差。另外，还有蜜户、雀户、网户、捕狐户、鹰手、苇户、牲丁、炭军、灰军、煤军、牧丁等，各自负担特定义务。其中，带地投充庄头和带地投充人的经济条件和租役负担的情况比较复杂，置于后面叙述。这里先对承领官地耕种当差的壮丁情况进行分析。

通过圈占民田、调拨官地和"滋生"的方式建立的庄园，是皇庄的主要部分，占全部庄园总数的十之八九，由皇室分金派包衣和罪犯隶庄生产、纳租当差。承领官地的壮丁是皇庄的主要劳动力。他们几乎一无所有，耕牛、农具、房舍，乃至一定时期的口粮，都依赖主人供给。清朝初年，粮庄壮丁十名，金一人为庄头，领地七百二十亩至七百八十亩。壮丁繁衍则留于本庄，缺则补足。各庄给牛六至八头，量给房屋、器皿、田种、衣服。第一年发给口粮。水旱歉收，计口赈赐米麦。[①]

_____

① 《盛京内务府顺治年间档》；康熙《大清会典》卷一五一；《皇朝文献通考》卷五。

正如马克思所说，在封建时代，司法权与行政权是土地所有权的属性，主人的政治地位与土地结合在一起，土地随着它的主人一起个人化了。① 皇庄也被赋予了清帝的人格，显得像它的主人——至高无上的皇帝——非有机的身体，拥有它的无限权威，处于唯我独尊的地位，享有种种特权。因此，清帝凭借全国最高统治者的资格，使全部庄园土地和各种类型的壮丁皆为皇室私属，不载民户册籍，免除了对封建国家纳粮当差的义务，专由内务府所属各司管治，登贮内务府档册。会计司和三旗银两庄头处主管庄园地亩户口徭役，庆丰司掌牛羊群牧及口外牧场孳息事务，广储司掌"皇粮"的缴纳和收贮，掌仪、都虞二司分管牲丁、网户与园丁，慎刑司掌审谳刑狱，是专管惩治内务府人丁的司法机构。户部、刑部和地方官府亦分担管辖之责，如禁止民人侵占庄地，拖欠皇粮，审理庄头、壮丁与民户的纠纷案件。盛京户、礼、工部及三陵属官庄庄头、壮丁，分由该部及三陵衙门管理。

这样的直接生产者与土地相结合的方式，以及庄主拥有独揽一切的无限专制的权力，决定了皇室对壮丁的剥削一定是极端残酷的、野蛮的。正如列宁所指出，地主土地占有制"乃是农奴制度压迫的基础"。必然使俄国农民"贫困、受奴役、受折磨"，"给地主当牛马"。② 兼以，皇庄的主人又是拥有至高无上权力的皇帝，他设立了整套官僚机构，是运用暴力统治庄园的直接生产者。这就必然迫使承领官地的壮丁惨遭皇室压迫奴役，受穷挨饿，呻吟于饥寒交迫、贫苦难煞的地狱里。

皇室对承领官地当差的壮丁极端残酷的剥削，表现出以下六个特点。第一，正额租粮苛重难纳，国赋与私租合而为一。顺治初年，盛京皇庄每庄耕地七百二十亩，纳粮四百三十二仓石，③ 亩折六仓斗。同期奉天民地田赋，每亩征银三分。按清初粮价每仓石折银二钱计，六仓斗合银一钱二分。盛京皇庄的正额租粮三倍于民地田赋。顺治十八年（1661），直

---

① 马克思：《经济学—哲学手稿》，人民出版社，1957，第46页；《资本论》第三卷，人民出版社，1956，第488页。
② 《列宁全集》第六卷，第113页；第二十四卷，第257页。
③ 《盛京内务府顺治年间档》。

隶各府州县民地共四十五万九千七百七十二顷余，征田赋银一百八十二万四千一百九十一两，平均每亩纳银四分。康熙二十四年（1685），直隶民地增为五十四万三千三百余顷，赋额仍旧，平均每亩折银三分三厘。同期，畿辅粮庄每庄领地十八顷，纳粮三百六十仓石，照时价每石值银五钱计，合银一百八十两，平均每亩折银一钱。康熙五十年，畿辅头等粮庄额纳租粮折银二百七十两，亩折银一钱五分。据内务府的调查，在直隶有官庄的定兴等三十五个州县内，"民地征取钱粮，多者每亩八分以下，一分六厘以上不等，而况内更有一亩九分至四亩算一亩征取钱粮者"。① 这也表明，畿辅粮庄租额远逾民地田赋。其所以如此，在于庄园主人凭借全国最高统治者的特权，免除了庄地对封建国家应纳的赋税义务，并租赋为一，全归庄园主——皇室私有。

第二，折变项目异常繁琐，敲诈盘剥倍于正额。内务府会计司关于康熙四十九年畿辅粮庄租谷折变的报告，可以作为一个典型例证。会计司指出，每庄领地十八顷，头等粮庄纳租谷二百五十仓石。其中，一百八十五石六斗七升谷折交下列品种杂粮：

> 芝麻二石一斗六升，苏子三石六斗，麦子十六石二斗，绿豆一石九斗八升，黄豆一石四斗四升，粘谷一石八斗，高粱一石二斗六升，小豆五斗九升四合，荞麦七斗三升，黍子三斗六升，油麦一石八斗八升，豇豆三升六合，稗子五斗四升，红粳米三石六斗，送圈豆子一百四十四石。②

从这里我们可以清楚地看出正额租谷折交杂粮的三个作用。其一，琐碎繁多的杂粮是皇室消费物品的重要来源。光绪《大清会典事例、内务府、官三仓供用》条载，皇庄租粮送交官三仓收存备用。"凡内廷分例、各处分例，及祭祀、筵燕等所需米、麦、盐、蜜、糖、蜡、油、面、及豆、谷、芝麻、高粱等一切杂粮，并家伙等项，俱由本仓照例备办"。直到雍正

---

① 《总管内务府会计司晓谕众庄头档》。
② 《总管内务府会计司晓谕众庄头档》。

六年（1728），内府消耗的大量杂粮，仍然主要依靠皇庄的"折变制"。其二，"折变制"保证了皇室数万匹战马料豆的供应，在军事上具有重要意义。折交的杂粮，以"送圈豆子"最多，每庄一百四十四石，构成了皇室畿辅和大凌河牧场饲马料豆的主要来源。其三，"折变制"提高了租粮的实际数目，搜刮了大量财物。按时价计，谷价低于杂粮。谷每石折银五钱，一百八十五石六斗七升租谷合银九十二两八钱三分五厘。折变为豆麦等项杂粮一百七十九石二斗一升后，却值银二百三十八两一钱一分五厘，可购谷四百七十六石二斗三升，超过正额（二百五十石）一倍多。照此类推，所有粮庄每年增收的租粮，多达数十万石。这是一种非常厉害的盘剥制度。在清代，也只有皇庄才能广泛地施行这种剥削方式。

第三，附加租名目纷繁，价昂费多。以康熙年间畿辅头等粮庄为例，内务府会计司列举了每庄缴纳的以下物品：

> 鹅十支，鸡十二支，鸭五十支，鹅蛋三十六个，鸭蛋一百四十三个，鸡蛋八百三十三个，跳大神猪二口，秫秸一千三十三捆，草二千束，灯油七十斤，红花八两，扫帚二十，笤帚三十，瓢十九，芥子一斗，蓼芽菜子一斤。另外，鹰鹞房所用瓢翎，花爆作所作麻秸，造佛处所用麦面，广储司所用麦秸，均由各庄输纳。①

附加租物类繁量多，为皇室提供了大批食用物品和饲养马牛的草料，增加了收入，在消费和军事上具有重要意义。这是清帝加紧榨取壮丁血髓的一种剥削制度。

第四，皇庄的杂泛差派非常繁重。内务府常令盛京粮庄壮丁修治马圈，采集料草，喂养马群。并派"甲人"住庄，监视壮丁"妥加饲养"。粮庄壮丁常被调往深山僻野，采蜜伐木，捕捉水獭。② 列为畿辅粮庄正项

---

① 《总管内务府会计司晓谕众庄头档》；光绪《大清会典事例》卷一一九六。仅鸡、鸭、鹅、猪、蛋、草、油、秫秸八项，即值银一百五十四两，合谷三百零八石，超过粮庄正额租谷一倍多。

② 《盛京内务府顺治年间档》。

负担的车马人夫物料征调也很惊人。其主要差使有下列各项：

> 奉宸苑拉船车，拉石头子车。庆丰司拉犊车。都虞司拉网、拉鹿车。玻璃作拉开平做缸土车。畅春园拉补栽各样树木车，种青科麦稻子夫，车，粪，牛钜，刨修稻池夫，做绳子所用麻。送看行宫太监车。送太监、和尚来回车。热河运蜡烛车。送粘谷、油麦、小豆、黄豆车。南石槽种菜畦所用秫秸之粪、拉菜车、坐台夫。瀛台种麦子粪、夫。①

可以说，内务府所属各个机构都在向粮庄征调人夫车马物料。每项差使耗费了大量人力财物。仅"拉菜车"，拉粪车，畅春园雇车夫、把师、牛钜、买秫秸，"送看行宫太监车"，"送太监、和尚来回车"五项，即需畿辅粮庄每年纳银一万三千两，合粮二万六千石，平均一庄负担七十余石。由此可见，纷繁无穷的"杂差"对壮丁的压榨是多么残酷惨重！我们还可以进一步断定，皇帝具有双重性格的特点，是造成皇庄杂差繁重的一个主要因素。庄园主人以全国最高统治者的特权，使壮丁成为皇室私属，免除了他们对封建国家应负担的当差义务，专供皇室驱使。因而壮丁既须以耕种庄田直接生产者的身份为主人服役，又须向庄主尽一般臣民对国家承担的当差义务。即是说，在这里，庄园壮丁对庄主的私人服役和农民对封建国家的当差义务合而为一。这就是决定皇庄杂差必然十分繁重的主要条件之一。

第五，"皇粮"的品名很多，数量甚巨，基本上满足了皇室的需要。成千的庄园，数百万亩耕地，辽阔的牧场、贡山和围场，几十万人口，根据皇室的金差，各类庄园人户之间有所分工，各自承担某一特定主要物品的缴纳（庄园、役户之命名，即据于此），并按照庄主征派，上交其他物料。譬如，畿辅粮庄的主要义务是缴纳米谷及豆麦等项杂粮，同时贡进鸡、鸭、鹅、蛋、猪、草等物。各类庄园上交的"皇粮"，品种纷

① 《总管内务府会计司晓谕众庄头档》。

繁，其常见物品即有谷、麦、米、豆、瓜、果、蔬菜、油、盐、牲畜以及石灰、木炭、柳条、芦苇等百余种。

皇粮的品目如此纷繁多样，总数也极为庞大。康熙中期，畿辅粮庄年纳租谷十余万石，并交鸡、鸭、鹅六万余只，蛋四十余万个，草和秫秸八十余万束（捆），灯油三万余斤，猪约二千口。后八项照时价计，值银十一万余两，可购谷二十余万石。畿辅银庄额银三万八千九百余两。盛京、热河等地内务府属粮庄年交租谷二十万余石。此外，棉、靛、盐、碱庄，瓜、菜、果园、牧场、山场，以及牲丁等各种役户，每年贡进上百万的鱼、雉、鹿、狍、菜蔬、瓜、果、牛、马、羊、驼、参、珠、皮张，皆归皇室占有。我们可以断言，就地租品种之多、数量之巨而论，清帝是全国最大的地主，其他任何贵族、缙绅、庶民地主都望尘莫及，无法比拟。这是皇室施以残酷压迫，榨尽无数壮丁血汗的结果。

第六，壮丁惨遭奴役，严格隶属于皇室，人身极不自由，经济剥削与政治统治合而为一。皇室拥有任意支配壮丁的全部权力。壮丁是“包衣”（即奴仆），被束缚在庄地上，子子孙孙世代充当。壮丁姓名均载档册，每过三年，内务府委会计司官一员，前往屯庄清查人口，编审丁册，新丁年十六岁以上增入，旧丁年七十岁以上开除，逃亡注册，不许隐漏、少报及冒入民籍。① 皇室不把壮丁当作人，而是当作物品或牲畜，分赐皇子，陪嫁公主，赏赐臣僚。康熙六年（1667）奏准，皇子各按爵秩，给以庄园户丁。亲王给大粮庄二十，银庄三，半庄二，果园、瓜园、菜园各二，盛京三佐领下人五十户，带地投充人五百七十六名，新丁八百九十九名，炭军、灰军、煤军各百名。② 皇室有权任意调遣壮丁，常将壮丁像牲畜一样地赶来赶去，或从关内佥往东北，赴边拓荒，或令粮庄壮丁改充打牲人丁，或佥牲丁、牧丁随军出征。③ 壮丁身份极其低贱，无权赴考应试，更不能为官作吏。壮丁的婚姻也受到严格的限制。《盛京内务府顺治年间档》载，盛京粮庄、棉靛庄的姑娘只能配与粮庄、棉靛庄的壮

---

① 光绪《大清会典事例》卷一一九八。
② 光绪《大清会典事例》卷一一九八。
③ 《盛京内务府顺治年间档》。

丁，"不得私自给与另外的人，违者处罚"。

特别需要指出的是，皇室运用国家机器，制定法令，施用暴力，作为统治壮丁、保证租役剥削的主要手段。清帝设立整套官僚衙门，专置惩办内务府人丁的司法机构——慎刑司，制定系统的法令、条例和许多具体规定，对壮丁横加鞭挞，严厉统治。为使壮丁世充"包衣"，专立逃亡禁例。法令规定：壮丁初次逃走，鞭一百；二次，鞭一百，枷四十日；三逃，鞭一百，枷两月；四次逃跑，发遣烟瘴地区，充当苦差。① 拖欠"皇粮"，律有严禁，庄头、壮丁，承催催长、领催和官员，分别惩处。欠粮之庄，不准宽免，入于次年应征数内"一并严追"。康熙五十六年定，采参壮丁额征人参二十四两，缺额的每参三钱，责一鞭。雍正二年更改禁例，格外严惩，缺额一两以下，鞭一十；二两以下，鞭一百；二两以上，鞭一百，枷四十日。督催的领催和珠轩头目，分别鞭责以至革退其职，罚充壮丁。② 同年又定，捕牲人丁，欠交正赋，每银一钱，鞭一，鞭至一百，枷一月。雍正八年更例，欠银一钱以上至三两，鞭六十；三至六两，鞭八十；六至十两，鞭一百；十至十五两，枷一月，鞭八十。③ 放养马牛羊驼的牧丁，亦按额上交。康熙五十四年覆准：张家口外牧群，每三牛，三年滋生一牛，少一牛至十牛，牧丁鞭八十，枷一月；少十一至二十牛，枷四十五日，鞭一百。马羊滋生之数未足额的，分别鞭打枷责。④ 此外，捏报庄地受灾，枷两月，鞭一百，"滋生事端"，不遵约束，拘司究治。真是，国律与私规交织，庄主即系帝君，法网严密，动辄得咎，滥施枷责，壮丁身兼罪囚，惨遭鞭笞，血肉横飞，哭声恸地，租斗伴随着皮鞭，庄园即系刑堂，经济剥削与政治统治紧密结合，严格束缚与血腥镇压双管齐下，由是成为皇庄的一个突出特征。

这些事实无可辩驳地证明了，马克思关于司法权、行政权是封建时代土地所有权属性的论断，及其对主人权力与土地合而为一的精辟分析，

---

① 《督捕则例》。
② 光绪《大清会典事例》卷一二一五。
③ 光绪《大清会典事例》卷一二一五。
④ 光绪《大清会典事例》卷一二一〇。

是放诸四海而皆准的普遍原理，不仅适用于欧洲封建国家，而且适用于清代的皇庄，应当成为我们研究的指针。

根据上述情况，我们可以概括出三个重要结论。

首先，清初皇庄的主导生产关系是严格的农奴制，也就是近似奴隶制的一种农奴制。虽然近似奴隶制，但它毕竟是一种农奴制。两者的区别在于，奴隶没有自己的经济，只是"一种完全被奴隶主占有的物品"，①领地耕种的壮丁，虽是皇室的奴仆，人身隶属于庄主，但他毕竟有了自己的私有经济，在承领的庄地上独立地进行劳动，部分生产物归己所有。

同样清楚的是，皇庄的这种壮丁和清代一般封建租佃制剥削形式下的佃农也有较大的差异。② 就耕地纳租而言，壮丁与佃农大致相似，佃农也遭受残酷的剥削。但是，他们的处境仍然有四点明显的区别。其一，壮丁是皇室的"包衣"，可以任意赏赐和调金；不是佃仆的佃农，虽然对地主存在着严重的人身依附关系，遭受地主的奴役，但在法律地位上，仍然是"凡人"，不是地主的奴仆。清朝法令明文规定，禁止"绅衿大户"将佃户"欺压为奴"。③ 其二，皇室有权任意鞭打枷锁壮丁，而豪强地主拷打佃农的事件虽也层出不穷，却是非法的犯罪行为。清政府规定："凡不法绅衿，私置板棍，擅责佃户者，照违制律议处。衿监吏员革去衣顶职衔，杖八十。地方官失察，交部议处。"④ 其三，壮丁被束缚于庄园上，世代充当，严禁逃亡与冒入民籍；在多数场合下，佃农可以退田不耕，另佃他地，地主无权逼迫佃农世世租种。其四，地主也强制佃农缴纳附加租（如鸡、鸭等），服力役，或将正额租折纳他物，但一般数量较少，项目零星，敛取的物品不太多；而皇室实行的"折变制"，以及征派的附加租和"杂差"，名目纷繁，规模庞大，搜刮了大量财物，常逾正额租粮数倍。总起来看，皇庄壮丁遭受着更野蛮、更残酷的剥削，人身极不自由。

---

① 《列宁全集》第二十九卷，第432页。
② 此处所言佃农，系指清代不是佃仆的一般佃农。
③ 张光月：《例案全集》卷六。
④ 光绪《大清会典事例》卷六三二。

列宁所指出的"同奴隶制并没有什么区别"①的农奴制的特征,也完全存在于清初皇庄对壮丁役使的制度中。皇庄的壮丁领种庄地,缴纳高额地租,负担繁重徭役,对皇室有十分严重的人身依附关系。壮丁被鞭打、赏赐、任意佥拨,束缚于庄地上,世世代代充当皇室的奴仆。因此,我们认为壮丁就是农奴,皇庄奴役壮丁的剥削制度就是农奴制,而且是"同奴隶制并没有什么区别"的"最粗暴的农奴制",或如马克思所说的严格意义上的农奴制。这是清代最落后、最野蛮、最残酷的一种剥削方式。

农奴式的壮丁制是清初皇庄经营上的主导形式,也是它的主要剥削形式。另外皇庄上还存在两种劳动生产者,即"庄头户下壮丁"和佃种皇庄地土的民户。

"庄头户下壮丁"是庄头的奴仆。他们"衣食于主人(庄头)",没有独立的经济,在庄头直接役使之下进行生产。②这还是奴隶制的残余。

佃种皇庄地土的民户是向庄头承租的。部分带地投充的庄头原系地主,有地数顷数十顷不等。投充后,租役负担轻于承领官地的壮丁,土地仍由他们世代掌管,自行经营。有的庄头就让原佃继续租种,或招新佃,征收地租,佃农与皇室不发生直接关系,这种庄地的剥削形式实际上是剥削佃农的一般封建租佃制,不是役使壮丁的"最粗暴的农奴制"。

由此可见,清初皇庄内部的生产关系是比较复杂的,但以役使壮丁的"最粗暴的农奴制"为主,同时夹杂有奴隶制残余和一定分量的一般封建租佃关系。这是满族统治者强力维持与扩大入关前剥削方式的结果。这种野蛮落后的生产关系对畿辅和东北地区社会经济的发展起了严重的阻碍作用。

其次,清代皇庄的土地所有制形式相当复杂,有些庄地实质上属于民有,皇室只有名义上的所有权或最高的所有权,但占统治地位的是属于皇室私产的封建地主土地所有制。

依据马克思主义经典作家的指示,我们认为,可以从土地归谁支配,

---

① 《列宁全集》第二十九卷,第 433 页;参见第六卷,第 330~331 页。
② 中央档案馆乾隆十年《内务府会计司三旗银两庄头处呈稿》。

地租由谁占有以及集团关系诸方面考察土地所有制的形式。土地所有制的基本内容是土地所有权的问题，马克思对之作了最一般的规定："土地所有权的前提是某一些私人独占着地体的一定部分，把它当作他们的私人意志的专有领域，排斥一切其他的人去支配它。"① 即是说，土地归谁支配，谁能把他拥有的土地当作他的"私人意志的专有领域"，能够独占地、排他地支配它，土地所有权就是在他的手里，他就是土地的所有者。马克思又从剥削关系即集团关系与分配关系来论证封建土地所有制。他说："地租的占有是土地所有权由以实现的经济形态；并且地租又总是以土地所有权，以某些个别的人对于地球某些部分有所有权这一个事实，作为假定。"② 他在《资本论》第三卷第四十七章，又具体地从剩余劳动归谁所有、劳动者受谁奴役论证了私有制和国有制的区别。

毛泽东在《怎样分析农村阶级》一文中，规定划分中国地主的标准是："占有土地，自己不劳动，或只有附带的劳动，而靠剥削农民为生的，叫做地主。地主剥削的方式，主要地是收取地租，此外或兼放债，或兼雇工，或兼营工商业。但对农民剥削地租是地主剥削的主要的方式。"③ 这也是教导我们，从土地归谁支配、地租由谁占有来划定地主成分。毛泽东又指出，封建时代的中国，地主、贵族和皇室拥有最大部分的土地。"农民用自己的工具去耕种地主、贵族和皇室的土地，并将收获的四成、五成、六成、七成甚至八成以上，奉献给地主、贵族和皇帝享用"。地主、贵族和皇室"依靠剥削农民的地租过活"。④ 这些指示应当成为我们判断中国封建土地所有制形式的依据。

皇庄隶属清王朝的内务府及有关衙门管理，官府文书与地方习俗常称它为"官地"，因此，好些同志将它纳入封建土地国有制的范围。另外一些同志则因其名为"皇庄"，一概列入皇室私产，附于封建地主土地所有制之下。依据上述指示，我们认为，应当对构成皇庄的各种土地来源

① 《资本论》第三卷，人民出版社，1956，第803页。
② 《资本论》第三卷，人民出版社，1956，第828页。
③ 《毛泽东选集》第一卷，第121页。
④ 《毛泽东选集》第二卷，第618页。

及其剥削情况进行具体分析。前已言及，皇庄的土地来源有四：圈占民田，调拨官地，垦荒滋生，带地投充。前三者构成皇庄的主要部分，由皇室拨金"包衣"隶庄生产。带地投充的性质比较特殊，置后专叙。我们先考察以圈拨民地官田及垦荒方式建立起来的庄园。

清帝既以庄园主人的身份，又以统治全国的至高无上的皇帝的资格，使建立的各种庄和园免除了对国家的赋税义务，专载内务府册档。皇室有权毫无限制、毫无阻碍地支配庄地，占有庄地，严禁他人侵占典卖。皇帝可以将庄园分封皇子，赏与臣僚，可以金拨人丁隶庄生产，也可责令州县官招民佃耕。这些情况表明了这种庄园是皇帝的私产，皇帝拥有任意支配它的全部权力。即是说，从对土地的支配权而言，这一部分皇庄是属于皇帝私有的封建地主土地所有制。清廷有时也以庄地拨赐兵民，或丈放变价，以充国用。例如，康熙十七年（1678），赐给八旗出征死亡兵丁葬地数万亩，部分即来自皇庄的"余地"。① 康熙二十二年，赈济八旗贫困兵丁，无田土者，以户部所有未分拨田土及皇庄"余地"拨与。② 光绪三十一年（1905）清帝丈放已属锦州内务府官庄，令庄头佃户交银升科，购买庄地一百三十余万亩，收地价银一百八十余万两，每年现增粮额银九万余两，上交户部。在这里，皇庄好像和官田一样，成为国有土地。可是，通观清代，庄地的这样处理，实为罕见，并皆系发生于特定环境里，是清帝以封建国家唯一代表的身份为了巩固统治而采取的措施，不能据此个别现象否定皇帝对庄地的支配权。正由于此，清亡之际，民国政府也承认庄地系皇帝私产，禁人侵占。

这种皇庄在所有制形式问题上表现出来的复杂情况，于地租剥削方面也清楚地反映了出来。各种类型庄园缴纳的巨量"皇粮"，是皇帝私有财富的一个主要来源，也保证了皇帝大批消费物品的供应。历朝《大清会典》规定的种类纷繁、数量庞大的内府物料，多系来源于此（详见前述）。因此，就地租归谁占有这一判断土地所有制形式的主要标准而言，我们可以肯定，皇庄是皇帝的私产，是属于皇帝私有的封建地主土地所

① 《清圣祖实录》卷七十三，第12页。
② 《清圣祖实录》卷一一一，第23页。

有制。另一方面，由于庄主是全国的最高统治者，因此清帝有时还将部分"皇粮"拨充国用。清帝以"武功开国"，特重军政，尤以繁殖战马为要务。皇室占有的众多牧丁，依靠各庄缴纳的豆草，在皇室牧场上牧养孳息，缴纳"皇粮"——额定滋生的牛马羊驼和各种皮张，保证清帝直接掌握了大量牲畜。这不仅增加了皇室私财，也有力地加强了清帝对军用马匹的控制。清帝还运用部分皇粮应付急需，制造武器，拨充地方公费。康熙二十一年议准，盛京粮庄所纳粮米，除供内务府三旗人丁口粮外，其余贮窖收储，以备盛京急需。后将余粮付地方官减价平粜，收银存库。① 归化城粮庄十三所、驻马口外弥陀山等处十五庄，每庄征米二百石，分存该处旗仓。② 康熙二十二年（1682），用兵黑龙江，调用庄米万石，赶赴军前。③ 二十八年，盛京亢旱歉收，八旗兵丁买米而食，圣祖令户部侍郎阿山乘驿速往，"量其度岁所需"，取庄上所有之米散给。④ 康熙时，清帝多次赐马给贫困兵丁。雍正十年（1732），以达里冈爱羊群九万五千余只赏给移扎兵丁，给三姓地方兵丁种地牛五百头。次岁，于张家口外羊群，拨羊十万，运往军营。⑤ 乾隆三十二年（1767），锦州和盛京丈出庄头余地三万余垧，每垧征银三钱六分，解交盛京户部。⑥ 至于内务府成造甲胄弓矢所需的大量马牛羊驼皮张及毛角筋胶等重要武备物料，多由各庄园与牧群供应。⑦ 这一切，在清廷增加东北边区地方收入、应付军需、充实军粮、供应原料、调恤士卒、保证战马诸方面，起了重大作用，在军事上产生了显著的影响。这些事例清楚地表明，由于皇帝既掌握了政权，又把大量土地控制在自己手里，从皇帝来说，它就是国家了。因此，在一定的条件下，清帝从大量的私有财物中拿出一小部分充作政府之用，这并不能改变庄地系皇帝私产的性质。

---

① 光绪《大清会典事例》卷一一九六。
② 光绪《大清会典事例》卷一一九六。
③ 《清圣祖实录》卷一一三，第 22 页。
④ 《清圣祖实录》卷一四二，第 21 页。
⑤ 光绪《大清会典事例》卷一二〇九。
⑥ 光绪《大清会典事例》卷一一九六。
⑦ 光绪《大清会典事例》卷一二〇五、一二〇六。

以上这种情况，也同样清楚地反映在集团关系上。前已言及，各类壮丁是皇帝的私属，全家姓名登贮内务府册档，不载民籍。他们根据主人的金派，分别承担特定的义务，耕地、放牧、打牲、捕鱼、采参、摘果，从事各种杂差，束缚于土地上，世为皇室"包衣"，严格隶属于庄主，人身依赖关系十分严重。这样的集团关系表明了，皇庄是属于皇帝私有的封建地主土地所有制。清帝有时也将部分壮丁拨充国用。例如，康熙十四年，圣祖调盛京乌喇丁一千征讨吴三桂。① 二十九年，用兵准噶尔，金吉林牲丁千名从军。雍正十年，宁古塔将军奏准，将打牲乌拉人丁挑兵千名，分为八旗，编十佐领，世食粮缺。② 同年，于口内外牲丁并庄园等额丁内选兵千名，在热河管理训练，又于上驷院、三旗牛羊群和太仆寺牧丁内拣兵一千，发往军营。③ 这对清廷用兵征战与控制边区起了一定作用。在这里，作为皇帝私属役户的部分壮丁，被清帝以全国最高统治者的身份，当作类似太仆寺牧丁的国家役户调充国用。

由此可见，在支配庄地、占有地租及集团关系诸方面，都反映出，皇帝通过圈调民田官地及滋生方式建立的庄园，实质上是皇帝的私产，是属于封建地主土地所有制的范围。

皇庄的另一部分土地——带地投充地，则有不同的情况。清初将带地投充内务府的民人，称为"带地投充庄头"和"带地投充人"，在政治关系上近似于承领官地的壮丁。他们也是皇室的"奴仆"，名载旗档，世代充当，隶属内务府，欠粮犯法，按律惩处，并常拨赐给皇子。但在经济关系方面，他们的经济条件、租役负担、经营方式却与承领官地、房舍、牛具耕种的壮丁大不相同。带地投充庄头与投充人的土地，仍由他们世代掌管，自备农具、耕牛、种子，自行经营，出租自种皆可，皇室不加干预。拖欠"皇粮"，虽将本犯革退，仍由其子孙顶充，世继其缺。④ 即是说，他们对于庄地有世袭的使用权，能够比较稳定地占有庄地，对

---

① 《清圣祖实录》卷五十二，第 16 页。
② 《清世宗实录》卷一一九，第 10 页。
③ 《清世宗实录》卷一一七，第 2 页。
④ 光绪《大清会典事例》卷一一九七；雍正《大清会典》卷二三二。

庄地的经营方式有相当大的自行处理的权利。

更为重要的是，部分带地投充庄头和投充人，租役负担轻于承领官地的壮丁，性质也有很大的差异。三旗银两庄头处辖有畿辅带地投充人二百八十五户，册载投充地三千三百顷，每亩征银三分，草一束，折银一分。① 这个数字远远低于承领官地壮丁上交的正项额租（每亩正租折银一钱至一钱五分），却与民地田赋每亩平均纳银四分相同。附京民人带地投充果园一百二十一所，共地八百七十顷，每亩征银三分，草二束。② 带地投充牲丁一千三百七十名，有旱地一千七百七十顷，每六亩征银三钱五分，亩折五分八厘。③ 牲丁、园丁投充地虽略高于民地田赋，但如估计到投充地不负担国家差徭，则可想见，二者租额基本相似。带地投充苇户七名，有地一百四十九顷，按地肥瘠每亩征银一分至五分、八分不等，除每年额征芦苇四万三千七百五十二斤，每斤折抵银三厘五毫八丝九忽外，征银五十二两余，平均每亩合银二分。④ 带地投充蜜户三十六丁，有地二百八十九顷，每六亩征蜜五斤。如按顺治十八年（1661）一斤蜜折银二分五厘的规定计算，五斤蜜折银一钱二分五厘，每亩也该银二分四厘。⑤ 苇户、蜜户额租皆接近于民地田赋。由此可见，这些投充地的额征租银，实质上同于封建国家向民地征收的田赋，是一种国家赋税的性质，而不是地租。这是由于皇室为了顺利扩大庄地，因而少征"皇粮"，凭借其全国最高统治者的无限威权，将这部分土地收受入手，俾其额纳田赋变相地拨归己有。所以，虽然带地投充人与承领官地耕种的壮丁皆纳谷米银草，均名"皇粮"，二者的性质却有严格的区别，一是国赋与地租合而为一，悉由皇帝所有，另一仅系国家赋税，不包含地租内容，转归皇室享用。

根据带地投充庄头与投充人对土地的占有、使用及其自行经营的权利，特别是投充地的"皇粮"具有国家赋税的性质，我们认为，这些投

---

① 乾隆《大清会典》卷八七。
② 光绪《大清会典事例》卷一一九七。
③ 乾隆《大清会典则例》卷一六四。
④ 光绪《大清会典事例》卷一一九七。
⑤ 光绪《大清会典事例》卷一一九七。

充地虽名为皇庄，实质上乃系以地投充的民人私产。或者说，皇室对投充地只有名义上的所有权，或最高的所有权，实际上的所有权则属于将地投旗的地主，尽管这种所有权是有条件的、不完整的。这一点，就连当时的封建地方官府也是不得不承认的。

比如，有的地主带地四十二顷投充牲丁，一些地主带地十余顷至二十八顷投为蜜户、苇户，有的带地一百二十九顷投充纳银庄头。[①] 他们入旗后，或叫原佃续种，或招新佃，征收地租，大部分租物由己占有，部分缴充皇粮。[②] 豪猾奸民霸占他人田产，捏称己业，投充后，或命原主认佃耕种输租，或另招佃，掠取大量租粮。这样的庄头、牲丁、蜜户和苇户，具有双重性格，一方面，是皇室的奴仆，是奴才的身份；另一方面，他们并不从事生产，而是出租土地，攫取地租，供己享用，交纳特殊形式的田赋——皇粮，是剥削佃农的地主。或者说，他们实质上是地主，形式上为奴才，地主的躯体戴上了奴仆的帽子，私产的土地披上了皇庄的外衣。因此，直隶总督方观承也说："查庄头名下交官征租地亩，多系各该庄头带地投充，本属本身产业，与民间自置粮地有佃输租者无异"。[③]

由此可见，庄地来源的不同，影响到对土地的占有、使用和经营的权利，以及皇粮的轻重和性质，使得皇庄包含了几种不同性质的土地所有制形式。通过圈占民田、调拨官地、垦荒滋生方式编置的庄园，是皇帝的私产，是属于封建地主土地所有制的范围。带地投充地虽名为皇帝所有，实际上却系以地投充的地主家产，不过其所有权是有限制的，不完整的，也不太稳定。

最后，清初的皇庄采取了封建庄园制的经营形式。关于中国封建庄园制度的问题，既不能削足适履，硬套欧洲庄园的特征，也不能取消封建庄园应当具备的必要条件，将它和一般的普通地主庄田混淆起来。我们认为，遵循经典作家的指示，分析和比较欧洲与民主改革以前中国西

---

① 光绪《大清会典事例》卷一一九七；乾隆《大清会典则例》卷一六四；中央档案馆乾隆二年闰九月初五《内务府来文》。

② 譬如，车云桂有投充地亩，坐落房山、涿州，"向为高士俊家佃种"，见中央档案馆乾隆二年《内务府来文》，《户部为霸占官地事》。

③ 《旗地则例》。

藏、新疆墨玉县夏合勒克乡、云南西双版纳少数民族地区的庄园，找出几条共同的基本特征，作为依据，是探讨中国庄园制度的一个可靠途径。据此，我们主张，封建庄园应当具备下列五项特征：第一，庄园的土地属于特权阶级。第二，庄园的主要直接生产者基本上是农奴，遭受残酷的剥削与严密的束缚，人身依附性很强。第三，庄园的内部事务悉由主人处理，享有"不入"特权，封建国家的官吏不能干预，部分庄地还有免纳国赋的"不输"权利。第四，庄主拥有一定的司法权力，对直接生产者的经济剥削与政治统治密切结合在一起。第五，各个庄园是一个独立的生产单位，基本上是自给自足的自然经济，庄主的需要大体上是靠自己庄园供应。在这五项基本条件中，最主要的条件是特权阶级占有土地、役使农奴。正如《人民日报》编辑部概括西藏社会性质时所指出："西藏社会是一个领主庄园制的农奴社会。"这句话精辟地指明了，庄园制必须以特权阶级的领主压榨农奴为基础，离开这个前提，封建庄园就难以产生。这一科学论断，应当成为研究中国封建庄园制度的依据。①

　　根据这些理解，我们认为，清初皇庄也是一种封建庄园，它在基本方面近似于欧洲与中国西藏、夏合勒克、西双版纳的庄园，但又有自己的特点。概括地说，作为封建庄园的清初皇庄，具备了下列特征。第一，庄园的土地归皇帝世有。皇庄的主要部分在本质上在主导方面是属于皇帝私有的封建主土地所有制。皇帝对投充地也有名义上的所有权和最高所有权。第二，庄园的直接生产者，主要是各类壮丁，即遭受"最粗暴的农奴制"剥削的皇帝"包衣"。他们世代为奴，束缚在庄主的土地上，耕种、放牧、采集、狩猎，纳租服役，人身依附性很强。第三，庄园主享有"不输不入"的特权。清帝凭借全国最高统治者的资格，免除了庄地人丁对封建国家应负担的赋役义务，专设内务府属各司管理，

---

① 关于欧洲和中国西藏等地区庄园的情况，本文参考了下列论著：叶鲁、禾示：《西藏封建农奴制度的初步分析》，《民族研究》1959 年第 3 期；新疆调查组：《从十五个封建庄园到四个高级合作社》，《民族研究》1958 年第 2 期；云澜：《西双版纳傣族地区民主改革以前的封建领主经济》，《民族研究》1959 年第 4 期；《人民日报》编辑部：《西藏的革命和尼赫鲁的哲学》，《人民日报》1959 年 5 月 6 日，《万恶的西藏农奴制度》，民族出版社，1960；邓广铭：《唐宋庄园制度质疑》，《历史研究》1963 年第 6 期。

封建国家的其他机构，如户部、刑部及地方官员，只有保护"皇粮"
"皇产"之责，毫无干涉庄园中任何事务之权。在庄园内，在经济上，
皇帝也是一个最高统治者。第四，清帝以封建帝君的身份，特设内务府
各司管理庄园，并置慎刑司为专门惩治内务府人丁的司法机构，制定了
一系列有关庄园的法例，责令各级官员统辖壮丁。可以说，立法权、司
法权、行政权皆集于庄园主皇帝之手，皇帝拥有无限威权，在庄园内是
一个毫无限制的最高统治者。第五，各庄独立生产，庄园之间有所分
工，主要贡纳实物租品，整个皇庄形成一个基本上能够自给的自然经济
性质的大型封建庄园联合组织。皇帝占地佥丁隶庄，拨给房舍牛种口
粮，丁缺地荒，牛毙歉收，则补换赈赐，确定庄园人户之间的分工及其
互相联系，制定管庄条例，设置专门机构，组织庄园生产。各庄领地多
寡不等，一千八百亩的庄和三千九百亩的庄较多。每庄土地连成一片，
规模较大，通常有房舍、场园、马馆，是一个独立的生产单位。根据皇
室的需要和调配，庄园之间有所分工，各自交纳指定的物品，附贡他
物。各类庄园人户之间有一定的经济联系，互相依赖。譬如：皇帝畿
辅、盛京的牧场和牛羊群，饲养马牛羊的豆料草束，为数巨万，皆来源
于粮庄上交的豆草；盛京上三旗人丁食米，由粮庄租谷供应；三旗人丁
贡办的毛青布，拨赐牧丁；各庄耕牛的配给增补，来之于牧场的"皇
粮"——额定畜养滋生的牛；内府各园圃，如畅春园、瀛台等种麦、稻
所用的秫秸、车、夫、牛钜和粪，向畿辅粮庄取用。庄园人户各自缴纳
的"皇粮"，类繁量巨，基本上满足了皇室所需庞大的消费物料的供应。
内务府属某些手工作坊如甲库、毡库等制造器物所用的毛角、筋胶、皮
张等物，也由各庄园牧场贡进。由此可见，整个的皇庄，是以各类庄园
独立生产、分担义务、主要贡纳实物租为基础，在大范围内形成了一个
互有联系基本上能够满足皇室需要的大型封建庄园联合体，基本上具备
了自然经济的特征。

　　我们可以明显地看出，清初皇庄之所以能成为具有上述特征的封建
庄园，主要取决于清帝既是大庄园主、大农奴主，又是全国最高统治者
的身份。作为大地主大农奴主的皇室，占夺土地，役使壮丁，编立各庄，

奠定了封建庄园制的基础；皇室以全国帝君的资格，才能享受"不输、不入"的特权，并集立法、司法、行政权于一身，成为庄园无限制的最高统治者。成千的庄园，辽阔的牧场、山场，几十万人丁，分担特定义务，才使皇庄在大范围内形成一个基本上能够满足皇帝需要的自给自足的经济联合体。

综上所述，我们可以做出两点概括：第一，清帝既系全国的最高统治者，从而以皇帝的权势，占夺土地，役使壮丁，编立皇庄，又成为一个大庄园主，由此决定了，清朝皇庄的主要部分是属于皇帝私有的封建地主土地所有制。就此而言，清朝的皇庄可以作为观察整个中国封建时代皇室庄园的实质和基本特征的一个典型。第二，清帝既是拥有封建庄园的大农奴主，又是管辖全国的专制帝君。这是清帝和清朝的皇庄的一个特点。这种特点，对清初国家某些政策的制定和推行（如圈地、投充、逃人法），颇有影响。

三　皇庄由农奴制向一般封建租佃制的转化

清帝既是大庄园主，又是全国最高统治者；既是大农奴主，又是在以一般封建租佃制为主租佃制度的国家中之专制帝君，这一双重性质，制约了皇庄的发展和变化。一方面，大庄园主、大农奴主的阶级本质，决定了皇帝必然要占夺民田，调拨官地，逼民为奴，严酷压榨，尽力扩大庄园，坚决维护落后野蛮的农奴制剥削方式。清帝以全国最高统治者的资格，也有权和有条件运用国家权力，扩大私产，延续旧传统。譬如，制定禁止壮丁逃亡、拖欠"皇粮"与盗典庄地之法令；调拨入官奴仆和罪犯隶庄生产，以缩小壮丁逃走的影响，保证庄园劳动力；用入官地土兑换薄碱沙洼地亩和增置皇庄；水旱歉收，赈赐米麦，维持庄园的再生产；设立专门机构，责成地方官府管辖壮丁，保护"皇粮"与皇产。这些措施，对保证劳动力，增建庄园，控制壮丁，延续旧传统，起了重要作用。但是，另一方面，落后过时的农奴制庄园的继续与扩展，招致满汉人民斗争，引起汉族地主阶级的反对，危机重重，实难延续。作为地主阶级"驯顺的奴仆"的封建国家之唯一代表，清帝不能违背整个统治阶级的意旨和利益，无限度地扩大庄地，长期维持日趋衰落的旧方式，庄园规模有其极限，农奴制的剥削关系终将更替。在这一过程中，壮丁的斗争起了决定性的作用。

皇室百般盘剥，本已逼得壮丁艰窘异常，无法进行生产，难以存活。另外壮丁还遭受庄头蛮横的虐待和勒索。按清制，庄头分拨庄地，督丁生产，向壮丁摊派人夫银物，供应"杂差"，催收钱谷，汇总上交。壮丁"系庄头管束之人"，不遵约辖，扭押赴司，按律究治。庄头负责催租完粮，溢额者，每石赏银四钱，连续完租无欠，赐给九品顶戴，拖欠租粮，照章惩处。① 为了完租领赏和"肥己中饱"，庄头凭借征租派差管辖壮丁的权力，或滥派差使，额外多征银谷；或役使壮丁，"暴悍非理"，肆意欺凌。②

沉重的租粮，繁重的杂差，严酷的束缚，惨无人道的奴役，逼得壮丁无力耕种，衣食艰难，苦不堪言，不得不奋起反抗。有剥削，就有斗争，有压迫者的奴役，就有被压迫者的反抗。正如《共产党宣言》指出，地主与农奴，"始终是处于互相对抗的地位，进行着不断的，有时是隐藏，有时是公开的斗争"。皇庄的壮丁采取各种形式，展开了反对野蛮落后的农奴制剥削关系的斗争。

挣脱羁绊，逃走求活，是壮丁反抗的重要方式。入关以前，"皇帝农所之人（即庄上壮丁）"陆续潜逃，奔返关内。③ 入关以后，逃亡情况迅速发展。顺治六年（1649），世祖以朝廷壮丁"多被招诱"，逃匿平南王尚可喜、靖南王耿仲明属下，责令二王火速查明递解。④ 清政府几次更定法例，重惩逃丁。但是严刑峻法毕竟不能阻止逃亡潮流，壮丁或因苛重租粮不能缴纳，无力耕种，"受苦不过"，或因"庄头驱使太严，劳苦难

---

① 光绪《大清会典事例》卷一一九七，中央档案馆乾隆三年《内务府来文》。
② 《清世宗实录》卷二十，第6页；中央档案馆乾隆三年《内务府来文》。
③ 《沈阳状启》第486页。
④ 《清世祖实录》卷四十六，第6页。

堪"，纷纷突破禁网，冒险出走。① 有的是祖孙三代全家潜逃，有的逃走后佣工度日。② 壮丁的不断逃亡，促使部分庄头将庄地典与民人耕种。③

壮丁抗租"滋事"反对庄头欺凌的斗争也相当普遍。譬如，庄头宋师洛控称：壮丁杜二、杜八、杜佛保儿等，"弟兄叔侄素行不法……交结匪类……庄头豢养年久，复盗卖牛马谷米等物，莫计其数，并累赔粮"。④ 又如，庄头王应威指告壮丁杨五"屡窃庄头牛马等物，并累赔粮，实堪发指。至乾隆六年间，胆敢将庄头殴打"。⑤ 不少壮丁赴官上诉，揭露庄头荼毒虐待的罪行。世宗降旨，谓所告属实，将庄头革退治罪。⑥ 壮丁的斗争，狠狠地反击了庄头的暴行，许多庄头无法约束壮丁，纷递呈词，请将所辖滋事壮丁调往他庄。

沉重的租役剥削，使壮丁异常穷困，无法生产，多将庄地出租和典卖。雍正十三年（1735），户部上议："凡园头、牲丁、壮丁人等官给当差房地，例禁典卖，但彼此授受，相沿已久"，奏准清查，勘明撤回，分别追价治罪。⑦ 可是，严酷的剥削，迫使壮丁继续典地与民，根本无法制止。这也是壮丁反抗的一种方式。壮丁典卖庄地的发展，表明了农奴制的皇庄出现了严重的危机，再生产的过程难以继续。

壮丁的斗争产生了深远的影响。壮丁的不断逃亡，抗租"滋事"案件的增多，典卖庄地的发展，打击了庄头奴役壮丁的暴行，也对庄头施加了严重的压力，难以执行催租派差约束壮丁的职权，促使庄头和皇室不得不考虑改变皇庄的经营制度。

与此同时，庄头的情况发生了重大的变化。入关初期，大多数庄头系由壮丁中佥选，他们和其他壮丁一样，几乎一无所有，牛种房器都依赖皇室供给。随着时间的推移，凭借"皇庄头"的身份，庄头们倚势横

① 中央档案馆乾隆三年、五年《内务府来文》。
② 中央档案馆乾隆二年、四年《内务府来文》。
③ 东北档案馆《道光部来档》五一四号。
④ 中央档案馆乾隆九年《内务府来文》。
⑤ 中央档案馆乾隆九年《内务府来文》。
⑥ 《清世宗实录》卷二十，第6页。
⑦ 《皇朝文献通考》卷五。

行，敲诈盘剥，搜刮了大量银谷，逐渐由催租辖丁的管庄奴仆发展为盗
典庄地、兼并民田、剥削壮丁和佃农的地主，对庄地的实际支配权力越
来越大。这从另一方面加速了农奴制剥削关系的解体。

庄头敛财致富的主要来源有两个方面。第一，剥削壮丁和将地影射
于庄头名下的农民，或滥派差使，额外多征银谷，役使壮丁竭力刨荒，
滋生"余地"；或勒令附地来投的农民倍纳租银，"肥己中饱"。① 第二，
凭借皇室威严，结交官府，刮财虐农。皇庄头是至高无上的皇帝的管庄
人，具有一种特殊身份。他们交结"内廷势要"，倚仗权势，侵占民田，
重利盘剥，采矿开窑，把持集市，包揽词讼，霸占子女，肆行非法。② 由
是，豪猾庄头搜刮了巨大财富，掠夺了大批土地。其著者如宛平县索保
柱。"田连阡陌，所招佃户，一呼千诺"。房山县李信"家富势大"。二人
资产"俱不下数十万之富"。宝坻县焦姓庄头有地十余万亩，"当铺店房
各处开张"。③ 其他庄头也多系拥有庄田店肆的"富豪之家"。

庄头经济条件的变化，产生了相当重要的影响。庄头财富的增多，

---

① 清初圈地时，畿辅一些农民怕地被圈，又不愿入旗，便将田地"影射"于庄头名下，由
庄头带地投充。农民向庄头交租，庄头向皇室纳粮奉差。因此，庄头得以从中敲诈，横
征租银。比如，乾隆四年《内务府来文》载："民人王维城等供称：身等之祖所遗地
亩，恐被旗圈，于顺治年间，影射于许姓庄头名下，每亩三分，帮纳钱粮。后因许二
（庄头）倚仗旗势，任意每亩征银八九分，肥己有年。"
② 雍正朱批谕旨第五册载，雍正元年（1723），直隶巡抚李维钧连续上疏弹劾庄头的暴行。
他首先指出，庄头多系凶暴之人："窃查直属内庄头以及大户有势力者，从前半皆强横
不法，流毒肆虐，人人侧目"。接着，他以房山县李信、宛平县索保柱，宝坻县焦国栋、
焦国壁为庄头刮财害民的典型，将其"恶迹胪列"于下：一、李信父子于房山县地方，
聚集数百人，违禁独霸石行，将附近居民牲口、强夺拉车。二、房山县矿场，李信霸占
开采，一年约可得银四五万两。伊家人于五、刘仁董理场务，百姓稍有违拗，即非刑拷
打。三、李信强占宛平县良民于文龙之媳李氏，并房山陈铁匠弟妇三儿为妾。四、重息
放债，折算百姓房产，若有不能完者，即将妻室子女勒卖为奴。五、于房山县张房等处
开印子铺，重息殃民。六、索保柱父子招集佃户，一呼千诺，逞奸作恶，无所不为。稍
不遂意，即指令抄殴，横霸一方。七、广放私债违禁取利，如不能完，威逼半价准产，
勒卖其妻女。八、恃势妄为，酗酒肆毒，于本年五月初二日，有李世英活被打死。九、
李姓父子并索保柱及其子侄，倚恃百万财产，肆行不法，出入行查，辄带刀枪，随从五
六十人。十、焦国栋奸淫家人妻女。十一、打死家人刘进台，贿买尸亲不行呈报。十
二、打死家人崔三林之妇，将尸抛在河内。十三、隐漏壮丁女子柱姐为妾。十四、打死
壮丁常柱、李三。十五、私立集场。十六、包揽民人张海强奸雇工人之妇不从打死命
案，得贿银八百余两。十七、包揽民人王二打死雇工性命案，得贿银数百两。
③ 雍正朱批谕旨第五册。

有可能自备牛具种粮，因此从康熙二十四年（1685）规定头等、二等庄头不给官牛起，到雍正年间，基本上废除了官给牛具种粮的办法。庄头从一无所有的管庄奴仆发展为拥有耕牛农具种粮的"经营者"。这就决定了庄头必然要求分得一定数量的皇庄的剩余生产物，争取更大的自由经营庄地的权力。皇帝部分地满足庄头的要求。康熙中期以后，庄头的法律地位日益提高。子弟可以应试为官，赏给八品、九品顶戴的事例逐渐增多。尤其重要的是，庄头可以役使壮丁耕种，也可以出租庄地，征收租银，"上完国课，下养家口"，得到了相当大的自由经营庄地的权利。皇室还责令州县官员代催租银，禁止佃农拖欠。

庄头的财富和经营权利的增加，促进了皇庄封建租佃关系的发展。如前所述，壮丁的不断逃亡，抗租滋事案件的增多，使庄头深感约束与剥削壮丁的不易；同时，很多庄头已是地主，拥有大量私田，招人佃种，亲身体验到封建租佃制的"好处"，压榨贫困"不驯"的壮丁，远不如剥削佃农更为有利、更有保证。因此，庄头利用壮丁逃亡的条件，运用自由经营庄地的权力，大量地招人租种，封建租佃关系迅速扩展起来。① 这种情况具有相当重要的意义。督促壮丁生产的农奴制庄园管庄人——庄头，在壮丁斗争的逼迫下，放弃旧有的剥削方式，大批地出租庄田，采用封建租佃关系，这最明显地反映出，在一般封建租佃制汪洋大海包围中，野蛮的农奴制皇庄格外显得衰朽过时，发生了根本性的危机，难以延续下去。庄头支配庄地权力的增长，还促进了典卖庄地的发展。乾隆七年（1742），直隶总督史贻直总计清查庄头盗典庄地结果说："彻查庄头典卖地亩，共一千二百余案，年岁久远，其中事情不一。"② 庄地典卖行为的频繁，从另一方面反映了农奴制皇庄危机的严重程度，也推动了封建租佃制的发展。文献表明，庄田多系三亩五亩地典与旗民耕种，也有典主招佃认耕，摆脱了农奴制的经营方式。内务府查出盗典土地后，在大多数场合下，沿袭了封建租佃关系，允许原典民人佃耕缴银，不另

① 康熙末至乾隆初，庄头出租庄地的情况相当普遍，中央档案馆乾隆元年、二年、三年、四年《内务府来文》，均有庄地租佃行为的记载。
② 《清高宗实录》卷一七七，第20页。

派丁耕种。①

综上所述，皇庄的直接生产者——壮丁，采用逃亡、抗租、"滋事"等方式，猛烈反对农奴制的野蛮剥削；皇庄的管理人——庄头，大量地出租和典卖庄地，封建租佃关系急剧扩展，农奴制的皇庄已难继续维持，迫使皇室改变皇庄制度。

乾隆九年（1744），内务府对畿辅粮庄的情况和皇庄经营制度的改变作了如下的归纳与建议：

> 今各庄人口生齿日繁，亲丁（庄头的子弟）、壮丁以（已）至三万余名。其庄头等承领官差，养赡亲丁，尚有拮据不能者，其名下壮丁过多，势必不能养赡。且庄头等陆续自置人口，遇比丁之年，一入丁册，即系官人，又不敢令其他往谋生。是以壮丁等每不免于坐受饥寒之苦。且庄头身不能约束人，其往往有庄头以壮丁妄生事端，而壮丁又以庄头不肯养赡，互相控告。臣等伏思，庄头名下壮丁过多是属无益（应如会计司所呈，释放大批壮丁为民）……如此不但可免伊等互相争控之端，且庄头等既无拖累，而壮丁等亦得各谋生计矣。②

这个建议指出了三个基本问题：第一，沉重的剥削和严密的束缚，压得壮丁生计艰难，"每不免于坐受饥寒之苦"。第二，壮丁"妄生事端"反抗庄头的斗争十分激烈。第三，奴役壮丁的制度已经"无益"，壮丁成为庄头不肯养赡（即剥削）的"拖累"。第三点特别值得注意，为什么曾是皇庄钱粮差役主要负担者的壮丁竟成为拖累的呢？这是由于壮丁的斗争，对庄头和皇室施加了严重的压力，庄头私典庄地与招人佃种行为的迅速增多，又促使许多壮丁无地可耕，大批地脱离了农业生产。以乾隆初年畿辅粮庄为例，共有庄头五百一十八名。据四百六十余名庄头的报告，他们所辖壮丁计一万六千八百余名，而庄头"驱使年久有益农务"

---

① 中央档案馆乾隆十年《内务府来文》。
② 中央档案前乾隆十年《内务府会计司三旗银两庄头处呈稿》。

的壮丁仅二百九十余名，不到壮丁总数的百分之二。① 这集中地反映了农奴制为主导的皇庄已经走入穷途绝境，不能继续维持。因此，在势难拖延的情况下，清帝批准内务府的建议，畿辅、奉天、热河、茬马口等地内务府所属庄园，除庄头亲生子弟及缘罪发遣壮丁毋庸置疑外，其盛京随来并自置投弃及无罪拨庄的壮丁内，鳏寡老幼残疾与少数"有益农务"壮丁仍令庄头"留养"，其余壮丁交地方官"载入民籍，听其各谋生计"。② 皇庄制度发生了根本变化。

皇庄制度的改变，标志着皇帝移植，扩大与维护农奴制的失败，它产生了重大影响。首先，大批壮丁释放为民。据畿辅四百六十余名粮庄头向会计司呈报，按照规定，留下九百余名壮丁，应拨出为民的，有"盛京随来陈壮丁"一万零三百余名口，投充壮丁二千三十余名口，庄头自置壮丁三千六百余名口，无罪拨庄壮丁一百八十余名口，共一万六千余名口。奉天等地内务府所属庄园也放出大量壮丁为民。③ 这样，许多处于农奴、奴仆地位的壮丁摆脱了农奴制枷锁或奴隶制残余的压榨，成为"良民"。他们或者是赴边垦荒、购买土地，成为自耕小农，或租旗地民地耕种，境况较前有所改善。④

其次，推动了一般封建租佃迅速发展，皇庄的阶级关系起了显著变化。乾隆九年（1744）大量释放壮丁以后，畿辅、奉天、热河等地内务府官庄普遍实行封建租佃制，满汉农民向庄头承佃官地，缴纳租银，不与皇室发生直接关系，庄头再向内务府纳粮奉差，佃农成为皇庄的主要劳动力。盛京户部、礼部、工部及三陵所属官庄，租佃关系也在迅速地发展着。役使壮丁生产的农奴制残余只占很小的比重了。

再次，皇庄的租役剥削有所减轻。由农奴制向封建租佃制的转化，决定了皇庄的分配关系必然要相应地发生变化。佃农——官庄的直接生产者——在法律地位上是"凡人"，是"民人"，自备劳动工具（耕牛、

---

① 中央档案前乾隆十年《内务府会计司三旗银两庄头处呈稿》。
② 中央档案前乾隆十年《内务府会计司三旗银两庄头处呈稿》。
③ 中央档案馆乾隆十年《内务府会计司三旗银两庄头处呈稿》。
④ 光绪《大清会典事例》卷一八五。

农具）、种粮，不是皇室的"包衣"，人身依附关系比壮丁略为松弛。因此，皇庄旧有的奴役壮丁（官给牛具、种粮、房舍）的剥削方法必须改变，剥削率需要降低。这个变化表现在"皇粮"的折色增多、额租下降和"杂差"减少三个方面，以畿辅粮庄为例，从乾隆九年到嘉庆十七年（1812），谷、草、杂粮及猪口全部改征折色银两，杂泛差派减少了很多，正额租银数目大大下降。兹将康熙五十年（1711）与嘉庆十七年畿辅粮庄额租折银数列表对比如下（见表1）：

表1 康熙五十年与嘉庆十七年畿辅粮庄额租折银数对比

庄别	时期	承领庄地数	纳粮折银数	每亩纳银	嘉庆十七年比康熙五十年减少数	
					每亩减少银数	百分比
一等	康熙五十年	十八顷	四百二十四两七钱九分	二钱三分六厘	一钱三分六厘	56%
	嘉庆十七年	三十六顷	三百三十五两四钱	一钱		
二等	康熙五十年	十八顷	三百九十五两二钱七分	二钱二分	一钱二分	55%
	嘉庆十七年	三十二顷	三百十五两四钱	一钱		
三等	康熙五十年	十八顷	三百三十一两二钱九分	一钱八分五厘	九分五厘	50%
	嘉庆十七年	二十八顷	二百五十六两四钱	九分		
四等	康熙五十年	十八顷	二百四十七两六钱	一钱三分七厘	二分七厘	20%
	嘉庆十七年	十八顷	二百零四两一钱	一钱一分		

最后，作为封建庄园的皇庄，若干特征已经消失，逐渐转化为类似一般地主的庄田。农奴式壮丁被佃农代替，官给牛种器皿制度的废除，"皇粮"折色的普遍，以及由此决定的内府物料从主要依靠庄园自给转变为发银采买，这一切表明了，使皇庄成为封建庄园制的两项重要特征（即基本上自给自足，主要劳动者是农奴）已不存在，皇室不再组织生产，庄园的经营管理方式起了重大变化。从此以后，皇庄从满足皇室多种需要的封建庄园逐渐转化为主要是榨取租银的一般庄田。

由此可见，皇庄从农奴制向一般封建租佃关系的转化，对社会生产的发展和满族的前进起了良好作用。这是满汉人民长期坚持斗争的结果，应当充分估计它的积极意义。但是，皇帝照旧拥有庄地，剥削仍然存在，皇庄上的阶级斗争因而也继续深入发展。

四　佃农的斗争和皇庄的丈放

与最粗暴的农奴制相比，一般封建租佃制是前进了一步，但是佃农仍然遭到沉重的剥削和压迫。皇庄的租额虽较前降低，每亩纳银仍在一钱左右。皇帝又运用国家机器，制定法令，严禁佃农抗租"霸地"，责成地方官府保护"皇粮""皇产"，约束佃农，佃农还被庄头百般敲诈，横加盘剥。庄头多征租银，敛财"养家"，成为公认的通例。佃农所缴租银之数，常逾庄头上纳的"皇粮"原额二三倍，以致形成"庄头等承种庄地，历年收租交官者不过十分之三"。① 庄头逼借银钱的案件也不断发生。有的庄头每逢"办理差务，或婚丧嫁娶，费用不继之时"，即令各佃"通融济助，凑帮钱文"。② 庄头还常因勒索不遂，捏控佃农抗租霸地，州县官员拘佃究治，动经岁月，费钱无数，害得佃农卖儿鬻女，家破人亡。尤使佃农痛恨的是，庄头"借仗皇威"，勒增租银，佃户稍微迟延不应，即逼佃退地，另招他人租种，由此可见，庄头凭借经营庄地的权力，重征租银，敛财虐佃，实际上已经转化为分享皇庄地租、剥削佃农的二地主。皇庄的佃农惨遭皇室和庄头这两种地主的压榨，处境异常恶劣。

沉重的租额，蛮横的科索，增租夺佃恶习的普遍，招致旗民佃户猛烈回击，"抗租霸地"斗争蓬蓬勃勃地开展起来。佃农的斗争大多数是分散进行的，或者是长期拖欠租银，抗租不交；或者是占据庄地，不许庄头撤地夺佃；或者将庄地私自典卖。旗民佃户集体斗争的事例也陆续出现。比如，乾隆二十年（1755）庄头于维屏控称：安肃县佃户阎为平、阎枢等，"鸣钟擂鼓，聚刁佃百有余人，将官地尽行霸占，及十八、十九两年分租银亦霸勒索不给。身欲撤地自种，刁民阎为平等聚众刁佃要伤

---

① 《东三省公报》民国二年八月十四日。
② 中央档案馆乾隆二十年《内务府来文》。

人命"①。佃农斗争的不断发展，促使皇室考虑对策。

与此同时，皇室与庄头的矛盾日益尖锐，从另一方面加速了皇庄的结束。庄头是皇室的管庄人，负责催缴皇粮，看守庄地，本应成为皇室利益的维护者。可是，庄头凭借经营庄地之权，利用田土四散分布内务府无暇顾及的条件，大量地典卖庄田，多归佃户承典。② 尽管皇室屡申禁令，再三清查，革退典地的庄头，重加惩处，但收效甚微。清朝末年，终于形成了"各庄地亩多被私相典卖"③ 的局面。这直接影响到庄头拖累差款，皇粮不能征足。此外，很多庄头向佃农征收租银后，利用佃农斗争的激烈，捏称佃农抗租霸地，无法收租，因而将所收租银延误不交，"吞款欠差"的情况十分严重。这表明庄头与皇室瓜分庄租的矛盾锐化，庄头已经从纳粮守地的皇室利益维护者转化为吞款典田抢占地租的中饱者。

抗租霸地斗争的迅速发展，显示了佃农坚决反对皇庄制度的剥削形式和极力争取土地的迫切愿望；庄头吞款欠差、盗典庄地案件的频繁，危害了皇室利益。这一切反映出，皇室直接掌握和经营土地之皇庄制度内部存在着致命的危机，难以延续下去。同时，外国资本主义强盗疯狂侵略，一系列割地赔款条约的签订，使清政府的财经情况异常恶劣，亟须括财补济。因此，清朝末年，皇室从全国最高统治者的角度考虑，决定丈放关外奉天锦州皇庄，变价升科，缓和国家财政危机，维持清廷局势。

光绪三十一年（1905），遵旨清查奉天省地亩的垦务大臣廷杰上奏，指责锦州内务府皇庄庄头吞银典地等弊说："以众佃粮租之半，足敷折交，而其半则为庄头养赡，是直据官田为私产。犹且不足，指地借贷，私兑私典者所在多有。更有包揽余荒，捏作灾歉各情弊。"奏准首先丈放锦州内务府官庄，制定章程八条，规定地价。上则，每亩缴银二两一钱；

---

① 中央档案馆乾隆二十年《内务府来文》。
② 东北档案馆《奉天省公署档》一〇八六号八十八捆之一 3，《为环泣请命据实再陈恳恳群详查底蕴以救数万佃民生命事》。
③ 东北档案馆《奉天省公署档》一八〇六号八十八捆之一 3，《为顿失生业势将冻馁恳恳详查以救数万佃民生活事》。

中则，一两四钱；下则，七钱。熟地当年升科，应交"皇粮"，即于升科项下如数拨解。庄地先尽庄头缴价承领，仍交原佃耕种，不准无故增租夺佃。庄头无力交款，再尽原佃报领。①

根据丈放章程和执行情况，我们可以看出几个问题。第一，清帝进行了一次大规模的掠夺。皇室虽将地亩丈放，"皇粮"仍存，每年还新增田赋银数万两，并搜刮了巨额地价银两。到宣统元年（1909），共丈得庄地一百三十五万余亩，超过原额一半，征收价银达一百八十余万两，折谷四百五十余万石，为库藏匮乏的清政府，增加了一笔巨款。第二，剥夺佃农，保证庄头包领庄地。按照常情，庄地系佃农耕种，并已多归佃农承典，丈放庄地自应让佃农缴价认领。可是，由于庄头的长期掌管，征租敛钱，实际上已经成为皇庄的二地主，为了减少庄头的反对，便于丈放的进行和地价的征收，皇室牺牲了佃农的利益，讨好庄头，规定"先尽庄头缴价承领"。因此，庄头虽然"恐失所据"，设法阻碍，但同时则积极筹办，甚至"勾串富商巨贾，借钱包领，以为他日转卖分肥地步"。② 结果是，皇室括银巨万，佃农惨遭剥夺，田土多归庄头包领。第三，佃农激烈反抗，力争缴价领地。满汉农民长期租种，"久视此官田为生命"，也受尽庄头与皇室的奴役。③ 迨至皇庄丈放，既有重征地价之暴敛，又有先尽庄领的劣规，再加上庄头的包领转卖，佃农旧恨新仇并涌，"不得不出全力以与之抗"，甚至"聚众拦绳"，以致形成"操纵稍一失宜，即至酿成事变"的"危局"。④ 但清政府对佃农施行严厉的镇压，丈放继续照旧进行，佃农的斗争终归失败，只有少数佃农领得庄地。

应当指出，佃农备银领地就是"赎买"租种的庄田，实质上仍然是皇室盘剥佃农的一种手段。列宁批判俄国自由派赎买土地的主张说："赎买是社会发展所承担的一种贡赋，是缴给农奴制大地主的一种贡赋。赎

① 东北档案馆《军督部堂文案处档案》一一四五五号。
② 宣统元年十月五日《政治官报》。
③ 宣统元年十月五日《政治官报》。
④ 宣统元年十月五日《政治官报》。

买就是用官僚警察手段，通过资产阶级普遍对等的形式来保证实现农奴制的剥削方法。"① 我们也可以说，佃农纳银领地，就是佃农缴给皇室地主的贡赋，是通过派遣官吏兵役使用暴力强迫丈地的手段，来实行剥削佃农的方式。当然，在不能无代价地夺回土地的条件下，赎买庄地使"佃户虽加租出款，而主权既判，有田可耕，无前此侵蚀中饱之弊"，可以长期摆脱皇室与庄头的奴役，两害相并权其轻，佃农不得不选择"缴价承领"的出路。②

皇室的无耻搜刮，庄头的抢领庄地，加深了佃农对皇室和庄头的仇恨，其他地区皇庄的佃农更加渴望夺取庄地摆脱奴役。因此，1911 年爆发了辛亥革命后，广大皇庄佃农欢庆"国体变更"，对民国政府寄托了很大的期望。可是，由于资产阶级的软弱妥协，南京临时政府与清帝签订了《优待皇室八条》，明文规定："其原有之私产，由中华民国特加保护。"③ 庄园仍属皇室，照旧征租虐佃。民国元年（1912）八月，国务院以佃户"怀疑观望""托词图赖"，饬令州县官员"大加晓谕，以儆刁风"，保证"皇粮"的征收。④ 皇庄佃农依靠民国政府夺回土地免纳地租的幻想遭到了第一次沉重打击，不得不承认庄地仍属皇室，忍痛纳租，"而附优待之义"。⑤ 在这种情况下，佃农的要求便转化为认买租种之地。

辛亥革命以后，皇室因自己作为全国最高统治者的特权地位已经丧失，并看到庄佃欠租典地情况的严重，深感庄园实难确保，兼以需款孔亟，决定继续丈放皇庄。军阀政府也图借此搜刮民财。因此，从民国元年查地发照进行准备起，到民国四年正式颁布了丈放奉省庄地章程，佃农与庄头争领庄地的斗争随之急剧地开展起来。

这个斗争大体上可分为两个阶段。第一阶段包括民国元年、二年。这时刚刚推翻了清王朝，公布了《中华民国临时约法》，要求"涤荡专制瑕秽"，实行民主政治的空气还很浓厚，奉省官员不得不在一定程度上照

---

① 《列宁全集》第十三卷，人民出版社，第 224 页。
② 东北档案馆《奉天公署档》一〇八九号。
③ 宣统三年十二月二十六日《临时公报》。
④ 民国元年八月三十一日《政治公报》第一二三号。
⑤ 东北档案馆《奉天省公署档》一〇八九号。

顾民意，佃农的斗争比较顺利。

民国元年，内务府旗务处派员清查地亩，发放庄佃租照，以为他日丈放的根据（凭照领地），规定"滋生""浮生"的庄地由佃户领照纳租。所有庄头联名上控，呈请恢复"归庄报领"的旧规。奉省都督造以"现在国体已更"，斥责庄头借词阻挠，"希图把持官田"，不准所请。①

庄头凭借家富势豪及其与内务府"向有关系"，四处运动，贿赂钻营。民国二年初，内务府清理庄田，放给租照，改订新法。规定："凡庄头受过佃户押价，如能抽赎，归庄领照，不能，归佃领照。未受押价者，虽佃户执有旗务处租照，仍应给庄头执照"。②佃农不得租照，丈放时即不能领地，因此佃农激烈反对。庄头朋党为奸，佃农便联合回击。当内务府委员到各地清丈，与庄头"勾合设谋害佃"勒索作弊时，佃农王九峰等"首倡保产会"，法库、铁岭、辽阳、沈阳、海城、盖平、辽中、庄河、新民九县佃农热烈响应，每县各举代表二人领导斗争，"群起来奉控诉"，并向省议会提出《清丈皇室官地应归庄佃分领》议案。③王九峰会同各县代表连上呈词，群述佃农费尽心血垦荒辟野缘由，揭露庄头增租夺地虐佃典田的罪恶，请求"取缔庄头，脱除中饱，俾得裕国便民"。在佃农决不肯罢休的压力下，一些议员以"民国成立之后，断不至给庄头以如此之便宜"，"省议会当为多数佃户设法保障"，支持佃农提出的《庄佃分领》议案。④省长命令撤回内务府所派的各路委员，暂停清丈，另订新法。稍后，省府颁示各县，同意了佃农的要求，规定"庄种庄颁，佃种佃领"。⑤由于绝大多数庄地系佃农租种，庄头自种者极少，这个规定实际上是宣布租照基本上归佃领取。争领庄地斗争的第一阶段以庄头的暂时失败而结束。

---

① 东北档案馆《奉天省公署壬旗字第一一七八号档》。
② 民国二年八月十四日《东三省公报》。
③ 东北档案馆《奉天省公署档》一〇八六号；《奉天公报》五八〇号。
④ 东北档案馆《奉天公报》五八〇号。
⑤ 东北档案馆《奉天省公署档》《为新章已颁顿翻成案恳请仍照前命着速施行以慰民望事》。

斗争的第二阶段，包括民国三年至五年。这时期，袁世凯称帝即位，北洋军阀继起统治，张作霖独霸东北，横征暴敛，贪污盛行，因而皇庄佃农的呼声湮没无闻，田土多被庄头抢领。

庄佃分领之示虽颁，庄头"剥民中饱之心"未甘。他们拼命钻营，捏称"带地投充，本系己产，若许佃户领种，顿失生业"，①冀翻前案。佃农代表王九峰等接连上书，列举大量事实，将庄头驳斥得体无完肤，请维持原章。但是，军阀政府以保护庄头地主利益为本职，以虐民敛财为急务，民国三年十二月批示佃农，取消前章，规定庄地原额"仍归原主承租领种，其余私垦浮多，一律收归国有，变价充公"。②佃农代表一再请愿上书，据理力争，并痛言归庄包领，将使"富者（庄头）益其富，贫者促其贫，一人饱而十人饥，数人生而万民死"，环泣请命，期维原规。③但军阀政府以"小民为可愚，使地归庄颁而统绪一清，则浮多易于着手，因此，可为国家敛数百万元之款"，不准佃民所请。④接着，民国四年四月奉天全省官地清丈局正式颁布丈放内务府庄地章程。规定：正额、浮多一并丈放，正额地价拨解皇室，浮多价款收归国有。庄地先尽庄头交价承领，庄头无力领取，准原佃承领。出典之地，限期抽赎，逾期，归佃价领。上则地每亩地价大洋七元；中则，五元；下则，三元。丈放庄地，一律于当年升科。⑤号称为"国民的政府"，却以六十五户庄头地主之利为重，置数十万佃农身家性命而不顾，颁布了这样无耻掠夺佃农的章程，连典与佃农的庄地也归庄头包领，比清政府丈放锦州内务府官庄的规定还更加刻薄毒辣。

有了这样的"刮民"政府的支持，庄头大逞凶威，肆意鱼肉佃农。他们遇各佃交租，概屏不受，反加以抗欠之名，借势夺佃；或者是恣意

① 东北档案馆《奉天省公署档》《为新章已颁顿翻成案恳请仍照前命着速施行以慰民望事》。
② 东北档案馆《东三省公报》民国三年十二月二十一日。
③ 东北档案馆《奉天省公署档》《为顿失生业势将冻馁恳恩群查以救数万佃民生活事》。
④ 东北档案馆《奉天省公署档》《为死亡迫切再行沥陈仍恳天恩拨生救苦以恤群黎事》。
⑤ 东北档案馆《奉天省公署档》一〇八九号。

科索；原租已交，横加浮租；或借倚官府，强迫涨价增租。① 丈放庄地章程刚颁，有力庄头立即缴价领地，驱逐佃农，无力庄头奉有局批，各以地许人，假款备赎。② 佃农虽竭力反抗，请愿上书，拦绳拒丈，但在军阀政府血腥镇压下，终归失败。结果是，军阀政府增加田赋，催收价款，括银百万，丈放官吏勒索敲诈，大发横财，皇室敛钱无数，田土多归庄头包领，广大佃农惨遭剥夺，无地可耕，漂泊流离。

畿辅、热河、吉林、黑龙江与奉天内务府所属的庄园、山场、牧场，奉天省盛京户部、礼部、工部及三陵所属庄园，或者是相继丈放，皇室与军阀政府分享地价，或收为国有、省有，结束了中国历史上最后的一批皇庄。

皇庄佃农争领庄地的斗争虽告失败，但是连续数年的激烈斗争，使广大佃农第一次联合起来，从斗争中认识到资产阶级的软弱妥协，不能为民谋利作主，看穿了军阀政府反动统治的狰狞面貌，初步感觉到争取土地必须打倒军阀，进行坚决的革命斗争，为以后东北地区农民运动的开展提供了宝贵的经验教训。

＊　　　＊　　　＊　　　＊

通过以上的叙述，我们可以得出几点结论。

第一，清代皇庄的建立、发展、变化及其解体的历史，清楚地表明了，清帝的双重身份——既是大地主又是全国最高统治者，以及由此产生的皇庄被赋予清帝的人格，显得像他的非有机的躯体，是决定皇庄的性质、特点及其发展、变化的主要条件，是了解皇庄的关键。这个事例充分证明了，马克思关于"主人权力和土地占有制底连生"的分析及毛泽东对中国皇帝的论断是无比正确的，是我们研究皇庄必须遵循的主要指针。

第二，皇庄的变化及其解体的历史，有力地说明了，尽管庄园主是

---

① 东北档案馆《奉天省公署档》《为庄头乘势酷虐百出仍恳速赐解决早颁新章俾免困难日深事》。

② 东北档案馆《奉天省公署档》《为仁宜同视体恤舆情维持原章毋仍迭更致助虐庄而苦群佃事》。

至高无上的皇帝，可以运用国家机器，对劳动人民施以严酷统治和血腥镇压，以维护和扩大皇室庄园，可是，社会发展的客观规律是不以人们意志为转移的，阶级斗争的强大威力必将粉碎腐朽的封建统治阶级的罪恶企图，摧垮落后的农奴制，取消皇庄的土地占有形式和经营方式，为经济发展开辟道路。这就雄辩地证明了，在封建社会里，阶级斗争是推动历史发展的真正动力的论断，是十分正确的。

第三，清帝既以大地主的身份，又以专制帝君的资格，同时出现于皇庄，二者之间，既有联系，又有区别，国库国力既为私产服务，庄园有时又拨充国用。但是，在本质上和在主导方面，清帝主要是以大地主的私人身份出现于皇庄，占夺土地，增置庄园，对直接生产者百般盘剥，肆意蹂躏，残酷剥削，严厉统治，封建国家唯一的最高的代表——皇帝——的资格，是为实现皇室地主这一目的服务的。我们可以说，皇庄的历史，无情地戳穿了封建文人颂扬清帝不谋私财、爱民如子、搏节俭约的骗人鬼话，充分地暴露了皇室残酷压榨劳动人民的地主阶级丑恶习本质，判决了清帝是最贪婪、最大的地主，并有力地驳斥了国家超阶级谬论，说明国家是地主阶级"驯顺的奴仆"。由此可见，清代皇庄的建立、发展、变化及其解体的历史，为研究国家机器与封建统治阶级——地主、贵族和皇帝——之间的关系，特别是国家与封建统治阶级的最尊贵的成员和集团的皇室之间的关系，为了解阶级斗争与经济发展及作为上层建筑的国家机器之间的关系，为探索中国封建时代的皇室庄园，为分析中国封建土地所有制的形式、特点及庄园制度，提供了一个很好的典型事例。

（本文原载《历史研究》1965 年第 3 期，系与周远廉同志合写）

清代的八旗王公庄园

在中国封建社会的漫长岁月里，历代王公贵族是各个王朝的统治集团，他们占有大量庄田，奴役劳动人民，搜刮巨量财富。分析贵族的权势和庄园的关系，探索贵族庄园的特点以及对社会发展和阶级斗争的影响，说明其盛衰兴亡的原因，得出规律性的结论，对了解中国封建社会是很有必要的。由于古代的资料稀少，对于汉、唐以来的贵族庄园的研究遇到很大困难，下面仅以清代王公贵族庄园作为一个典型探讨论证。

对清代王公贵族庄园的研究迄今为止尚无专文评述，成为清史、满族史的一大空白。出现这种情况的主要原因有二：一是这个问题内容复杂，变化急剧，经历了奴隶社会、封建社会、半殖民地半封建社会各个阶段，辛亥革命后才"丈放"，不作系统的、具体的和综合的研究，是很难弄清楚的。二是过去掌握的资料太少。清代的《实录》《会典》《通考》等官方典籍，对王公庄园的状况记载不多，尤其是对庄园内部的生产关系和斗争情形叙述更少。但并不等于没有资料可用，明清档案部与东北档案馆藏的清朝中央内务府、宗人府、六部和盛京各部的档案，详细地记载了王公庄园的建立、扩展直到"丈放"的真实情况，为研究王公庄园提供了极为珍贵的资料。遵循历史唯物主义的基本原理，研究和使用这些档案资料与其他文献，便可弄清八旗王公贵族庄园的问题。我对这个问题仅作了一些初步探索，下面谈谈个人的粗浅看法，欢迎同志们批评指正。

一　清代王公庄园的建立和扩展

清代王公贵族庄园的建立、扩展和崩溃，是与王公贵族权势的消长紧紧相连的。八旗王公贵族是清王朝最高统治集团，拥有很大权力，他们在政治上享有的特权地位就是王公庄园建立和发展的基本条件。只有了解王公贵族的权势，才能分析庄园的情况和特点。对于满族王公贵族的详细情况，将另文专述，这里只简要介绍这个集团的组成人员。满族王公贵族包括"宗室王公"与"异姓贵族"。所谓宗室，乃清太祖努尔哈赤及其弟兄的子孙后代。宗室封爵等级，先后不一，大体上分为十等：和硕亲王、多罗郡王、多罗贝勒、固山贝子、镇国公、辅国公、镇国将军、辅国将军、奉国将军、奉恩将军。余为闲散宗室。封爵又分为"功封""恩封"两种。"功封"主要是指因"军功"而封，其爵世袭。清代有所谓"铁帽王"，即指清初开国的八个"军功勋旧"王，计有和硕礼亲王代善、和硕郑亲王济尔哈朗、和硕睿亲王多尔衮、和硕豫亲王多铎、和硕肃亲王豪格、和硕承泽亲王硕塞、多罗克勤郡王岳托、多罗顺承郡王勒克德浑，这些王爵皆由子孙世袭。以后，只有雍正时期的怡亲王允祥，是因其对国有功，特旨加封王爵世袭。"恩封"就只因为是努尔哈赤及其弟兄的子子孙孙，即所谓"天潢近支"而封，这种封爵逐代递减，但大体上亲王、郡王、贝勒、贝子降至公即止，其公爵则世袭，不再降封了。

异姓贵族乃系皇室以外的八旗贵族，包括元勋、功臣和皇亲国戚两类人员，主要是清初的"开国元勋"。如费英东，屡立"战功"，荣任"佐理国事"的一等大臣、众额真、一等总兵官，统领右翼四旗，以功授三等总兵官世袭罔替，死后追封直义公，晋世爵为一等公。又如主动来投的额亦都，因"军功"卓著，升一等大臣、一等总兵官、众额真，统领左翼四旗，死后追封宏毅公，世袭一等子。再如杨古利，多年征战有功，任一等总兵官，封超品英诚公，世袭，死后追赠武勋王。其次是清帝后、妃的亲属及入关以后一些官将因功受封公、侯、伯、子、男世爵，也成为异姓贵族。如图海，以康熙十四、十五年平三藩有功，封三等公，死后追赠一等忠达公，世袭。

满族王公贵族通过"八和硕贝勒共治国政""议政王大臣会议"和担任八旗都统、六部尚书等要职，成为清朝政权的最高统治集团。从明万历十一年（1583 年）努尔哈赤起兵到清崇德八年（1643 年），努尔哈赤、皇太极与各王公勋贵连年征战，统一女真各部，进攻蒙古，占领明地，掠夺了巨量人口、牲畜、财帛。崇德七年三月，皇太极宣称，"所获明国官民，不啻数百万"。① 满族王公贵族将掠夺来的大量人丁、耕地编立拖克索（农庄）。后金天命五年（1620 年），李民寏在《建州闻见录》中写道："自奴酋及诸子，下至卒胡，皆有奴婢（互相买卖），农庄（将胡多者至五十余所），奴婢耕作，以输其主。"从这段总结性的材料可以看出，后金国汗努尔哈赤及其子代善、莽古尔泰、皇太极等诸贝勒与固山额真等"将胡"都占有大量奴婢（满语称阿哈）和农庄，有的多达五十余所。进入辽沈地区以后，又增建了大批拖克索，仅大贝勒代善（后为和硕礼亲王）第四子瓦克达因罪籍没的庄园就有二十三处之多。② 崇德六年，朝鲜官员随从皇太极打猎，自沈阳北门出，往返二百里，历时三五天，"所经之处，人居绝少，间有诸王设庄，相距或十里，或二十里，庄有大小，大不过数十家，小不满八、九家，多是汉人及吾东被掳者"。③ 可见入关前许多王公庄园已经建立，满族王公贵族成为广占良田、奴仆众多的大庄园主了。

顺治元年（1644 年）五月初二日，清军进入北京，建立起以满族贵族为首的清朝中央政权，统一了全国。这为八旗王公贵族掠民为奴、霸占土地、急剧扩大庄园创造了极其有利的条件。顺治元年十二月，谕将畿辅田地"分给东来诸王、勋臣、兵丁人等"。④ 以后一再增圈民地。清廷施用暴力图占的巨量土地，官方文献称之曰旗地，王公庄园就是其中的一部分。

顺治年间的王公庄园，主要来源于分领园地和逼民投充。分领园地包括两方面，一是按照世爵分领园地。顺治二年（1645 年）规定，给诸王、贝勒、贝子、公等，大庄每所地四百二十亩至七百二十亩，半庄每

---

① 《清太宗实录》（稿本）卷五十九。
② 《清太宗实录》卷二十五，第 22 页。
③ 《沈馆录》卷三。
④ 《清世祖实录》卷十二，第 12～13 页。

所地二百四十亩至三百六十亩，园每所地六十亩至一百二十亩。五年又定，亲王给园十所，郡王七所，每所地一百八十亩。一是按丁给地。顺治二年定，王以下，所属壮丁，计丁给地三十六亩，后改成每丁三十亩。这是王公庄园扩展的重要途径。几十年的战争厮杀，攻城掠地，八旗王公掠夺了大量人丁、牲畜。据《光绪大清会典事例》卷一一一一记载，入关前夕，代善的正红旗有包衣佐领（包括管领、分管）十八个，济尔哈朗的镶蓝旗有十个佐领，下五旗共有五十六个佐领，按每佐领编丁二百计，当有包衣一万一千二百丁。这些包衣都按丁领地。还有大批编入拖克索或"珠轩"专门耕田种地、打牲、采集的包衣，附属于家主户下，他们也应计丁领地。

除了按爵位领取园地和计丁授田之外，各王公还利用逼民投充的方式攫取大量田地。顺治二年清廷颁布招民投充的诏谕说，俘获包衣的近支兄弟或无衣无食的贫民，可以投充旗下为奴，各王公、贝勒、官将皆定有额数，不能多收，更不能逼民投充。这种讲法是骗人的，实际上投充的人并非贫寒无依自愿投入旗下，而是王公贵族逼令投充，并且逼投之数远远超过定额。

就以主宰清廷军政大权的摄政王多尔衮为例。多尔衮于顺治七年十二月病死，第二年二月，顺治帝下诏，追论多尔衮谋逆大罪，革爵籍没。同年八月辛酉，又谕示户部："汉人投充旗下，原令穷民借以养生，又恐多投，以致冒滥，是以定有额数。乃睿王所收人数已足，又指称伊子多尔博名下亦收投充，遂滥收至八百之多，且有借势投充遂占人田地者，甚属不合。"① 这道上谕说明了四个问题，一是睿亲王多尔衮按规定应收投充人的额数已经收足，二是所收投充人远远超过额定数目，三是借称投充霸占民地，四是奸猾豪民将他人田地控称己产一并带投。过了十多天（八年八月癸酉），顺治帝又谕户部："睿王指称伊子多尔博名，多收投充人役，朕前已传谕尔部，俱令查还各州县。今又闻其指称庄内人数不足，滥令投充至六百八十余名。夫庄内人数不足，亦止可收贫乏无业

---

① 《清世祖实录》卷五十九，第 12 ~ 13 页。

者，用以力农，乃所收尽皆带有房地富厚之家，殊属不合，尔部查照投充原册，逐名开写，发还各州县，照例纳粮应差。其中或有带投他人房地者，俱严责各地方官，确查明白，归还各原主为业。"① 这次又查出了六百八十余名投充人，连同前次八百名，睿亲王就收投充人一千四百多名。这些人丁该有多少地呢？如按一般标准每丁有地三十亩计，当有地四万多亩。但这个标准不适合投充人的情况。根据顺治帝的谕旨，多尔衮指称庄内人数不足而收的六百余名投充人，并非贫穷无地饥民，而是"尽皆带有房地富厚之家"。多尔衮采取逼民投充的方式占领了多少土地，虽然没有统计材料，但可以肯定其数量是不小的。以英亲王阿济格的投充人情况作个比较便可得知了。多尔衮同母之兄英亲王阿济格收的投充人，平均每丁带地十余顷（详后）。照此推算，多尔衮的一千四百余丁，最少也应带投一二万顷地。就以顺治帝指出的六百余名"尽皆带有房地富厚之家"来计算，六百余丁也该带地六七千顷。这就使人们清楚了为什么清初要下诏逼民投充，要坚持继续执行此令，要惩治反对投充的谏言汉官，原来掌握清朝大权的王公贵族要通过逼民投充来占夺土地，扩大庄园。

逼民投充的诏谕，是摄政王多尔衮颁布的，各王公贵族根据此诏都在大量收纳投充奴仆，英亲王阿济格就是一个典型例子。顺治十六年三月十三日，顺天巡抚董国兴上书劾奏丰润县豪横奸民黄绍业虐民害国大罪，其中谈到黄绍业强将他人田地并在己下，于顺治四年带地六十九顷投充英亲王阿济格。② 一个投充人就带地六十九顷，此数是惊人的。

顺治十年正月，户部尚书噶达洪等奏：镶白、正蓝二旗在南皮、交河、青县三县土地不好，将"三处所居王下大庄子及诸臣庄子搬移"，奏请将投充英亲王阿济格下"新人"的房地拨换。议政王大臣会议奏准后，户部提出，将英亲王阿济格下人在滦州、香河、宝坻、三河、玉田、丰润、乐亭、开平卫的田地拨给。共分三起，一起二百二十一名，投充人名下有七万六千五百七十八日，平均每人三百五十日；一起二百零二人，

① 《清世祖实录》卷五十九，页二十八。
② 明清档案部藏《顺治揭帖》，董国兴题：《为欺君误国事》。

有地二万零一百四十日，平均每人一百日；一起二百六十四人，有地四万五千五百七十三日，平均每人一百七十日。三起共六百八十名投充人，有地十四万二千二百九十一日，按每日地六亩算，有地八十五万三千七百四十六亩，平均每人带地一千二百四十余亩投充英王名下。① 除了上面谈到的滦州等一州、六县、一卫外，英王在蓟州、遵化还有大量投充地。② 从这些材料可以清楚地看出英亲王阿济格凭借权势仅逼民投充一项，就攫取了民田八十多万亩。

清初的王公贵族中，只有睿亲王多尔衮、英亲王阿济格才逼民投充霸占民田吗？不是。"收民投充"，是清帝的诏谕，各王公贵族都可依诏执行，都定有额数。既然多尔衮、阿济格这两个亲王能逼民投充，占夺土地，其他王公也是不会例外的，只不过因为多尔衮、阿济格被判处谋逆大罪，革爵籍没，这个情况才透露出来，其他王公则因未被惩处，而且还是掌权的王爷，所以这类丑事就掩盖过去了。

康熙以后，分封皇子的王公庄园不再计丁给地，而是按爵秩从皇庄内拨给。康熙六年（1667 年）规定，分封皇子时，给亲王旗下满洲佐领十、蒙古佐领六、汉军佐领四，内务府满洲佐领一、旗鼓佐领一、内管领一、山海关大粮庄二十、银庄三、半庄二、瓜园二、菜园二，关外大粮庄六，盛京大粮庄四，盛京佐领下人五十户，果园三，带地投充人五百七十六名，新丁八百九十九名，炭军、灰军、煤军各百名。康熙三十七年定，给郡王旗下满洲佐领六、蒙古佐领三、汉军佐领三，内务府满洲佐领一、旗鼓佐领一、内管领一，山海关大粮庄十、银庄二、半庄一、瓜园一、菜园二，关外大粮庄二，盛京三佐领下人三千户，果园一，带地投充人五十户，给官地投充人五十户，采捕户二十名，炭军、灰军、煤军各五十名。以后略有减少。贝勒、贝子、公等按爵秩递减。③ 从这个规定看，分给亲王的关内外粮庄、半庄、瓜园、果园共三十九所，合计

---

① 明清档案部藏《顺治题本》，顺治十年正月二十一日，户部尚书噶达洪题：《为拨补地土事》。

② 明清档案部藏《顺治题本》，顺治十八年七月初四日，户部尚书车克题：《为圈取地土事》。

③ 光绪《大清会典事例》卷一一九八。

有地七百二十四顷，即七万二千四百亩。炭军、灰军、煤军、带地投充
人、新丁、内务三个佐领及五十户共计人丁二千二百七十五名，应有地
六万亩，两项加起来，亲王就占有地十三万二千四百多亩，这是很大的
数字了。

各王公还占有广阔的牧场、山场以及鱼泡地、晒网地等种类土地，
名色繁多，难以一一尽述，现只将牧场情况作一简略介绍。各王公都
是以武力起家的，要打仗，离不开战马，要耕地，离不开牛、骡、驴，
要吃肉，离不开各种牲畜，因此，诸王公都喂养大量的马、牛、羊、
驴。早在 1613 年前，努尔哈赤还是局处山区的小小女真国汗时，就赐
其子褚英、代善各八百牧群，其他诸子也分领不少。到入关时，亲王、
郡王一般养有几百乃至上千匹马以及大量牛羊。顺治十五年规定出征
时马匹的额数，亲王应备马四百匹，郡王备马三百匹。规定额数如此，
亲王、郡王马匹的总数一定比此数更多，因为养的每一匹马不可能都
作为军马，必须从上千匹马中才能挑得出几百匹驰骋疆场的战马。一
直到雍正十一年，克勤郡王岳托的王世孙平郡王福彭还奏请以己马五
百匹捐送军前，并说"宗室王、贝勒、贝子、公等皆有马场，滋生马
匹"，要求他们也照样献马从征，雍正帝同意。① 一个郡王能献军马五
百匹，其全部马匹必定更多，其他亲王、郡王、贝勒，有马亦不会少。
这不是臆测，就在雍正时，果亲王允礼（康熙之子）在张家口外的牧场
就牧马一千多匹。

大量的畜群，需有广阔的牧场，清政府除在近京州县分给各王公牧
场外②，在河北、山西等地也划了广阔土地给八旗王公作为牧场。就以果
亲王为例，他在山西丰镇厅豁尔托巴地方的牧场，南北长达四五十里，
东西长数十里。③ 这些广阔的牧场，后来逐渐开垦成熟，增加了大量田
地。比如，庄亲王在河北、山西、辽宁占有大量牧地，仅山西的前后科

---

① 《清史列传》卷三。
② 《八旗通志初集》卷二十二，《土田志》载，顺治十一年规定："亲王牧场方八里，郡王
牧场方四里。"
③ 明清档案部藏《宗人府来文》，道光七年元月十日，户部《为咨行事》。

布尔镶红旗马场三处垦出的熟地就达三十二万四千余亩之多,其他王公的占地就可想而知了。

二 关于清代王公庄园规模的估计和分析

清代的王公庄园究竟有多少?

清《会典》《通考》《八旗通志》等官书载称,八旗王公宗室庄园占地一百三十三万三千六百亩。我认为这只是王公庄地的一部分,即清初分封的免赋地,而不是王公庄地的总数,各王公贵族占有的土地比这个数字要大得多。以庄王府为例,根据明清档案部藏的《宗人府堂稿》,从土地占有角度来分析,可以看出庄王的庄园有八个特点。

第一,庄园星罗棋布,遍及三省。清朝灭亡后的第三年(1913年),庄王府长史桂斌给宗人府的呈文开列了庄园所在州县的地名,计有河北省的延庆、宝坻、武清、永清、固安、良乡、房山、通县、大兴、宛平、迁安、肃宁、安肃、雄县、河间、新城、昌平、霸州、涿县、滦州、安州、沧州、承德、独石口等州县及张家口。在辽宁省的有盖平、法库、新民、锦西、海城、辽阳、沈阳、铁岭、兴京九县。在山西丰镇厅等地有大量开垦的马场地。地跨三省,分处四十余州县,村屯一百三十余处。①

第二,突破旗界限制,四面八方扩展。清初各旗皆有界址,不能越旗垦种,也不许越旗买卖土地。封给王公庄园,赐给官员、兵丁旗地,皆按旗拨给指定州县圈占的土地,不准擅自更换。康熙《大清会典》卷二十一根据康熙二十二年八旗司册的开报,记载了八旗王公官员兵丁旗地数目及分布州县情况。镶红旗宗室王公有庄园四百三十九所,占地二千六百三十顷,分布在大兴、宛平、永清、香河、通州、宝坻、昌平、涿州、房山、霸州、滦州、新城、河间、肃宁、沧州、延庆及张家口等

---

① 明清档案部藏《宗人府堂稿》,庄王府长史桂斌:《为呈覆事》。

处。庄亲王属镶红旗。拿上述庄王府长史桂斌的呈文开列庄园所在的州县加以对照，便可发现庄王府的庄园早已远远超出了赐给本旗王公庄园的州县范围。如河北省武清、固安、良乡、迁安、安州、安肃、雄县的庄地和独石口、承德新垦的土地，都不在清初授给镶红旗王公庄园的州县范围内。超出范围的州县中，很多是他旗王公庄园的坐落地方，如良乡、迁安、固安、武清是清初赐给镶白旗王公庄园的州县，固安、安州是镶蓝旗王公庄园所在地，正蓝旗王公也领了良乡、武清的庄田。而清初赐给镶红旗官员兵丁旗地坐落的州县，却包括有良乡、固安、武清、安肃、雄县、迁安六县。这就清楚地表明，各旗定界早已被突破。

第三，庄园辽阔，占地数千顷。按照庄王府开列的土地数目，在河北省延庆、宝坻、昌平、武清、永清、固安、霸州、涿州、良乡、房山、通县、大兴、宛平、迁安、滦州、安州、沧州、肃宁、安肃、雄县、河间、新城这二十二个州县中，庄王府有地七万八千余亩，在张家口、承德有四千余亩，在独石口有地七万一千余亩，在山西有马场地三十二万四千余亩，在辽宁的沈阳等九个县有地七万余亩，总共有地五十五万余亩。但这还不是全部数字，在山西就有广阔的马场地未统计在内。不过这五十五万亩已经是个惊人的数字了。光绪十三年（1887 年），全国民赋田是九百一十一万九千余顷[1]，即是说像庄亲王这样的大庄园主，只要一千七百个，就可把全国的田地霸占完；光绪元年，全国有人口三亿二千二百六十五万余，按光绪十三年全国田地数字，平均每人只有地二亩九分，而庄亲王一府就占有五十五万余亩，真是天渊之别。

第四，人丁上万，劳力众多。庄亲王府占地五十五万亩，需要大量劳动力耕耘种植，在当时生产力水平极低的条件下，一个壮劳力能耕种的土地不及十亩，并且还需要家里人帮种。就以较高的标准按一丁分三十亩圈地计算，则五十五万亩地需壮劳力一万八千三百多丁，连带家口当为四五万人。

第五，庄王府租银万两，米谷满仓。为叙述方便，姑且按清中叶以

---

[1] 光绪《大清会典》卷十七，《户部》。

后王庄土地普遍征租情况来分析。庄王府在辽宁铁岭、法库两县中的一处庄地有三百三十一日，每年收租银二百两①，按一日六亩地计算，三百三十日，折一千九百八十六亩，平均每亩租银一钱。庄王府在河北宝坻县有地五千一百三十亩，同县有和亲王府庄地三千余亩，每年收租银三百三十六两，平均每亩租银一钱。② 宗室溥昕原系庄王后裔，其祖于乾隆年间从庄王府分得热河苇子峪地一千二百四十亩，每年收租银一百二十两，平均每亩一钱。③ 大体上畿辅地租较东北为高，若每亩租银都按一钱计（不包括猪鸭等额外苛索），庄王府五十五万亩地可收租银五万五千两，折合粮谷十万石。

第六，开牧场，垦"闲地"，收投充，极力扩大庄园面积。庄王府扩大庄园面积的重要方式是役使劳动人民将牧马场垦成熟地。王府在山西占有广阔的牧场，从清中叶以来便陆续开垦，到清朝灭亡时，已开垦三处，得熟地三十二万四千二百多亩。庄王在辽宁法库、新民二县，也有一处大的牧场，其中仅租给佃农郭景和等人的地，每年收租银就达二百一十四两，按每亩一钱计，当有地二千多亩。另有佃农王殿忠等，也租牧场地一千二百多亩。④

清代王公贵族还役壮丁、佃户开垦荒闲土地，名曰"滋生地""余租地"，这种地往往接近正额田数。例如，庄王府在新民县的一处庄地，系郭景荣承领招佃耕种，原有地七十九日，按六亩一日计，有地四百七十四亩，而佃户新垦出的"滋生地"却有五十五日，合地三百三十亩，比原额增加了百分之七十。

另外，庄王府还凭借权势，霸占民田，甚至吞并亲属的土地。庄王本系承泽亲王硕塞长房子孙，硕塞次子封惠郡王，惠郡王后裔宗人府理事官宗室定寿等人，其先祖万祥在铁岭、法库二县有祖遗地三百三十一日，就被庄王府强行兼并。⑤

---

① 明清档案部藏《宗人府堂稿》，宗人府：《为咨行事》。
② 明清档案部藏《宗人府堂稿》，毓璋：《为缕晰声覆事》。
③ 明清档案部藏《宗人府堂稿》，宗人府：《为咨行事》。
④ 明清档案部藏《宗人府堂稿》，宗人府：《为咨行事》。
⑤ 明清档案部藏《宗人府堂稿》，宗人府：《为咨行事》。

第七，庄王府这个大地主，通过把庄园、人丁、财产传给子孙的方式，不断地增加一批又一批新的贵族地主。按清制，各王公贵族从清廷计丁授田或按爵赐庄领受庄地之后，其子孙后代即分袭父祖遗产，不再从朝廷领取庄园、人丁。庄王府的田地、人丁、银、房，也是不断分传。雍正元年，允禄承袭硕塞子博果铎的庄亲王封爵，继承大量庄田、财物，因而庄王对硕塞次子惠郡王博翁果诺孙明赫比较关照，既奏准让明赫承袭自己因"功"加封的镇国公，又大量分与庄田、房舍。乾隆年间庄亲王永瑺曾将滦平县苇子峪庄田十顷、丰宁县庄地九顷、承德县庄地四顷余分给兄弟。根据史书记载，从第一代和硕承泽亲王硕塞，到清末光绪二十九年载功袭王爵，庄王府共计十代，传九次。这十代亲王中博古铎、永瑺二亲王无子，其他各王累计共三十四人，即是说从始祖硕塞到末代载功，分了八次家产，共三十四人分领祖业。除去十个袭承王爵，传到末代载功，占有庄田五十五万亩以外，其他二十四人中，有十三人封授了王公爵位，计郡王一，镇国公、辅国公六，镇国将军、辅国将军、奉国将军六，余十一人不详。这二十四个贵族也从庄王府产中分得大量田宅、人丁、银钱，成为田连阡陌、资财巨万的大的贵族地主。

第八，王公权势是庄园建立和发展的根本条件。入关前夕，庄王府始祖硕塞只是一个年方十七的少年。顺治元年随同亲叔摄政王多尔衮入关后，庄园田产从无到有，从少到多，传袭连绵，不断扩大，直到清朝末年占地五十五万亩。庄王府之所以能这样持续地、急剧地扩展，原因固然很多，但归根到底在于其享有封建王公世袭特权。在入关以后的八年之内，硕塞初封多罗承泽郡王，继晋和硕承泽亲王，参与议政，掌管兵部，王爵世袭，成为清初开国八个铁帽王之一。他的后代子孙，大都担任要职，掌握实权。第三代庄亲王允禄是康熙帝爱子，承袭王爵后，任都统、理藩院尚书，乾隆元年（1736年），总理事务兼掌工部，领亲王双俸，还加封镇国公。其后，永瑺、绵课等也历任都统、领侍卫内大臣、御前大臣。第九代庄王载勋与端郡王载漪相勾结，巴结慈禧，把持朝政。

庄王府能够有这样大的权势，主要有三个原因。一是"打江山"有功。入关之时，随同豫亲王多铎攻打李自成部农民军，消灭南明福王政权，与英王阿济格一起镇压天津人民反抗，削除声称叛清的大同总兵姜瓖部队，并主管兵部，参与议政，为建立清王朝的统治效尽犬马之劳，因此，功封郡王，晋亲王，世代承袭，厚赐金银财帛（一次就恩赐黄金二千两、白银二万两），加赏庄园、人丁。①

二是"保江山"卖力。硕塞以后的历代庄王，大都担任八旗都统、领侍卫内大臣等要职。尤其是第五代庄王绵课，在阶级矛盾尖锐激烈、统治危机日益加深的嘉庆年间，先后任正红旗蒙古都统、署正白旗汉军都统、镶蓝旗汉军都统、署镶白旗蒙古都统、镶蓝旗满洲都统、阅兵大臣、领侍卫内大臣、御前大臣等要职②，对镇压人民反抗，巩固清朝统治而竭尽心力。特别是嘉庆十八年（1813年）天理会起义军冲进紫禁城直捣清帝住殿时，绵课仓促拒守，持枪击伤义军，在清廷危急之际，为保卫大清江山立了一"功"，以起义军的鲜血换得清帝的赞赏。③ 这样"忠诚"卖力、为清王朝效劳的王爷，当然会博得君主的欢心。

三是"天潢贵胄"，皇子，君弟，理应为国"股肱"，世代显贵。硕塞虽然是后进晚辈，依附诸叔，随从出征，所立"军功"有限，难与礼、郑、睿、豫诸王并驾齐驱，但因其系太宗之子，顺治帝亲兄，就受到格外优待，破格加封。顺治初年，睿亲王、豫亲王、礼亲王、郑亲王和克勤郡王、顺承郡王等势力很大。睿亲王多尔衮更高踞皇父摄政王宝座，主宰清廷军国大政，幼帝福临毫无实权，纯系虚位。多尔衮病死后，顺治帝亲政，要想真正夺回被多尔衮篡夺的君权，提高皇帝的威信，当然要依靠同胞兄弟。福临一共是九个弟兄，二、三、八兄早死无嗣。长兄肃亲王豪格被多尔衮削爵圈禁致死，顺治八年虽恢复肃王爵位，令其子富绶袭和硕亲王，参与议政，可是富绶年方九岁，小小幼童怎能担当大任。福临的四、六、七兄和十弟是太宗庶妃所生，地位低微，只能封授公爵，也不能肩负重任。十一弟博穆博果尔虽然年幼，于顺治十二年便封为亲王，希图重用，可是第二年即病死无嗣。只剩下一个硕塞，既是

① 《清世祖实录》卷二十一，第8页。
② 《清史列传》卷二，《和硕承泽亲王硕塞传》。
③ 《清仁宗实录》卷二百七十四，第10页。

太宗侧妃所生，可以授以王爵，又能从军出征，主管政事，所以顺治帝于八年正月亲政后，二月即晋封硕塞为和硕承泽亲王，三月命掌兵部，十月参与议政，特别重用，使硕塞跨进了"军功勋旧诸王"的"铁帽王"行列，雍正元年，硕塞子庄亲王博果铎死后无嗣，雍正帝以康熙帝十六子允禄承袭王爵，允禄是雍正帝比较信任的兄弟，这也有助于庄王府权势的扩大和延续。

以上所述庄王府在土地占有方面的八个特征，基本上也体现于其他王公庄园上。当然，各个王府的情况不尽相同，有的在这些方面突出，有的在那些方面比较明显，有的还具有其他特点，还需要具体叙述。

从庄王府庄园的扩展和规模，已经确知仅庄王一府，就占有庄地五十五万余亩。辽宁一省，就有王公庄地数百万亩。可以想见，清代整个王公贵族集团庄园的数目，是远远超过《大清会典》所载一百三十多万亩免赋的老圈地的。

三　清代八旗王公贵族庄园生产关系的变化

（一）清初王庄的生产关系

清初，八旗王公庄园经历了一个发展变化的过程。努尔哈赤1583年起兵以后，掠夺了大量人丁，逼令充当包衣，隶庄耕种，建立了许多奴隶制拖克索（农庄）。1621年3月进入辽沈地区以后，王公庄园的规模扩大了，并且开始了向农奴制的过渡。现在详细论述入关以后顺、康年间王公庄园的生产关系问题。

从王公庄园的设立情况看，可分成两大类，一是遣派包衣隶庄，一是汉民带地投充。这里着重分析的是编丁立庄的问题，它是王公庄园的主要部分。

先从生产资料的所有制谈起。在清代，最主要的生产资料仍然是土地。王公庄园的土地，包括两个部分，一是不纳国赋的免赋地，即入关初期分封的圈地和康熙六年以后分封皇子时从皇庄内拨给王公的土地；另一类是应纳国赋的土地，如开垦牧场、渔泡、草甸和原圈地内的荒地。八旗王公在东北的庄园，大多是派遣人丁开垦荒地或强占民人已开出的土地而建立的。凡属应纳赋税的王公庄地，皆由王公的庄头、壮丁领名，在官府册籍上以及收纳钱粮的票据上，只载明某某地由某某庄头或壮丁承领，交纳钱粮，从不写其庄主某王公的名字。

无论是免除赋税"永为世业"的"老圈地"还是从皇庄分拨的无赋庄田，或者是交纳钱粮的王庄土地，从所有制来看，皆属王公贵族所有，是王府的私产，除了清朝初期禁止越旗交易和长期不许卖与汉民这一点小小限制以外，王公对庄地有权任意处理，可以派遣包衣隶庄耕种或招民佃耕，也可以传给子孙、赠送亲友、赏赐包衣仆婢，或作为陪嫁礼物，还可以典当出售。耕种庄地必需的耕牛、农具等生产工具，初期也是由王公置备的，归王公所有。

土地等生产资料归属八旗王公贵族所有，这是起决定性作用的因素，对庄园的生产关系，对包衣壮丁的驱使奴役，对劳动产品的攫取，产生了巨大的影响。革命导师马克思指出，在封建社会中，"地片和它的主人一起个人化着，它有着主人底阶位，和主人一起是男爵的或伯爵的，它有着他的诸特权，他的审判权、他的政治关系等等。土地显得像它的主人底非有机的身体。所以在成语所谓'没有土地没有领主'这句话中表明着土地权力和土地占有制底连生"。① 这段教导深刻地、形象地指明了主人的权力及其政治地位与土地结合在一起，土地随着它的主人一起个人化了。清朝的八旗王公庄园，就具有这个特点。既然土地属于王公贵族所有，那么，八旗王公的强大政治特权，王公的豪横势力和高贵地位，也必然反映到庄地上来，换句话说，就是必然要加重对壮丁的剥削和压迫。

再来看看生产关系的另一重要因素，即由于生产资料的所有制形式而产生的"各种不同社会集团在生产中的地位以及他们的相互关系"，主

---

① 马克思：《经济学哲学手稿》（1844 年），人民出版社，1956，第 46 ~ 47 页。

要是对庄丁人身占有的问题。入关初期隶庄生产的庄丁与其家主（王公贵族）是主奴关系，人身依附的程度非常严重。庄丁或壮丁亦称"包衣"①。不是独立的人，不是自由的人，而是附属于家主的奴仆，王爷有权任意奴役驱使。包衣犹如马牛牲畜，家主可以任意调遣。如项玉有的祖先原是抚顺人，后金天命四年（1619 年），努尔哈赤领兵攻打抚顺，其子大贝勒代善（后封礼亲王）便将项家俘掠为奴（包衣）。顺治元年清军进关时，代善占有的大批包衣人丁皆随主入关，项家被代善遣拨在河北定兴县西各庄，给与庄地，令其"当差"。② 其后项家思念故乡，苦苦哀求，礼亲王府才"恩准"迁回辽宁，令其在海城县梧树屯居住"当差"。家主可以派遣包衣隶庄耕种，也可以将粮庄包衣改派他役，或归棉庄，或充牲丁，一切皆由主人调遣。遇逢征战，家主则令包衣随军出征，或饲养军马，或备鞍煮饭，或披甲上阵厮杀。包衣不许离主外逃，清廷法令规定，包衣初次逃走，鞭一百，二逃，鞭一百，枷四十日，三逃，处死。包衣不仅本人为奴，而且子子孙孙世代为奴做婢，不得改入民籍，不许私自外出。

包衣虽然不是奴隶，也有少量的田产、房宅等私有经济，但包衣是家主的奴仆，因此，对自己的个人财产并无完全的支配权，被家主干预或霸占，常被认为是合法之事。这从顺治年间贵族绰儿吉弟兄争分父遗财产的问题上，可以看得很清楚。据档案记载，其弟那木生格和朗苏控告绰儿吉多分多占，其中说到父亲在盛京的一群羊被绰儿吉得了。绰儿吉辩解说："羊不是父亲的，是波罗各自的，分人时，波罗分在我名下，羊随主得。"③ 这几句话表明：包衣有自己的财产（羊群）；但其私人所有的羊群不能排斥主人侵占。因此，波罗分给绰儿吉时，"羊随主得"，这群羊便可以被家主绰儿吉宣称是他的了。

家主不仅对包衣的牲畜可以霸占，而且对包衣的田地也同样据为己

---

① 包衣，是满语 booi 的译音，全名为包衣阿哈，意为家之奴仆，有时写作阿哈、家之人、户下人、旗下家人、庄丁或壮丁。
② 明清档案部藏《宗人府堂稿》，宗人府：《为咨行事》。
③ 明清档案部藏《顺治题本》、《刑部》二百二十二号。

有。上面说过的绰儿吉，他父亲名下的包衣人噶儿兔自己有土地和马匹，又因随父从军厮杀，立有"战功"，赐予庄地一处，但噶儿兔分给绰儿吉后，他的马匹和庄子全被绰儿吉占为己有了。① 这些材料都反映出包衣刚从奴隶转化为农奴，奴隶制残余还很浓厚，旧的传统习俗也很顽固，包衣仍然遭受残酷的人身奴役，私有经济的独立性尚很微弱，很不稳定，家主还可任意支配包衣及其财产。

直到乾隆初年，包衣如果死后绝嗣，其财产仍然归家主所有。宗室龙瑞祖父"太王爷"曾于康熙年间把青县庄地三处共四百五十余亩，赏给包衣陈英杰，雍正元年陈英杰将此项土地作为女儿"陪嫁地亩"，到乾隆四年，由于陈英杰及其子陈达哈里病故，其女陈氏到京，向其家主龙瑞告称，"奴才之父陈英杰，弟达哈里俱物故绝嗣，所有青县地亩系绝嗣地亩，理应主子收取。若年奴才艰难，恳赏给身"。龙瑞允诺。②

从叙述经过可看出，康熙年间赏给包衣之地，乾隆初年包衣绝嗣后，其地还应由主子收取，可见家主对包衣的支配权力之大，包衣人身依附于主人程度仍然是严格的。不仅如此，家主对包衣人丁可以任意鞭笞捶辱。例如，顺治年间贵族格力，派遣甘登子到庄屯催收粮谷，甘登子依仗家主权势，对庄屯包衣毛二之妻小大姐百般侮辱，竟殴打至死。③

现在再来分析生产关系的又一重要因素"产品分配形式"，即王公贵族对庄丁的剥削问题。八旗王公贵族残酷剥削庄丁，完全靠包衣资生度日，这在清帝的诏谕中说得非常清楚。顺治帝曾说："向来血战所得人口，以供种地、牧马诸役，乃逃之日众，十不获一……（若不严惩）则窝者无忌，逃者愈多，驱使何人，养生何赖，满洲人独不苦乎！"④ 康熙帝也曾指出，"满洲藉家仆资生"。⑤

---

① 明清档案馆藏《内务府来文》乾隆十九年七月。
② 明清档案部藏《内务府来文》，乾隆十九年七月。
③ 明清档案部藏《顺治题本》，顺治十二年八月三十日，刑部尚书图海题：《为打死人命事》。
④ 《清世祖实录》卷九十，第8页。
⑤ 《清圣祖实录》卷十四，第2页。

下面举几条典型材料来具体分析王公贵族对包衣（庄丁）的剥削。王公贵族们在关内、关外占有大量庄园。例如，顺治初年，欧欧哈公主在盛京扎库达有五个拖克索（农庄），英亲王阿济格在盛京有四个粮庄和三个棉庄，睿亲王多尔衮在盛京有十个粮庄。① 这些王公庄园原先是怎样交租的，其具体情况不太清楚，但拿同时期同地区的皇庄剥削情况作个比较便可得知。顺治五年八月二十八日，内务府致书盛京的镶黄、正黄旗包衣牛录章京安他木、布达西说，"收盛京拖克索的粟时，每拖克索应纳一百二十斛（十斗为斛），勿令或多或少，如有不足一百二十斛者，照章责打"。② 当时每庄耕田一百二十垧，则每垧（六亩）征粮一斛，每亩征一斗六升六合。这仅是正租，其他额外盘剥尚未包括在内。关内皇庄的剥削量，在康熙二十四年是，每庄一千八百亩，纳粮三百六十仓石，平均每亩上交二斗，合银一钱。此外还有几倍于正额的附加租和其他盘剥，例如，内务府规定每庄必须缴纳的贡物有：鹅十只，鸡十二只，鸭五十只，鹅蛋三十六个，鸭蛋一百四十三个，鸡蛋八百三十三个，跳大神猪二口，秫秸一千零三十三捆，草二千束，灯油七十斤，红花八两，扫帚二十，笤帚三十，瓢十九，芥子一斗，蓼芳菜籽一斤。另外，鹰鹞房所用的瓢翎，花爆作所用的麻秸，造福处所用的麦面，广储司所用的麦秸，均由各庄输纳。③ 这些附加租物，品名既多，价值亦昂，仅鸡、鸭、鹅、猪、蛋、草、油、秫秸等八项，就值银一百五十四两，合谷三百零八石，每亩平均多加粮谷一斗七升，大致与正额租粮相等。至于各种临时苛索和征调车马人夫物料，也需交纳大量银两。④

从皇庄分拨给王公贵族的庄园，征收租物、差银的具体项目尽管不完全一样，但大体上是相同的。以正额租来说，王公领受由皇庄拨出的庄园后，仍然按照原额征收，这从下述两个例子可以看得很清楚。河北阜城县的高应淳于顺治四年带地二十九顷投充内务府交纳钱粮，康熙十

---

① 《盛京内务府顺治年间档》。
② 《盛京内务府顺治年间档》。
③ 《总管内务府晓谕众庄头档》，光绪《大清会典事例》卷一一九六。
④ 《总管内务府晓谕众庄头档》，光绪《大清会典事例》卷一一九六。

四年这项土地拨给恭亲王，内务府在分封恭亲王的册档载明，"阜城所属高家庄居住的高应淳病故，其孙高崇本身地二十九顷，征银八十七两，草二千九百束"。恭王府即按此数征收租银。① 又如履郡王受封王爵时，从内务府会计司拨给皇庄头石可法等投充地五十四顷，也按原额征收租银。②

不仅正额租如前征收，而且附加租物也大多照旧催交。康熙十四年许瑞充当皇室庄头，领地六十顷，向内务府交纳钱粮，后因拨给恒亲王门下当差，许瑞兄弟三人各领二十顷地，向王府门上当差纳粮。许瑞每年应交差银一百五十两，平均每亩约七分。另外还贡纳"猪、羊、棉花等物"。这些附加租项目多，数量大，价值昂贵，共折银一百五十五两，超过了正额租银。③ 正额和附加两项租银共三百〇五两，平均每亩征银一钱四分左右。

从上述三个方面的分析，可以认为顺康年间派遣包衣耕种的王公庄园，是采用封建农奴制的剥削方式。至于汉民带地投充的庄地，大多是投充人招民佃种，向家主缴纳地租，属于封建租佃关系范畴，但是，它在整个王公庄园中处于次要的从属的地位，本文对此就不再评述了。

（二）清中叶以后王公庄园生产关系的变化

野蛮的农奴制剥削方式严重地破坏了生产力。在汉族封建租佃制的包围下，在广大壮丁坚决斗争的压力下，清中叶以后，王公庄园的生产关系发生了重大变化，普遍采用了封建租佃制。

逃亡，是壮丁反抗的主要方式。入关以前，壮丁（包衣）就不断逃亡。入关以后，壮丁更是大批逃走。比如，在顺治六年，单在平南王尚可喜、靖南王耿仲明的名下，就查出"隐匿旗下逃人千余名"。④ 广大壮丁长期地、不断地、大量逃亡，沉重地打击了反动的农奴制剥削方式，

① 明清档案部藏《宗人府堂稿》乾隆三十三年七月，宗人府：《为牌行事》。
② 明清档案部藏《宗人府堂稿》乾隆三十四年六月，宗人府：《为饬知事》。
③ 明清档案部藏《宗人府堂稿》道光七十年十月，宗人府：《为咨呈事》。
④ 《清世祖实录》卷四十七，第5页。

这在英公府庄园的变化上表现得十分清楚。东北档案馆藏的《英公府奉天法库县南坐落上屯等村地册》载称：

> ……乃至嘉庆八年间，因充差之壮丁滥逃者颇多，以致差银无着，故将养丁之地起租，以抵差银之收入，并分派庄头经理，以清辖而便结。……计坐落奉天省法库县南上屯等十三屯之地，为数至繁，段落零星，惟恐丁佃有私押盗典等情，本府特为编成一册，坐落姓名地数四至载记详明，以杜流弊，而保租产。兹将座落姓名、地数四至列后：（略）
>
> 熊景春、李国栋、李保儿、熊正邦、高仲麟、李万山、张殿恩、高廷弼、赵永贵。以上九领名，共三十九屯庄地，一万七千九百四十九亩。

这份档案材料清楚地反映出，壮丁的逃亡，迫使英公府放弃了农奴制的剥削方式。"充差之壮丁滥逃者颇多，以致差银无着"，直接影响了王府的剥削收入。正是在这样的条件下，英公府才"将养丁之地起租，以抵差银之收入"，招民佃种，交纳租银，采用了封建租佃关系。英公府庄园的这种变化，很有代表性、典型性，其他王公庄园也大都经历了同样历程。

广大壮丁还以典卖庄地的方式反对野蛮的农奴制度。为了维护落后的剥削制度，保障王公贵族利益，清廷严禁壮丁和满汉官民典当王公庄地。但是，清初以来，盗典庄地的行为层出不穷，根本无法禁止。比如，档案记载，"盛京户部咨查星尼贝子壮丁入官当差地亩私典与该处旗民案。原册据众丁报出，典给海城县民人地五百四十五日，典卖与牛庄各项旗人及星尼壮丁等地约一千余日"。[①] 此星尼贝子乃系和硕礼亲王代善曾孙。康熙四年，星尼父多罗贝勒常阿岱死，星尼降袭固山贝子，后坐事削爵，家产入官。从这份材料，可以看出壮丁偷典主地的严重情况。

---

① 东北档案馆藏《盛京总管内务府档》，一八九六号。

再如，《京都惠郡王府五城骑缝底簿》具体记载了道光二年（1822年）王府庄田典与旗、民耕种的详细情况。① 根据这份档册，可以看出四个问题。第一，庄地大都典出，辽宁铁岭丁家屯由丁玉全领名的册地二百五十三日，壮丁、庄头自种的仅七十二日；其余全部典出，占庄地总数的百分之七十。沈阳四台子李富有领名的册地共十七日，而壮丁自种的仅一日，典出的为总数的百分之九十四。辽阳响山子"王爷壮丁"共领税地五十三日，典出三十六日半，占税地总数百分之六十七。典出土地皆超过庄地总数一半以上。

第二，大部壮丁将庄地典出，自种的很少。铁岭丁家屯壮丁丁发等九人共领地一百三十日，自己耕种的才二十三日半，而典出的却有一百零九日半，占庄地总数百分之八十四。这九名壮丁中，除丁国荣地系自己耕种外，丁发等八人皆将庄地典出，其中，丁老格子、丁国有、丁国先三人寸地不种，全部出典，丁发、丁国栋、丁国治、丁德玉四人典出大半庄地。在沈阳四台子，壮丁李景德等六人承领庄地十七日，除李景福自种地一日，典出半日外，李景德等五人皆将庄地全部典出。在辽阳响山子壮丁王斌等七人领地五十六日，仅王儒系自己耕种，余皆将地出典。可见壮丁典当王公庄地的行为是非常普遍的。同时，庄头也将庄地出典。铁岭丁家屯的庄头丁德喜，应分地一百二十日，自种地仅五十日半，典出六十九日半，超过庄地总数一半。

第三，承典王公庄地的人很多，有汉民，有旗人（即满族），大多是一般农民，也有少数满、汉地主。上述三处惠郡王府有庄地三百二十三日，典出二百三十三日半，而典进庄地的旗人、民人却有李功等五十二户，平均每户典地四日半，可见典户之多和典户之分散。在这五十二户中，典进庄地十日以上的，只有赵成等五户，其中赵成十三日半，丁文起二十日半，张敏二十七日半，王朝二十二日，义顺当二十日半。这五户（包括义顺当的主人）可能是满、汉地主。其余林美等四十八户，皆各自分典少量庄地，显然是一般农民。

---

① 东北档案馆藏《东北各官署底契据表册》，第七十八捆，〇二一八号。

第四，庄地的大量典出，导致旧的农奴制衰亡，封建租佃关系上升为主导形式。在惠郡王府这三处庄地中，庄头、壮丁自己耕种的土地才八十九日半，而旗人、民人典进庄地二百三十三日，这些土地都没有采用王公编丁立庄的农奴制，而是由满、汉农民典种庄地交纳租银，或满、汉地主典进庄地后招民佃种，再向王府纳租，皆采用汉族固有的封建租佃制。而且，像档册所载丁国俊等自种少量庄地的壮丁，既然已经典出部分庄地，收入必将大大减少，更难交纳王府差租，必致贫穷难度，继续典出庄地，或者弃地逃走。这就将进一步导致农奴制残余的不断衰亡和封建租佃制进一步扩展。

根据现有材料看，清中叶以后，王公庄园的封建租佃制大体上有两种形式。一是取消差银名目，将庄头、壮丁承领的庄地按亩征收租银。如郑亲王济尔哈朗后裔"四公府"的《盛京盖州等处圈产地册》载称，"嘉庆十三年将盖州界查清，此册计六百五十五日五亩四分"。壮丁本应上交差银，听从家主驱使，办纳各种贡物，现在却改为按照承领庄地的数目，每日地征收租银五钱。[1] 这和汉族地主收取佃农租银的方式基本相同，封建租佃关系完全代替了落后的农奴制剥削形式。

另一种形式是满、汉农民或地主向王府庄头、壮丁佃种、典种庄地，按亩交纳租银。这从惠郡王府的情况可以看得很清楚。惠郡王府在辽宁盖平县尚河寨、王母栏有地九十日，以钱三万七千三百七十吊，典与佃户高永照等三十三户耕种，每年每日地纳小租钱八吊。王府"不许增租夺佃"，各佃户亦不准"拖欠王府心租"，佃户还取得了自种、转典的自由，王府不得干预。[2] 这与汉族地区的租佃关系一模一样。当然，由于王公贵族的政治特权，他们也经常节外生枝，强迫佃农缴纳其他贡物，或借口佃农欠租隐地，通告县官威逼佃农。但总的来说，已不再采取清初落后的农奴制剥削方式了。

---

[1] 东北档案馆藏《东北各官署底契据表册》第七十七捆。
[2] 东北档案馆藏《东北各官署底契据表册》第七十八捆，〇二一八号。

四　王公庄园的丈放

（一）　王公庄园丈放的原因

1911 年爆发的辛亥革命，推翻了封建王朝，摧毁了王公庄园存在的基础，加上广大壮丁、佃农的激烈斗争，使得王公庄地陆续变卖和丈放，在短短几年之内，中国历史上最后一批王公贵族庄园逐渐消失。

清朝王公庄园之所以能够建立和不断扩展，完全取决于王公贵族拥有的统治全国人民的权力，没有这个权力，庄园就建立不起来，也无法延续。

现在，虽然有优待皇室、皇族条件规定，皇族私产受到民国政府的保护，即是说王公贵族仍可占有广阔庄地，继续剥削壮丁、佃农。但是，这时各王公只有"世爵"空衔，庞大的权力全部丧失，因此，王公庄园也就成为无源之水、无本之木，必然要灭亡了。这从王公及地方州县官员对待壮丁、佃农、庄地的态度的变化，表现得十分清楚。过去，壮丁、佃农须向王府交纳租银，不能拖欠，不能典卖庄地，否则，将受到王府的重惩，只要王府官员拿着"王谕"，通知州县，地方官就必须遵谕处治违法佃农，就要逼迫佃农纳租交地。可是，辛亥革命后，世道变了，老皇历不管用了，昔日高贵的王爷，今朝降为无权无势的普通百姓，堂堂皇皇的"王谕"，成为分文不值的废纸，新上任的民国县衙知事之类的官僚，不愿执行保护王产的优待条例，不照顾王爷的情面。曾经权力很大的和硕礼亲王，因庄佃抗租不交，向海城县呈控，而县官毫不理睬，"一味袒护庄佃"，搁置不理。

正是在王公贵族丧失了统治人民权力的时刻，长期蕴藏在广大壮丁、佃农心中的怒火一下子全部爆发出来了，他们纷纷抗租夺地，痛惩逼租的王府官员。礼亲王府在辽宁海城县梧树屯的壮丁、佃农们，"倡言集会"，聚集多人，"势如御敌"，并"大声疾呼，谓此项王租系属丁差，今民国成立，理宜取销，如本村有敢偷交租者，立有重罚，并即驱逐屯外，如王府有敢来取者，即群起攻"，吓得王府的包衣达穆成荫等不敢前往收租。① 仪亲王府在复州、东山、西澄、碧流河、石头岭子、于家沟、吊桥子等处的佃农，均抗租不交。② 僖亲王府在奉天"催纳属丁，依旧封差。各户丁皆称，此际无君无法，何有王差之说，坚决不纳"。并且壮丁、佃农还联合进行夺取王庄土地的斗争，"散布通告，私结团体，竟将各王公府产地亩概行注销"。③ 当时总的情况是或抗租，或将地私自投税，转为民田己产，出现"自共和成立，各庄佃对于王公地产，时生野心，抗租不交者有之"的局面。④

统治权力的丧失和壮丁、佃农纷纷抗租夺地的强大压力，使得王公贵族难以征收租银保存庄地，没法进行封建剥削。可是这些王公贵族长期挥霍无度，旧习未改，支出照旧，经济情况日益紧张，只有变卖庄地。奉恩镇国公毓岐申请清丈变卖庄地的报告说："有上赏先祖仪亲王册地八千五百零八亩，坐落在奉天海城、复州两县界内熊岳、牛庄等处地方，历归本府大粮庄头康庆龄承种，现因生计艰迫，现状难支，又兼庄佃等屡抗租额，任意拖欠，欲将此项地亩概行出售。"⑤ "生计艰迫"、庄佃抗租，正是各王公贵族变卖庄地的主要原因。但是，王公贵族自行变卖庄地的行为，遭到广大壮丁、佃农的激烈反对。他们利用辛亥革命剥夺王公统治权力的时机，从根本上否认王公贵族对庄地的所有权，或是控称地系祖传，并非王公私产，或者是既不交租，又不退地，也不许旁人承买，直截了当地将庄地称为己产。失去了统治大权的各王公，没法单独镇压佃农反抗，便想联合成立"清理田产处"，请民国政府保护理清丈放（变卖）。可是，内务部和奉天财政厅均因慑于壮丁、佃农斗争的威力，而不同意这个要求。财政厅向上报告说，"现在民国成立，王公世爵及各府分支宗室等，每以生计艰难纷纷来奉，自向丁、佃私相售卖，而各丁、

① 明清档案部藏《宗人府堂稿》，宗人府：《为咨行事》。
② 东北档案馆藏《奉天省公署档》，九七七一号，九一捆之四。
③ 东北档案馆藏《奉天省公署档》，九七七一号。
④ 《奉天省公报》民国二年十二月，第六百二十八号。
⑤ 东北档案馆藏，三一三一三号，八八捆，四号档。

佃以地系当年祖先刨垦，承种多年，视同己产，私典私卖在所不免，往往因此涉讼者甚多。……今若以业主团体实行勘丈，势必惹起反抗……于奉省地方情形妨害实多"。因此，便由奉省官地清丈局订立章程，主持丈放。①

（二）王公庄园的丈放

1915 年初，奉天全省官地清丈局制定《查丈王公庄地办法八条》。不久，又改订为二十一条。现列举其中主要条款，作些分析。

奉天官地清丈局改订丈放王公庄地章程：第一条，凡坐落奉省各县属各项王公庄地，均应依照本章程交局丈放。……第七条，各项庄地经绳员勘丈后，比较清丈地册原亩数归府得价。如丈有浮多之地，尽数拨归国有。……第九条，各王公府庄地经绳员勘丈后，查明承种之户，庄种归庄承领，佃种归佃承领。……第十四条，各绳员丈明庄地，应造具图册表等件呈局核定后，由局另派专员催收地价。不准王公府自行派员私收地价，以杜流弊。第十五条，各项庄地上则每亩收地价大洋八元，中则每亩收地价大洋六元，下则每亩收地价大洋四元，减则每亩收地价大洋二元。如册据不完备者，遵照行政会议决定办法，按则每亩减收地价大洋二元。俟地价缴清，一律填写部照，但减则应由绳员专案呈请核夺。第十六条，丈明放领之地，由绳员于填放丈单时，不分等则每亩地应向各户收册照费俸一、二大洋一角五分，如丈单当时因事未能放出者，则由催款员于收价时，查明补收。第十七条，所收庄地基地价款，以二成拨归国有，以八成收归各王公名下存款帐簿，专储备领。俘多地价尽数拨归国有。②

根据这个丈放王公庄地章程，可以看出四个问题。第一，丈放庄园

---

① 东北档案馆藏，二一三一三号档，八八捆四号。
② 东北档案馆藏，二一三一三号档，八八捆四号。

为奉系军阀搜刮了大量银两。按照规定，丈放庄园时，查照王公送报地亩册档，原额地价由王府领取，超过原额的"浮多"地亩，价洋归为国有。所谓"浮多"，主要是王公贵族凭借权势侵占官、民田地和庄头、壮丁开垦的荒地、牧场，数量很大。例如康熙帝第十七子允礼，于雍正元年封多罗果郡王，六年晋封为和硕亲王。他的庄头吴国汉领有庄地三千四百六十五日三亩，到乾隆二十八年查丈时，"滋生地"为七百六十九日，三十多年内增加了四千六百多亩。[①] 1916年奉天省财政厅总括王庄原额、浮多情形时说："此项圈地（即王庄）均系前清国初时拨给垦种，迄今二百余年，从未清丈，其中侵占浮多者，尤难数计。"可见经过丈放，必将丈出大量"浮多"土地，为数可达数万亩，按第十五条中的中等每亩六元计算，可收数百万元大洋。而且，王公庄地原额的地价，也要提取二成归公，又可敛银巨万。章程的所谓"国有"纯系骗人之词，此时的东三省并非民国政府所能管辖，而是由"东三省巡阅使"的"满蒙王"张作霖所统治。因此，丈放王公庄园，不过是为奉系军阀张作霖开辟了一条搜刮钱财的门路，上百万地价巨款，自然也就流入他的私囊了。

第二，保护了王公贵族的封建剥削收入。在壮丁、佃农极力反抗的条件下，王公贵族实际上无租可收了，也难私行变卖。由官地清丈局主持丈放，虽然是"浮多"地价归为国有，王公贵族只能领八成正额地价，收入减少了一些，但总还能领得大量银元。像前面所说的庄亲王府在辽宁的庄园，原额地就有七万余亩，按每亩六元计，地价为四十多万银元，除去二成归公，还可得三十多万银元。没有奉省军阀的主持丈放，这笔巨款怎能领来呢？因此，除极少数王公不愿交局丈放外，绝大多数王公贵族都遵照章程送报册簿到局，如礼亲王、睿亲王、郑亲王、裕亲王、仪亲王、直郡王等都请求丈放。

第三，为地主、官僚廉价夺取庄地大开方便之门。丈放章程规定，王公庄地每亩地价上则大洋八元，中则地价六元，下则四元，比一般民

---

① 　东北档案馆藏《东北各官署底契据表册》第四十七捆，〇〇九五号。

田的价格低得多。在宣统三年（1911 年）冬（时已爆发武昌起义），平均每亩银十三两八钱。① 就是到 1915 年初，奉天省官地清丈局最早订的丈放王公庄地办法八条，还规定王公庄地地价"每亩至多不得过二十元，至少亦以六元为限"，平均起来也比改订的王府庄田丈放的价格高出不少。王庄地价低，自然会引起官僚、地主以及资本家的垂涎，尽量争买庄地。而原来租种庄地的壮丁、佃农，虽有优先承买庄地的权利，但经济条件太差，难以缴纳现银，只有高利贷款或指地贷银，或以地作典来交付地价，最后，庄地自然是纷纷转入地主、官僚以及资本家手中了。

第四，军阀政府帮助王公贵族，向夺取庄地的佃农、壮丁进行反攻倒算。辛亥革命是资产阶级领导的反封建主义的革命，王公贵族被剥夺了统治大权，上百万佃农、壮丁利用这个有利时机，结社立会，宣布"此际无君无法，何有王差之说"，抗租不纳，占种庄地，一度摆脱了封建地租剥削，占有了广阔的王公庄地。可是，代表大军阀、大地主利益的民国政府大总统，却要执行优待皇族条件，声称庄地是王公私产，不许壮丁、佃农夺地，批准奉省军阀订立的章程，规定所有王公庄地皆须丈放，逼令壮丁、佃农缴纳地价。这种做法，实际上既是帮助丧失权势丢掉庄园的满族王公贵族进行反攻倒算，从农民手中夺回原额庄地所有权，又意味着新军阀有权掠取"浮多"庄地，从而剥夺了壮丁、佃农占有庄地的正当主权，迫使他们缴纳地价赎买庄地。这最明显不过地暴露了资产阶级辛亥革命的软弱性和妥协性。

正是由于上述原因，大多数王公才主动申请交局丈放，奉系军阀派遣官吏军警强制推行，而壮丁、佃农则极力反对，从而爆发了壮丁、佃农反对丈放王公庄地的激烈斗争。清丈局关于海城县四方台等屯毓公府壮丁、佃农反对丈放的报告，就是一个很有典型性、代表性的材料，现将主要内容摘引如下：

　　　清丈局详报毓公府庄地王铁屯等处佃户康梅臣等聚众抗丈事。据丈

---

① 明清档案部藏《宗人府堂稿》载，庄亲王府卖出奉天大榆树堡庄地二十七日，价银二千五百两。据此可推知。

放毓公府庄地委员石宝珍禀称，委员因庄佃屡次阻丈，将情形业禀明在案。二十二日传闻王铁屯庄头之叔康梅臣，及四方台佃户王洪库、张学谦、张铭，后双台子佃户姜兴周、姜起洪、姜延太等主张欲刺杀委员等，并预备洋油、秫秸焚烧住所各情。立即分别驰报海城县及各区警长，复饬可靠绳夫马德贵不动声色，赴邻屯侦探该庄佃户等举动之真相。据绳夫马德贵复称，密查得前情实属真相。为时已夜半，而保护警士仅六名，绳夫五名并无枪械，一再思维，又非可动野蛮之举。次早清晨约六时，饬警赴各屯传知各庄佃，如因清丈事有难解决之题，可请到委员公所商办，不必各存意见。去警即在本屯先传知张铭等，该屯立即纠集数百人，欲攻入住所，继则鸣锣击鼓，俄而聚集数千人，有携带快枪者，亦有持刀及铁锹木棒者，又在住所四围高岗之处各驾抬杆子枪二三十尊，欲将委员等全灭于内尸骨无存。……乃该庄佃等齐集门外，声如雷电，亟欲拥入，嗣以斧头破门将开，窥见洋油、秫秸在焉，危在顷刻之间，委员此时迫不得已，遂命警士向上开枪，计发三弹以资镇定，该庄佃亦即向住所四围开枪，计发数十枪，幸各未受伤。正在危急之秋，适北区王区官带队赶到，该佃等仍拒不散，王区官即下马赔礼，请各撤退，而庄佃仍称行杀委员及代表等而后已。……及二十四早，海城县廷知事闻势不两立，即亲身到四方台与委员接洽，即到聚众之地点一再开导，该庄佃等尚是抗（拒）不能承认下段，经廷知事告之现在先行勘丈地段，至于地价无款可缓交，或今秋或来年又来年，均可变通办理，可由本县出示宣布照此办法，可以无疑。该庄佃总以求缓丈为辞，廷知事见各佃坚执不让，亦无可如何，……合并陈明等情前来。

查庄佃聚众阻丈，虽为愚民无知之举动，然此等习风亦不可长，本局前拟（据）该委员禀明情形，业经饬行海城县弹压解散，并设法劝导，务使庄佃等早日领段，以便开绳。除由局分别批行外，理合详请按台察核示遵。谨详巡按使张。局长孙葆曙、副局长兼坐办金梁。

中华民国四年四月三十日①

① 东北档案馆藏，三一三一三号档，八八捆四号。

从清丈局的报告，可以清楚地看出壮丁、佃户反抗丈放庄地的情况，仅仅丈放一个毓公府的庄园，就有数千佃农、壮丁武装反抗，甚至达到必须杀死丈委员，不听县知事和巡官"劝诱"的程度，坚决不许丈放，可见佃农、壮丁反对丈放庄地的斗争之激烈。

但是，军阀政府唯利是图，顽固保护王公贵族和自己的利益，派遣军警镇压庄佃，强行丈放庄地，两年多的时间，丈放了郑亲王、睿亲王等四十多个王府在奉省的一百多万亩庄地，为奉省军阀和王公贵族搜刮了数百万两银元。

广大佃农、壮丁虽然遭受军阀政府的蛮横压迫，仍然采用各种方法竭力阻止丈放，因而暂时保存了一部分庄地，闯过了清丈局这一关。可是，反动的军阀政府怎能容许壮丁、佃农长期保持庄地呢？于民国十四年（1925 年）又下了没收全部王庄的命令，"凡未经呈请丈放之各王公庄地房园，自应一并收为省有"。① 这样一来，佃农、壮丁占有的这一部分王公庄地，便以"收为省有"的名义，被军阀政府强行夺取了。

（本文原载《社会科学辑刊》1980 年第 1、2 期）

---

① 东北档案馆藏，兴京县第九区总字四二号乙十三袋五捆。

关于清初的"逃人法"

——兼论满族阶级斗争的特点和作用

"逃人法"是清王朝的独创,颇为有名。康熙二十三年(1684 年)纂修的《御制大清会典》载称:"逃人之例,创自国朝。"清初文献常记其事,近人对此谈论亦多。清太祖努尔哈赤、太宗皇太极、顺治帝福临,康熙帝玄烨,皆曾屡下诏谕,讲述"逃人法",指令臣僚订立条例,补充修改,贯彻执行。可是,汉官却极为反对,斥之为祸国殃民的特大弊政。意见针锋相对,争论十分激烈。

究竟"逃人法"有哪些具体内容,目的何在,有无变化,为什么清初诸帝及满族王公贵族坚决主张执行,为什么汉官激烈反对,表明什么问题,诸多疑点,至今尚无专文论述。

我认为,清初的"逃人法"比较复杂,涉及生产关系、阶级结构、阶级矛盾、民族矛盾、阶级斗争和国家法权等各个方面。论证清楚这个问题,对于了解满族社会的性质,阐述满族阶级斗争的特点和作用,分析清初社会的主要矛盾,都可能有所帮助。

一

提起"逃人法",常被误认为是顺治初年摄政王多尔衮采取的权宜之计,是短暂时刻出现的偶然行为。[①] 其实,情况完全两样。"逃人法"并

---

① 《清太祖实录》没有记述"逃人法"的情况。康熙《大清会典》的编纂者也不知道努尔哈赤是"逃人法"的首创者。

非始于顺治，也不是个别执政者随便拟订的简单条例，而是贯穿整个清代的重要法令。

从清太祖努尔哈赤起，就制定了追捕"逃人"的禁令，其后，又不断增加、修改。入关以后，清廷正式将有关"逃人"的法例命名为《督捕则例》，内容庞杂，条目繁多。康熙十五年（1676年），大学士索额图等奉旨增定颁布实行的《督捕则例》，共有一百一十三条。乾隆八年（1743年），大学士徐本等人奉命删修，改为一百零三条。直到清末，光绪《大清会典事例》仍专门载有《督捕则例》，计六卷，一百一十条。

"逃人法"的项目虽多，但大体上不外包括五个方面：处罚逃亡的包衣；重罪收容"逃人"的"窝主"及有关人员；责治逃走的汉民（进入辽沈地区时期）和八旗人员；奖惩督捕官将；规定捕逃手续。中心是不许包衣逃走，重点是惩办窝主和逃人。关于汉民和八旗兵丁的逃亡，另行评述，本文讲的"逃人"，指的是逃走的包衣。①

努尔哈赤于明万历十一年（1583年）起兵以后，统一女真各部，攻占明朝辽东地区，掠夺了上百万人丁，逼令其充当包衣。努尔哈赤自称"英明汗"，指定子侄为固山贝勒，分辖八旗，委令亲戚、旗人及有功之臣担任八旗固山额真、梅勒额真、甲喇额真及牛录额真，建立了奴隶占有制国家——后金国。

广大包衣被迫在汗、贝勒及八旗各级额真的拖克索（庄园）内耕田种地，所获粮谷全被家主霸占。包衣遭受家主残酷压迫，像牲畜物品一样，被家主任意买卖和赠赐，甚至被毒打至死。对于这样牛马不如的奴隶生活，广大包衣奋起反抗，不断地、大量地离主逃亡。

努尔哈赤深知包衣逃亡带来的严重后果。他概括所辖地区的情形说："若无阿哈（包衣），主何能生？"② 正是由于家主专靠剥削包衣为生，没有包衣，家主就无法生存，所以努尔哈赤十分重视包衣逃亡问题，竭力设法制止。

---

① 包衣，是满语booi的音译，全名为包衣阿哈，意为家之奴仆，有时写作阿哈、家之人、户下人、旗下家人、壮丁或庄丁。
② 《满洲实录》卷三，满文体。

努尔哈赤对包衣的逃亡，惩处很重。后金天命五年（明万历四十四年）五月二十八日，朝鲜国王遣返逃往其国的满族奴隶主的包衣，并致书努尔哈赤说："近日逃胡男女若干名，来投我国，而相厚之间，不可容受，故付送云。"努尔哈赤阅书后说："逃胡所当斩杀，而朝鲜至给盐米，欲生活，我便杀之，其谓我何如乎。勿杀，还给其主，但泾其主虐使之罪云。"① 包衣逃亡，捕获后竟要斩首，可见惩治之重。

努尔哈赤虽然对朝鲜遣回的包衣没有处死，还给了原来的奴隶主，但并不能因此就断言今后逃人可以免死不杀了。康熙《大清会典》卷一百零七载："天命十一年谕，凡逃人已经离家被执者，处死。其未行者，虽首告勿论。"这里谈的"天命十一年谕"，是努尔哈赤之子皇太极下达的。从这次上谕可以清楚地看出，包衣逃亡被捕后，仍要斩杀，只是由于皇太极刚即汗位，为示宽厚，才免去欲逃未行者的死罪。

天命六年（1621年）三月，后金军进入辽沈以后，努尔哈赤制定了惩处容留逃人的法令，规定将"容留之人，定为盗贼之罪"，"作为俘获，使为阿哈"。② 仅仅为了收留逃人，而且这些逃人很可能就是留住者的亲友，就被定为盗贼之罪，使为阿哈，可见对收留者处罚之严厉。

后金国汗、贝勒把追捕逃人当作军国要务，订为作旗官将的重要职责，如果懈怠失职，则必惩办。主管清查的纳殷路长雅尔哈，捕获逃人后，不亲自押送，致使逃人中途脱逃，法司断定，降雅尔哈职，并罚他献二人为偿。③

努尔哈赤的严刑峻法和层层设防，并不能阻止包衣的大量逃亡。努尔哈赤之孙杜度贝勒、固山额真阿敦、扬古利的一些包衣，设法冲破禁纲、离家外逃。广大包衣不仅乘船过海，逃入山东或潜入关内，而且大批匿居沿海岛屿和进入朝鲜。天命六年七月，明都司毛文龙，仅带兵二百余人，欲攻镇江，由于城内外军民起义响应，捕捉后金守城

① 李民寏《栅中日录》。
② 《满文老档·太祖》卷四十。本文所用《满文老档》的材料，引自辽宁省档案馆藏乾隆年间重抄的加圈点《满文老档》。
③ 《满文老档·太祖》卷十八。

官员，迅速打下了镇江。后来毛文龙退居朝鲜及沿海岛屿，招兵买马，对抗后金，汉民和满族贵族的包衣纷纷来投，数年之内，拥兵十五万，男女老幼多达数十万人。①

在包衣大量逃亡和满、汉人民长期进行武装斗争的强大压力下，落后的奴隶制很难延续下去了。后金国汗努尔哈赤不得不对满族奴隶主虐待包衣的行为有所限制，不准任意杀害包衣，允许包衣首告家主，使家主不能完全占有包衣人身，促进了原有的奴隶制拖克索中的包衣逐渐转化为封建农奴。努尔哈赤又于天命六年（1621年）七月实行"计丁授田"，仿效明朝赋役旧制，对满、汉人丁每丁给地六垧，征收银谷，责令披甲当兵，充任各役，确立了封建土地所有制和封建赋役制度。天命十年（1625年）十月，努尔哈赤占夺大量民田，迫使汉民充当壮丁，一庄十三丁、七牛，耕地百垧，八十垧供庄丁"自身食用"，二十垧作为官赋，建立了大批农奴制庄园，封建制上升为后金国占主导地位的生产关系。这样一来，到了天命末年（1625~1626年），满族社会便已基本上从奴隶制过渡到封建制。

天命十一年八月努尔哈赤死，子皇太极即汗位后，也很重视逃人问题。他规定"逃人犯至四次者，处死"，收留逃人者，从重治罪。② 他多次奖赏捕逃有功官将，贬责失职官员，竭力阻止包衣逃亡，维护封建农奴制的剥削制度。天聪十年（1636年）四月，皇太极亲自召见驻守边疆年满各官，察其捕逃功过，以驻守海州、盖州等三城的伊勒慎、莽奈等官捉获逃人数多，奖以马匹；对于查捕逃人数少的各城官员，谴责治罪。③

皇太极因包衣大批逃入朝鲜，一再催促朝鲜国王送回。天聪元年（1627年）正月，以朝鲜收容逃人，与明交好，皇太极派遣贝勒阿敏等率兵前往，与朝约定，"满洲俘获编入户口之人"，逃往朝鲜，必须送回。④ 同

① 《明熹宗实录》卷七十七，第6、23页；《朝鲜仁祖实录》卷十二，第28页。
② 康熙《大清会典》卷一〇七。
③ 《清太宗实录》卷二十八，第16页。
④ 《清太宗实录》卷二，第27页。

年七月，皇太极又致书朝鲜国王说，"辽东之民，久经分给将士，谊关主仆，一旦仆弃其主"，逃往朝鲜，必须全部送回，否则，须备银向逃人之主取赎。①

尽管满族贵族严厉镇压、遣兵追捕，但是，广大包衣为摆脱野蛮的农奴制枷锁，仍然冒着生命危险，大批逃亡。从天命十年十月编立大量农奴制拖克索以后，一年之内，这批拖克索中的庄丁（包衣），便已"多致逃亡"。② 还有许多包衣越过重重障碍，逃入明境。

二

顺治元年（1644 年），摄政王多尔衮率领清军入关，打败李自成部农民军，定都北京，建立起以满族贵族为首的中央封建政权，统治全国，"逃人法"的修订和执行，进入一个新的阶段。

入关前后，清帝和八旗王公贵族、官员，霸占了巨量的田地、山场、草原，设立庄园、牧场，掳掠了上百万的汉民，逼令充当包衣，隶庄耕田各地，牧放马匹，采参捕猎，侍奉家主，从征厮杀。③ 因此，包衣的去留，关系到满族贵族推行的封建农奴制的存亡，直接影响到清帝及八旗王公贵族、官员的剥削收入，这就是清帝所说的"满洲籍家仆资生"。④ 所以，多尔衮及顺治帝非常重视逃人问题，制订详细条例，严惩"窝主"，责令官员追捕，千方百计地阻止包衣逃亡。

顺治元年九月，顺治帝福临于进京途中即谕令官将查捕逃人，如隐匿不解，则将所属各官"从重治罪""窝逃者置之重刑"。⑤ 顺治二年（1645 年）三月，又谕户部，投充旗下为奴的包衣，如果逃走，"逃人及

---

① 《清太宗实录》卷三，第 33 页。
② 《清太宗实录》卷一，第 11 页。
③ 详见杨学琛《清代旗地的性质及其变化》，载《历史研究》1963 年第 3 期；《关于清代皇庄的几个问题》，载《历史研究》1965 年第 3 期。
④ 《清太宗实录》卷十四，第 2 页。
⑤ 《清太宗实录》卷八，第 11 页。

窝逃之人、两邻、十家长、百家长，俱照逃人定例治罪"。①顺治十年（1653 年）十二月，置兵部督捕衙门、设兵部督捕满、汉侍郎各一员，满、汉理事官、员外郎若干人，另立公署，"专理辑逃捕寇事务"。②摄政王多尔衮、顺治帝福临先后下诏十余次，讲述逃亡的严重情况，指令臣僚修改、补充逃人法例。《世祖实录》卷八十六载录了顺治十一年（1654 年）九月和硕郑亲王济尔哈朗等奉旨议准的"逃人法"，条目繁多，涉及面广，惩处很严，现以此为例，做些分析。

这次规定的"逃人法"，可分为五个方面。一为严厉惩办窝主。法例规定，庶民"隐匿逃人者，正法，家产入官"。如窝主是现任文武官员、有顶戴闲官及进士、举人、贡生、监生，则"将本官并妻子流徙，家产入官"。生员隐匿逃人，"与平民一例正法"。船夫、店主与雇主载运、留宿和雇用逃人，也同民人一样，从重治罪。军船、商船，俱由本管官员将该船男妇数目，造册用印，给与船主，经过闸口，照数点验，多于正数，即行拿解督捕衙门，"若审系逃人，即将船家正法，船内财务入官"。满汉雇用逃人做工，赁房居住，超过十日，则将雇主、店主处死，"家产入官"。就连僧道也不能宽免，和尚、道士隐匿逃人，"照民例治罪"。窝主所在的两邻及十家长，如不首告，查出后，两邻各责四十板、流徙，十家长责四十板（后又改定十家长亦须流徙）。

二为重处逃亡的包衣。法例规定，包衣逃走一次的，鞭一百，交还原主。第二次逃走，仍鞭一百，给与本主。第三次逃走，"本犯正法"。

三为奖惩有关的官将。法例规定，各地官员，不论有无拿获逃人，一年两次造册，呈报兵部督捕衙门。如隐匿不报，查出后即将前报官员革职。捕捉逃人后，必须立即解送督捕衙门，若迟延不解，革去该管官员职务，并罚银一百两。府属州县官内，如有一官革职，则知府（或直隶州知州）降一级，道员罚俸九个月，巡抚罚俸三个月。逃人投入营伍当兵食粮，查出后，将管队责打四十板，外委千总责二十板，守备、都司、参将、游击、副将、总兵官、提督总兵官，分别按照知府、知州、

① 《清太宗实录》卷十五，第 11 页。
② 《清太宗实录》卷七十九，第 21 页。

道员、巡抚、总督例议处。拿送逃人数多的官员，记录入档，考核时酌量优升。

四为奖励告发之人，法例规定，拿获逃人，赏银二两。告发窝逃，则将窝主家产分为三份，以一份赏与首告者。告发地方官迟延不解逃人，则罚银一百两，给与出首之人。

五为规定报逃、追捕、押解等具体手续。法例规定，包衣逃走后，家主即应报告，如果逃走两次、三次，本主未行呈报，查出后，鞭家主一百。若系有顶戴官员，鞭一百，折赎。地方官拿获逃人，即行押解兵部督捕衙门，不许迟延，不准中途受贿纵逃。督捕衙门收到逃人后，招主认领，无主认领，没收入官。逃人、窝主攀引他人，则行文拘提质审。

根据这次制定的"逃人法"，联系顺治元年到十四年有关"逃人法"的修订、执行情况，可以看出三个问题。

第一，惩处之重，空前未有。"逃人"是逃亡的包衣。包衣本身系地位最低的被压迫者，常与牲畜相提并论。为了这样卑贱的包衣逃走，容留之人竟要遭斩杀（顺治十四年改为鞭责流徙），而且妻子儿女为奴，家产入官。甚至连身为总督、巡抚、侍郎、尚书的文武大臣，隐匿逃人，皆要惩治，"将本官并妻子流徙，家产入官"。广西巡抚郭肇基、游击戴清音、中军郑元昌、旗鼓苏明因擅带逃人五十三名，皆被处死，抄家籍没。[1] 连尊奉为平南王的尚可喜和靖南王耿仲明，也不能例外，尽管当时这两个王统领大兵攻打广东，为清廷效劳，仍因隐匿逃人而被刑部审查，议削王爵，罚银五千两。[2] 为一小小包衣，惩处如此之重，前朝未有此例，实系清王朝的独创。

第二，株连之广，祸害之大，史上罕见。法例规定，窝主正法（或鞭责流徙）、籍没，两邻、十家长鞭责、流徙，知县革职，知府、道员、巡抚、总督罚俸，押役疏忽纵逃严惩。审问官员失职，也要处罚。顺治十一年（1654年），以审理生员吕煌窝逃一案稽迟不当，革王永吉大学士职，降一级调用，罚俸。满、汉兵部尚书、侍郎噶达浑、孟明辅、科尔

---

[1] 《清世祖实录》卷四十九，第 8 页。
[2] 《清世祖实录》卷四十七，第 5 页。

昆、卫周允、张基远及满、汉司官刘斗、屈和尚、吴延祚、贾濬等，分别降级、罚俸、革世职。①

因为窝逃是大罪，告发者可领窝主家产三分之一，许多奸民纷纷借窝逃一事肆意敲诈。

由于失察逃人，将被严办，地方官员不敢收留饥民，加深了人民的苦难。当时，直隶一带灾荒严重，"万民流离，扶老携幼，就食山东，但逃人法严，不敢收留，流民啼号转徙"，悲惨万状。②

为犯窝逃之罪，不仅成千上万的庶民家破人亡，子女入官，为奴作婢，连统率大军、尊封靖南王的耿仲明，也因属下隐匿逃人，刑部审理拟罪（削爵罚银），而于军中自杀。③ 直隶、河南、山东总督张悬锡上吊自尽前留下遗书说："皇上严禁逃人，而地方棍徒，每假借逃人之名以行诈，此风不息，天下不得平也。"④ 可见"逃人法"株连之多，祸害之大！

第三，统治阶级内部争论激烈，矛盾尖锐。汉官对于"逃人法"的严厉执行，是非常反对的。因为，这样做，只对满族贵族、官员有利，却伤害了汉族地主，影响了满汉统治阶级的根本利益。兵科右给事中李裀的谏奏，对此讲得很明确。顺治十二年正月，李裀上疏，指责"逃人法"为"酷法苛令"，列举了七大"可为痛心者"，从五个方面力言其弊。⑤

首先，严重地损害了汉族地主阶级的利益，使得许多汉族地主，官僚或因窝逃被捕严惩，家破人亡；或被诬告牵连，倾家荡产；或担心害怕，不知何日祸从天降，坐立不安。他说，"逃人一事，立法过重，株连太多，使海内无贫富，无良贱，无官民，皆惴惴焉莫保其家"。"法立而犯者众，势必有以逃人为奇货，纵令絷诈，则富家立破、祸起奴婢，则名分荡然。"

其次，减少了清朝政府的赋税收入，影响了役夫的来源。违犯"逃

---

① 《清世祖实录》卷八十五，第 17 页；卷八十六，第 4 页。
② 《清世祖实录》卷七十七，第 5 页。
③ 《清史列传》卷七十八。
④ 《清世祖实录》卷一百一十六，第 12 页。
⑤ 《清世祖实录》卷八十八，第 19 页。

人法",则家破人亡,而"破一家即耗朝廷一家之供赋。杀一人,即伤朝廷一人之培养"。这样,斩杀越多,籍没越多,清政府的赋税收入和役夫来源必将大大减少。

再次,加深了人民的苦难,打乱了地方的统治秩序。押解逃人、窝主赴京质审,"道途骚扰,冤陷实繁。藤蔓不已,生齿凋敝"。地方官因查逃人,不敢收留难民,使得"饥民流离","老稚僵仆于沟渠",大量饥民冻馁而死。

又次,引起包衣强烈反抗,继续逃亡,有的包衣连续逃走两次、三次、五次,出现了"法愈峻,逃者愈多"的形势。

最后,激起满汉人民猛烈反抗,"铤而走险"。李裀惊呼:"今寇孽未靖,方且多方招徕,何为本我赤子,乃驱之作贼乎!"

正是由于这些原因,不仅李裀等言官极力反对"逃人法",其他汉官也要求放宽对"窝逃"的惩处,甚至连专管追捕逃人的兵部督捕右侍郎魏琯也奏请减轻"窝逃"之罪,形成了"汉官义隐匿逃人之罪,必欲轻减"的反对浪潮。①

但是,清帝及满族王公贵族因依赖"家仆资生",而坚决主张严惩。以汉官屡次奏减窝逃之罪,顺治帝大怒,于十一年九月己丑,十二年三月甲午、壬辰三次下诏,痛责异议汉官。② 这些诏谕,主要讲了四个问题。一是强调指出,满族贵族、官员依赖包衣为主,包衣多,就富饶,包衣少,就贫困,包衣的有无,影响到满族、官员的盛衰。顺治帝说:"满洲将士……以血战所得人口,以供种地牧马诸役",入关以前,"多所俘获",故"日用充饶",现在"逃亡日众",因此,"困苦多端",如不制止包衣逃亡,则"驱使何人,养生何赖!"

二是明确指出,实行严厉的"逃人法",是为了控制住包衣,保障满族贵族、官员、农奴主的特殊利益。

三是着重宣称,维护满族贵族、农奴主的特殊利益,是清政府的根本国策,是判断臣僚是否忠君为国的重要标志。

———————————

① 《清世祖实录》卷八十六,第1页;卷九十,第4、8页。
② 《清世祖实录》卷八十六,第1页;卷九十,第4、8页。

四是指责汉官忘恩负义，欲图损伤满人（满族贵族），危害国政，严禁再谏。

以魏琯请减窝逃罪，和硕郑亲王济尔哈朗等议政王、贝勒、大臣奉旨会同九卿、科道议定论绞，顺治帝令降三级调用。① 议政王、贝勒大臣又议准李裀责四十板（折赎），流徙尚阳堡。② 户部右侍郎赵开心，亦以请宽"逃人法"得罪，降五级调用。③

由此可见，满族贵族坚决主张执行"逃人法"，是为了确保"满洲生业"，即保障满族贵族、官员、农奴主的特殊利益，企图控制住包衣，以维护落后的农奴制剥削方式。而汉官的异议，名为"窝逃"惩治的轻重之争，实际上却是汉族地主阶级的代表人物，对满族贵族垄断军政大权谋取私利的做法，第一次表示公开的反对，也是两种剥削制度（满族贵族的农奴制与汉族地主的封建租佃制）激烈斗争的具体体现。

<h1 style="text-align:center">三</h1>

顺治帝的严谕，议政王济尔哈朗等满族王公贵族对异议汉官的从重处罚，虽然将汉官反对"逃人法"的浪潮暂时压下，无人再敢谏阻。但是，野蛮的农奴制远远落后于生产力的发展，成为社会前进的重大障碍，必难长期延续，维护这种落后剥削方式的"逃人法"也绝对不能固定不变，满汉人民的坚决斗争，终于迫使清廷对"逃人法"做出重大修改。

初逃鞭责刺字，三逃处死，并不能压服包衣争取自由的强烈要求，窝主正法（或流徙），家产入官，也不能制止满汉人民对农奴制度的反抗，入关以后，包衣逃亡的斗争空前规模地发展起来。

顺治三年五月，上谕说，"数月之间，逃人已几数万"④。摄政王多尔

---

① 《清世祖实录》卷八十四，第 7~8 页。
② 《清世祖实录》卷九十，第 23 页。
③ 《清世祖实录》卷九十，第 3 页。
④ 《清世祖实录》卷二十六，第 4 页。

衮惊呼:"入主以来,逃亡已十之七。"① 顺治六年三月,上谕指出:"(奴仆)今俱逃尽,满洲官兵纷纷控奏。"② 顺治十一年六月,以汉官魏琯请宽减窝逃之罪,顺治帝怒斥说:"(一年间)逃人多至数万,所获不及十一。"③ 过了两年,顺治帝总结入关后包衣逃亡的情况时指出:"十余年间……背逃甚众,隐匿滋多。"④ 从这些诏谕可以清楚地看出,严刑峻法并不能阻止满族人民反压迫的斗争,包衣的逃亡不是减少了,而是越来越多。直到康熙四十九年,仅通州知州王友直等二十二名官员,在康熙四十八、四十九两年内拿获解送的逃人就有五百七十一人。⑤

包衣不断地、多次地大批逃亡,使农奴主的庄园严重缺乏劳动力,给落后的农奴制以致命打击。在汉族封建租佃关系的包围和影响下,许多满族农奴主不得不招民佃种或典卖旗地,封建租佃关系迅速发展起来。康熙中期,旗地中的封建租佃关系已经相当普遍。到了乾隆初年,清帝已明确规定准许大批皇庄包衣出旗为民,满族贵族强行扩大的农奴制经营方式,被"资佃耕种,收取租息"的封建租佃关系代替了,过去的八旗王公贵族、官将等农奴主转化为旗人地主,封建佃农成为旗地的主要劳动力。⑥

满族生产关系和阶级结构发生的这个重大变化,使严惩窝逃、控制包衣的"逃人法",既显得没有必要,又带来很多麻烦,必须修改。因此,从康熙帝亲政以后,就逐渐修订"逃人法",放宽了对窝逃者的惩治。原来规定,隐匿无主逃人与有主逃人同样处罚,窝主责四十板,面上刺字,家产人口给与八旗穷兵为奴,邻佑、十家长鞭责流徙。康熙六年(1667年)改定,隐匿无主入官逃人的窝主,责四十板释放,地方、十家长、两邻各责三十板释放。隐匿有主逃人的窝主,停给旗下为奴,

① 史惇:《恸余杂记》,《圈田条》。
② 《清世祖实录》卷四十三,第10页。
③ 《清世祖实录》卷八十四,第3页。
④ 《清世祖实录》卷一百零二,第6页。
⑤ 明清档案部藏康熙题本,康熙五十一年正月二十一日,吏部尚书富宁安等题:《为尊例题叙以示鼓励事》。
⑥ 参见杨学琛《清代旗地的性质及其变化》,载《历史研究》1963年第3期。

流徙尚阳堡。① 第二年又改定，两邻、十家长、地方、免流徙，枷号一至二月，责四十板释放。② 原定包衣三逃处死，康熙二十五年改为免死，发给宁古塔穷兵为奴。③ 康熙三十八年，撤销了专管捕逃的兵部督捕衙门。④

雍正二年规定，逃人在该地居住，已过一年的，窝主、十里长、里长、邻居"俱照不应重律，责三十板完结。不及一年，俱各免议"。超过两年，才照从前定例治罪。"如所居之家，不知情者，免议"。逃亡的单丁男妇，年过六十，免照逃人例治罪（原定七十免罪）。⑤

乾隆八年大学士徐本等奏准刊布实行的《督捕则例》，共一百零三条。此后一直到清末，基本上皆依此例办理。从这次改定的《督捕则例》可以看出四个问题。

第一，减轻了对逃亡的惩治。过去规定，包衣三次逃走，处死，现在改为免死，发给各省驻防官兵为奴。同时，还明确规定，对一逃、二逃的包衣，如家主不领回，则免死刺字，交县，"与民人一体管束"。

第二，大大减轻了对窝主的惩处。法例规定："民人知情窝留三月以内者，照知情不首律，杖一百。过三个月者，杖九十，徒二年。若过一年以上者，窝家杖一百，徒三年。"后又改定，"旗民知情窝留旗下逃人者，照知情藏匿罪人律各减罪人一等治罪"。所谓"知情藏匿罪人律"，原为："凡知人犯罪，事发，官司差人追唤，而藏匿在家，不行捕告，及指引道路，资给衣粮，送令隐匿者，各减罪人罪一等。"比如，"知人杖一百罪，事发，藏匿在家，不行捕告，及指引资给，送令隐匿者"，将该窝主杖九十。⑥ 既然包衣初逃，鞭一百，则窝主仅鞭九十即了结案件。这与过去窝主处死、为奴、鞭责、流徙、家产入官的惩治相比，大大减轻了。

第三，放松了对邻佑、地方的惩办。原定两邻、十家长如不首告，

---

① 康熙《大清会典》卷一百零七。
② 康熙《大清会典》卷一百零七。
③ 康熙《大清会典》卷一百二十九。
④ 《皇朝文献通考》卷八十一。
⑤ 《清世宗实录》卷二十一，第6页。
⑥ 乾隆《大清会典》卷一百八十六。

责四十板，流徙，现改为，"民人，邻佑、十家长、地方，知情不首者，鞭八十"，结案释放。

第四，特别重视知情和不知情的区别。顺治年间，不问留住之人、邻佑、地方是否知情，皆按窝逃处罪。现在，容留之人，邻佑、十家长和旗人领催，只要是不知情，就可免罪。因此，留住逃人之人和邻佑、地方，完全可以辩称，并不知情，不知被留住者是逃亡的包衣，就可借此免去窝逃之罪。有了这个规定，基本上把其他所有惩办窝逃的条例都抵消了，实际上是取消了原来严惩窝藏逃亡包衣的"逃人法"。换句话说，顺治年间制定的控制包衣、维护农奴制剥削方式的"逃人法"，至此基本上是名存实亡了。现在改订的《督捕则例》，主要是针对为数已经不多的旗人家内奴仆的逃亡和八旗兵丁的逃旗了。

从上所述"逃人法"的产生和修改过程，可以归纳出四点意见。

第一，分析清初的"逃人法"，需要着重了解其系清朝"创典"的含义。① 所谓"创典"，主要表现在最高统治集团的极其重视。为了一个地位十分低下的包衣的逃亡，竟专立《督捕则例》，特设兵部督捕衙门，动员全国官兵，彻查追捕，至高无上的皇帝也亲自过问，出现"捉拿逃人一款，乃朝第一急务"的形势②，因此，"逃人法"执行之严格，处治逃人之重，惩办窝主之严，株连之广，祸害之大，实系前朝罕见。

第二，"逃人法"的产生和修改，与生产关系的状况及其变化密切相连。"逃人法"和其他法令一样，是上层建筑的一个部分，是顺应经济基础的要求而产生、而变化的，是为经济基础服务的。"逃人法"的制订和修改，并非清太祖努尔哈赤等人灵机一动的偶然产物，而是取决于当时满族社会的经济基础。"若无阿哈（包衣），主何能生"的奴隶制，"满州籍家仆资生"的封建农奴制，都要求控制住包衣，保证劳动人手，因而清太祖努尔哈赤才首创"逃人法"，保障奴隶主利益，清太宗皇太极、摄政王多尔衮和顺治帝福临，也沿袭旧制，增订详细条例，严惩窝主，

① 康熙《大清会典》卷一百零七载称，"缉捕逃人，特为创典。"
② 明清档案馆藏顺治题本，顺治十二年三月十六日，刑部尚书刘昌题：《为审明奸民诱窝逃人情由请旨处分事》。

竭力阻止包衣逃亡，维护农奴制剥削方式。康熙中期以后，"资佃耕种，收取租息"的封建租佃关系，代替了农奴制，清廷才放宽对逃人及窝主的惩治，修订了"逃人法"。

第三，"逃人法"是实行阶级压迫的法令，也包含了民族压迫的内容。"逃人法"主要是针对逃亡的满族包衣和隐匿包衣的汉民。它的严厉执行，不仅加深了满族劳动人民的灾难，损伤了广大汉族人民，而且危害了汉族地主阶级的利益。因此，就在特定的历史条件下，加剧了民族矛盾的发展。

第四，"逃人法"的制订和修改，清楚地反映出满族阶级斗争的特点及其所起的重大作用。满族贵族采取了禁止包衣逃亡的特殊措施，顽固地维护奴隶制、农奴制，包衣也以逃亡作为反抗落后的剥削制度的有效方式，因此，逃亡与反逃亡，成为满族阶级斗争的一个重要特点，也是清初政治生活中一个重大问题。广大包衣掀起了大批逃亡的斗争洪流，致命地打击了满族贵族强制推行的落后的奴隶制、农奴制，使之过渡到封建租佃制。

（本文原载《历史研究》1979 年第 10 期）

清代旗兵、余丁的地位和反抗斗争

清代的八旗兵和余丁通常被称为"正身旗人"或"旗人",是满族的主要成员。对旗兵和余丁的情况,过去流传着一些错误的看法,如:满族"全民皆兵";旗兵"吃钱粮",有旗地,脱离生产,奢侈腐化;入关以后,满族都是统治阶级,满族内部没有阶级斗争;等等。澄清这些误解,阐明旗兵与余丁的劳动生产和斗争,将对满族历史的研究有一定意义。本文谨在这方面提出一些看法,请教于同志们。

一 旗兵与余丁的劳动生产及其作用

1601 年,努尔哈赤将所辖人户编入佐领,建立黄、白、红、蓝四旗,1615 年,增设镶黄、镶白、镶红、镶蓝四旗,定八旗制。编入八旗的壮丁皆有当兵的义务。未经金充的壮丁为"余丁",或称"闲散"。皇太极时代是三丁抽一为兵。1644 年满族贵族率众入关,定都北京以后,八旗兵额固定了,壮丁益增,余丁越来越多。根据一些满族家谱的记载,康熙时兵与余丁是一与五之比,乾隆年间是一与八之比,清末是一与二十之比。可见,满族"全民皆兵"的说法是缺乏根据的。

旗人无论在关内关外,绝大部分是劳动生产、耕种度日的劳动人民。1621 年,努尔哈赤将辽阳等处 30 万晌土地分给八旗壮丁,每丁 6 晌,满族人民在辽沈地区从事农业生产。1644 年,满族贵族强制大部分满族人民随从入关,"计丁授田",部分"屯居旗人"在畿辅各州县安家落户,与汉族人民杂居共处，世世代代种地度日。①

在关外，由于满族贵族驱使旗人入关，曾极力破坏盛京城邑村落，以断绝入关士兵还乡之念，肥饶的辽沈平原一度变成"荒城废堡，败瓦颓垣，沃野千里，有土无人"②，一片凄凉景象。然而还是有很大一部分旗人留在当地从事农业生产，如抚顺《佟氏家谱》记载，本族六支中只有两支随军入关。盛京、兴京有千名旗兵留守，当差服役，垦地度日。③满族贵族定都北京后，陆续调回部分旗兵到东北驻防，并规定旗人在北京将"份地"交还户部的，到奉天拨给熟地，不退，给荒地。据统计，1686 年，东北驻防旗兵是 11018 人，1735 年为 37257 人，50年中增加了两倍半。④八旗兵丁连同家口为 20 万人左右，他们和没有进关的满族农民一起垦荒种地。⑤同时，也有一些未被调遣的关内旗人陆续迁往古北口、张家口、山海关等口外耕种。满族人民辛勤劳动，把奉天地区大量荒地开垦成熟地，旗地数目迅速增长。顺治年间，奉天旗地有 46 万余晌，至康熙三十二年（1693 年），为 116 万余晌，增加了一倍半，乾隆四十五年（1780 年）更增至 228 万余晌，即增加了四倍半。⑥

旗人在吉林、黑龙江开垦荒地的成就也很显著。1644 年以前，除宁古塔有少量旗地外，吉林和黑龙江几乎没有农田。1653 年起，八旗兵丁驻防吉林，1683 年驻防黑龙江，携家戍守，垦地维生。至乾隆四十五年，垦熟旗地在吉林即有 36 万晌，黑龙江有 17 万余晌。以后，续有增加。18

---

① 关于畿辅"屯居旗人"从事农业生产的材料，兹略举一二：据调查，顺治年间，入居河北承德专区肖营子的满人，开荒种地，世代自耕自食。《皇朝经世文编》卷三五，孙嘉淦：《八旗公产疏》："八旗有地之家，从前（雍正元年以前）亦有在屯居住，耕读为生者。"《旗地则例》卷二载：乾隆初年，北京旗人一千一百余户下屯种地。乾隆二十三年《内务府来文》：蓟县"住旗"张贵等典进旗地耕种。《畿辅通志》卷九五载："屯居旗人，专以种田为业，并不当差。"

② 《盛京通志》卷一二九，张尚贤：《敬陈奉天边地情形疏》。

③ 光绪《大清会典事例》卷一一二七。

④ 光绪《大清会典事例》卷一一一九、一一二七。

⑤ 清代档案，户部尚书阿思哈：《题为县告重役难堪事》；《清圣祖实录》卷一四八。

⑥ 《盛京通志》卷三七。

世纪初，奉天和吉林三千户余丁也在双城堡垦地 9 万余垧。①

在关外依山靠水居住的满族，还有一部分从事采集和狩猎生产。康熙时，盛京、吉林有万余满洲旗兵前往深山刨采人参②。不少旗人也私赴禁山偷采③。满族人民在冰天雪地、崇山峻岭中，辛勤培植、采掘的珍贵人参，运到关内供应各族人民医治疾病。貂皮、东珠、蜂蜜、松子等也都是东北旗人的重要产品。

由于满族和各族人民的辛勤劳动，东北得到逐步开发，粮食、棉花、柞丝等运销各地，丰富了国家的经济和人民的生活。可见，广大的满族人民，并没有脱离生产，而是始终辛勤劳动生产，对国家民生做出了自己的贡献。

二　旗兵和余丁的政治地位及其所受的压迫剥削

至于八旗军队，它是封建统治阶级统治全国人民的暴力工具，因而作为八旗军队的组成成员的"旗兵"不能不和劳动人民有一定距离。但是，从各个旗兵来说，大多数是出身于满族内部的被剥削阶级，他们被迫充兵服役，苦遭将领压迫，生计异常艰窘。所以不能混淆八旗军队与作为其成员的旗兵之间的区别。

旗兵是一个总的名称，通称为"披甲"，下分"亲军""前锋""护军""马甲""步兵""炮甲"等。从政治地位和经济地位来看，旗兵包括了不同的阶级和阶层。一些下级军官（如蓝翎前锋长、鸟枪队长、领催等）和从贵族子弟中选拔的"亲军"是旗兵，占有两三千亩土地和上百个奴仆的富家子弟也有充当旗兵的。他们是旗兵的上层，克扣军饷、勒索余丁、役使奴仆、压榨佃户，过着鲜衣美食的奢侈腐化生活，实际上属于封建统治阶级范围，与被剥削的一般旗兵应相区别。不能把这些

---

① 光绪《大清会典事例》卷二三二。
② 《盛京通志》卷三七。
③ 清代档案，刑部尚书对哈纳：《题为偷挖人参》。

少数上层的情况夸大为整个旗兵的面貌。

旗兵的基本群众是马甲和步兵，他们大多数没有奴仆，得地很少，十分贫困。入关前，他们平日种地纳粮，担负繁重差徭；战时从军厮杀，死伤相继，所得甚微。当时已有"将领从役最多，富家畜马最强，是以所得必多。贫乏军士不过一身一骑，携带几何"① 的说法。

入关以后，满族贵族确立了"八旗者国家之根本"的方针，依靠八旗军队作为巩固统治的重要支柱。为了长期保证兵源，加紧对旗兵和余丁的控制，满族贵族采取了两项主要措施：拨给份地和发放兵饷。满族贵族在畿辅、东北和驻防各地，圈占了大量土地，依每丁三十亩"计丁授田"，结果所圈徒弟都集中在皇室、王公贵族、官员和上层旗兵手中，一般旗兵多因没有奴仆，领地甚少。《清世祖实录》卷一二七载："富厚有力之家，得田每至数百垧。满洲披甲人，或止父子，或止兄弟，或止一身，得田不过数垧。"顺治十一年（1654 年），因战争频繁，影响旗兵生产，清廷下令，四丁以下之家退出土地，量加钱粮月米。② 旗兵的饷银也有过几次变更。顺治元年规定八旗前锋、护军、领催、马甲每名月给饷银二两，匠役一两。六年定步兵月饷一两。康熙二十六年重定：前锋、护军、领催月饷四两，马甲三两，每年支米四十八斛；步兵月银一两五钱，岁支米二十四斛。③ 出征时另给"行粮"，每人月银二两，日支小米八合三勺。此外，顺治元年（1644 年）下令免除八旗壮丁差徭、粮草、布匹。④ 康熙、雍正时，一再发银赏与八旗兵丁，赐给孤寡钱粮，拨银各旗，放利生息，作为给予旗兵、余丁婚娶丧葬费用的基金。⑤ 满族贵族，实行这些措施的目的是，使旗兵及其家属有一定的生活来源，以便牢固地控制和压迫旗兵、余丁，使他们永远业农充兵，更好地服兵役，长期保证兵源；同时，借以制造满汉人民在经济地位上的差异，欺骗满族人民，缓和内部矛盾，使旗人更好地为满族统治者效劳。

① 《清太宗实录》卷六三。
② 《清世祖实录》卷八十。
③ 光绪《大清会典事例》卷二五四。
④ 《清世祖实录》卷六。
⑤ 《清世祖实录》卷一五〇、二二七、二七五。

旗兵和余丁都受到满族贵族的严格控制，八旗制度的束缚。旗人不能离开本佐领居住，违禁，人口、财物籍没入官。关内驻防旗人不能离开驻地二十里。北京数十万旗人困守京城，不许离城四十里，不能到外地经商贸易，从事手艺工作。旗兵和余丁离境外出，必须禀明旗官，告假领票。违限不回，鞭五十；不到票上指定地点，潜往他处，鞭一百；私自出境探亲办事也鞭一百。从征旗兵私逃回家，初次鞭一百，押发军前，二次处死。余丁初逃鞭一百，三次逃走，交刑部问斩。北京旗人为生活所迫逃走在外受雇佣工度日，甚至也算是"甘心下贱""不顾颜面"的大罪，定例削除旗档，流徙边远。① 旗人不能脱漏户口，躲避兵役。各旗人丁三年编审一次，隐匿不报，从重治罪。此外，不准旗民交产，禁止旗民通婚，正身旗人不得抱养民人为子。这样，在生产、居住、行动、婚姻等方面，加以严格限制，将旗兵和余丁束缚在一个狭窄的圈子里，阻塞了北京旗人外出谋生的去路，割断了其他的生活来源，迫使旗人永远耕地当差，以达到八旗劲旅"拱卫京师"、"绥靖疆域"、保卫满族统治者宝座的目的。

在满族贵族严格控制下，旗兵遭受残酷的剥削，生计异常艰难。清初连年出战，很多旗兵"奕世效力行间，殒命疆场，或身被重伤，在家老死"。② 兵丁月饷不多，份地很少，没有其他生活来源，而且马匹、草料、军装、军械皆需自备③，负担十分沉重。顺治十五年规定，出征驻防披甲，人各备马四匹。一匹马约值银十五两，四匹六十两，相当于马甲两年半的兵饷。喂马草料需银也很多，常尽月饷而不足。顺治十二年山东巡抚耿焞上奏说："豆草价腾，计马一匹日食二钱，每月饷银二两，尚不敷供养马之费。"④ 长期延续的战争，使得器械损坏、马匹倒毙的情况非常严重，更加深了旗兵的灾难。许多兵丁为购置器械，变卖份地房产，如马甲茶哈儿兔买鞍辔、鞍笼用银十七两，箭二百枝、弓一张用银十九

---

① 光绪《大清会典事例》卷一五五。
② 《清圣祖实录》卷七二。
③ 《皇清奏议》卷八，林起龙：《更定八旗兵制疏》。
④ 清代档案：《顺治朝揭帖》（残本）。

两五钱，刀一口银二两，撒袋一副银十二两，修理盔甲用银十两，共六十两，迫使他不得不出卖房地牛驴。① 因此，清朝初年，旗兵典地售房，鬻儿卖女，借贷置办马匹器械的情况相当普遍。此外，关外驻防的兵丁还要负担繁重的差徭，盛京旗兵为皇室修造祖陵，不得休息，还需自己的妻子送饭食；吉林兵丁终年要跋山涉水，为皇室贵族进行渔猎，役重差繁，劳苦至极。②

旗兵还遭到八旗将领克扣兵饷、重利盘剥的多方勒索。很多佐领、骁骑校和领催在本佐领下放"印子银"，将兵丁每月钱粮尽行坐扣，他们还和典铺、富家勾结，赁银与兵，立写文契，以七两作十两，将饷米充利息，按期扣除。如雍正六年领催德桂赁银三百两与披甲郝善等，由本旗佐领书库担保，作四季钱粮扣完，利银一百八十两。③ 八旗官员还有假托公事，私行科敛，折扣兵丁钱粮的；有私派差徭，役使兵丁为自己作挑水、赶车、铡草、牧马等家务劳动的；有勒令兵丁定期缴纳狐皮鹿皮的；至于辱骂殴打兵丁的事件更是层出不穷。可见，旗兵遭受奴役的严重程度。

大多数余丁的处境也是十分艰难。清初，经营份地是余丁的主要生活来源，平日靠种地维生，战时还得协助旗兵置备军装，或被金服兵役。他们还受八旗官员的奴役勒索。盛京佐领经常私派余丁捕猎打牲、伐木运送、修盖房屋等无偿劳役，并鞭挞侮辱余丁④；有的佐领甚至擅改册档，将正身旗人改作"旗下家人"，掌入佐领户下为奴。⑤

严密的束缚和残酷的压迫剥削，使旗兵和余丁生业凋零，负债累累，困苦至极，形成了震动统治阶级的"八旗生计"问题。一些旗兵竟因欠债无法偿还而自杀。满族贵族要坚持"八旗者国家之根本"的方针，必须解决"八旗生计"问题。有些官员虽认识到，唯一的解决办法是减轻压迫，放松控制，允许旗人（尤其是京旗）自由谋生。但是这和满族贵

---

① 清代档案，刑部尚书车克：《题为私卖庄屯事》。
② 《清圣祖实录》卷一〇二。
③ 清代档案，刑部尚书德明：《为勒扣兵丁钱粮事》。
④ 清代档案，刑部左侍郎吴哈插：《题为举告事》《题为私自绑打事》。
⑤ 清代档案，浙江道监察御史杭爱：《题为登闻事》。

族施行的八旗劲旅"拱卫京师""绥靖疆域"的根本政策相抵触，注定不能采纳。清政府所采取的办法是：一方面发银赏赐兵丁和增加少数兵额，扩大八旗人丁食饷机会；另一方面加紧控制，严厉镇压旗人的反抗，加强八旗制度的束缚。这种临时救济和血腥镇压相结合的措施，当然不能解决"八旗生计"问题，结果是：旗兵和余丁的破产日益加剧，康熙中期，北京旗人"无田房者甚多"①，乾隆初年，畿辅旗地已半典与民，东北旗地也纷纷典卖。许多正身旗人失掉土地，只得租种皇庄、王庄和一般旗地，所受压迫剥削更为加重。这一切说明满族内部的阶级对抗是严重的、不可调和的，广大的满族人民同汉族等兄弟民族人民一样，也是处于被压迫剥削的地位，他们在束缚和压迫剥削愈益加紧的情况下，为了自由和生存，便掀起了持续不断的反抗满族贵族的束缚和压迫的阶级斗争，并在斗争中同汉族等兄弟民族人民联合了起来。

三　旗兵和余丁反对封建压迫和束缚的斗争

旗兵和余丁的反抗斗争主要是反对八旗制度的束缚，他们要求摆脱繁重的兵役差徭和各种限制，得以自由谋生；同时，也进行抗租、索饷，并加入秘密宗教团体，反抗清王朝的黑暗统治。

逃亡是清代前期旗人反对束缚和压迫的主要斗争方式。入关前，旗兵军前脱逃的事件就不断出现，余丁也陆续逃走。入关后，尽管满族贵族加紧控制，严禁逃亡，但并不能制止。康熙时，旗人逃亡事件日多，雍正至乾隆初年，逃旗情况更加严重，以致满族贵族不得不重定法令，将逃亡旗人流徙边远，并妻子削除旗籍。"削档"是满族统治者对旗人最严厉的处罚之一，可见旗人逃亡的严重程度。但是严刑峻法并不能改变逃旗的状况，乾隆年间，全国各地的旗人纷纷逃走，有的连逃两三次，形成了旗兵、余丁大批逃亡的高潮。

---

① 《清圣祖实录》卷一四九。

旗兵的逃亡，主要是苦于频繁的战争和沉重的差徭，在各地都"有临行脱逃者，亦有中途脱逃者"。① 即使在满族贵族视为根本重地的东北地区，也"逃走者甚多"，② 而德州等地满兵逃亡的事件更为严重③。旗兵的逃亡，使满族统治者大为震惊，不得不连续增订禁例，并将不能"豫行晓示约束"的官吏革职问罪。④ 可见，八旗兵丁反对兵役斗争的高涨。

余丁的逃亡，是为了摆脱束缚，求得自由谋生的出路。他们有的只身外出，有的携妻子同逃。康熙以来，北京旗人纷纷逃往各地，置田产，务农耕，以为"恒居常业之计"；盛京旗人私往吉林等处垦荒佃种。有很多旗人逃走后在城镇作坊、酒店、饭铺佣工度日，有潜往宁古塔等处禁山"偷刨人参"的，也有流落在外唱戏、讨乞度日的。八旗人丁不断逃亡，结果"丁册虚悬""有名无人"，⑤ 严重打击了八旗制度。

旗人反对束缚的斗争，还表现在不少旗人视旗籍为绞索，冒入民籍。⑥ 清律规定冲突仪仗者削除旗籍，却有"贫苦旗人往往因度日艰难，故意犯法，希图出外谋生"。此外，旗兵和余丁反对禁止旗民交往、通婚、过继的法令，也是反对束缚、要求进步的一个斗争方面，满汉人民长期杂居共处，政治经济文化的联系非常密切，两族人民间相互交往、联姻通婚是一种自然的、进步的现象，不是什么法令禁止得了的，这也反映了满汉两族人民共同反对满族贵族的反动的民族隔离政策。

旗兵和余丁这种反对兵役、反对束缚、要求自由谋生的斗争，冲击了腐朽的八旗制度，动摇了满族贵族的统治基础，反映出八旗制度已成为阻碍满族进步发展的桎梏，所以受到广大满族人民的厌恶和唾弃。同时，在全国人民反对清廷封建统治剥削的斗争日益发展的情况下，旗兵

---

① 《清朝文献通考》卷二〇〇。
② 《清高宗实录》卷一五五。
③ 光绪《大清会典事例》卷六二〇。
④ 《清高宗实录》卷三八九。
⑤ 《清世宗实录》卷一四九。
⑥ 清代档案：《乾隆部来档》二七五·二。

和余丁反对八旗制度束缚的斗争，得到了进一步发展，与全国人民的反封建斗争结合起来了。康熙末年以后，旗兵和余丁展开了抗租、索饷的斗争，并加入秘密宗教团体，与汉族人民一起展开了反对封建统治压迫剥削的斗争。

旗兵集众反抗的行动越来越多。康熙六十一年（1722 年），福州驻防旗兵包围将军大门，反对吞没钱粮，减少兵饷。雍正三年（1725 年）数百旗人到廉亲王府抗议清廷议减内务府披甲名额；六年（1728 年），天津满洲兵丁集伙冲入同知衙门，抗议减少粮饷，戳伤知县。① 福州驻防兵丁又有争取"马干银"和反抗操练的斗争。旗兵集众反抗事件的连续发生，表明反封建压迫斗争进入了新的阶段，打击了满族贵族对旗兵的控制，削弱了八旗军队的战斗力。

在汉族农民"抗租霸地"斗争的影响下，租地耕种的旗兵、余丁联合汉族佃农，也展开了抗租斗争。如雍正年间，盛京高台子等处租种皇庄土地的佃户"抗租不交，霸地不退"。② 又如乾隆以后，盛京正白旗佃种旗地的满洲披甲和余丁数十人集体抗租，辱骂收租的领催；廉亲王等府庄地旗民佃户伙同反抗，欠租"霸地"；嘉庆年间租种皇庄土地的满汉佃农"鸣钟聚会，抗不交租"。③ 佃户抗租霸地斗争不断发展，有力地回击了封建地主的残酷压榨。

在全国人民反抗清王朝封建统治的斗争的推动下，不少旗人也参加了白莲教各支派领导的抗清活动。如乾隆年间在河南以及关外的海城、锦州、承德、牛庄等地，都有旗人参加混元教、红阳教、一炷香、如意会等教门；在北京也有旗人加入白莲教，筹财聚众议事。④ 嘉庆十八年（1813 年），林清领导的天理教起义，进攻北京皇宫时，有旗人陈爽等数十人冲进东华门，直接与满族最高统治者短兵相接。起义失败后，陈爽等被捕牺牲。⑤ 满族人民参加白莲教的抗清斗争，说明在反

---

① 《清圣祖实录》卷二九七；《朱批谕旨》，第二十一册。
② 清代档案：《雍正部来档》一二九·一。
③ 清代档案：《盛京内务府档》五〇五九、三六一八；《道光部来档》四九七·三。
④ 清代档案：乾隆六十年《军机处档》。
⑤ 《林清教案》，载《故宫周刊》。

封建的共同阶级斗争中，满汉人民已冲破了民族界限而进一步联合起来了。

满族人民反对八旗束缚和封建压迫剥削的斗争，发生了很大的影响。它反映了八旗制度的腐朽及其对满族进步发展的阻碍，因而满族人民迫切要求冲破这种束缚，来争得自由、生存和发展；它揭露了满族贵族制造的民族隔阂和借以欺骗、控制旗人的阴谋，冲破了民族界限，满汉人民在共同的阶级斗争中联合了起来，加强了友好关系；它打击了满族贵族的统治压迫，削弱了八旗军队的战斗力，从而动摇了满族统治者确立的"八旗者国家之根本"的方针。在满族人民反抗斗争的打击之下，满族贵族不得不做出一些让步，放松对正身旗人的控制，如允许旗人领票刨参；许可潜往盛京、吉林等地垦地维生的旗人编入当地旗册①；减轻对逃亡旗人的处罚；准许北京和各地驻防的闲散和已退钱粮的兵丁告假外出营生，如果在外年久，愿归民籍，可出旗为民。②

满族人民坚持不懈的斗争，在一定程度上削弱了八旗制度的束缚，争得了某些自由谋生的权利，从而为发展生产、推动满族前进，起了良好的作用。

（本文原载《民族团结》1963 年第 3 期）

---

① 光绪《大清会典事例》卷二三二，一一一三。
② 光绪《大清会典事例》卷一五五。

入关前东北地区民族关系的变化

一 友好往来频繁贸易

东北地区，指的是今天的辽宁、吉林和黑龙江三省。辽宁省的一大部分，在明朝叫辽东都指挥使司，简称辽东都司或辽东。

明初以来，辽东及漠南的居民，主要是汉族、蒙古族和女真族，还有朝鲜族等。汉族人口较多，女真人口很少。

长期以来，汉族就在辽东耕田种地、经商贸易。元末辽东大乱，战争频仍，"兵寇残破，居民散亡，辽阳州郡，鞠为榛莽"①，人口剧减。明洪武四年（1371 年），太祖朱元璋派遣都指挥马云、叶旺率军入辽，灭掉故元残部，统一辽东。洪武八年（1375 年），设立辽东都指挥使司，十年革所属州县，先后设置定辽、广宁等 25 卫。按明制，一卫有 5600 名士兵，以此计算，共有士兵 14 万名，连带随营的余丁、家眷，多达数十万。明朝各代皇帝又不断把犯罪官吏、兵民"徙戍辽东""以四方之民，以实兹土"。因此，辽东汉族居民迅速增多。据嘉靖十六年（1537 年）重修的《辽东志》卷三《兵食志》载，辽东都司辖 25 卫，及安乐、自在 2 州，"户口二十七万五千一百五十五""寄籍民" 7109 名，马队额军 5.2 万余名，步队额军 3.7 万余名，召集军 1.3 万余名，煎盐、炒铁军 2700 名，"屯田军" 18603 名。嘉靖末年修的《全辽志》卷二《赋役志》载，辽东都司的"额户""寄籍户""新发军户"共 9.6441 万户、口 38

---

① 《辽东志》卷 8，《杂志·文宗》。

万余，全镇沿边墩台障寨操守官兵 95269 员名。前后两种记载比较，20 年内，增加了 10 余万人。这是官方簿册所载征收赋役的数字，实际人丁远远超过这个数额。万历四十六年（后金天命三年，1613 年）四月，抚顺三城及台堡 500 余失守，被后金军掠去人口牲畜 30 万。不久，八旗军又攻下清河、开原、铁岭，延袤 300 余里，"杀掳官兵军民数十万"①。辽阳、沈阳、广宁相继失陷后，辽民大批逃往山东、沿海岛屿以及朝鲜，仅明将毛文龙就拥众数十万，逃入山海关内的多达 280 万人，加上留在辽东的人丁，可以肯定，明朝末年，全辽汉人有数百万之众。

蒙古族在辽东、漠南的人数也相当多。提到"蒙古"这一词，最早见于唐代，即是《旧唐书》中的"蒙兀室韦"。在宋、辽、金时期的汉文史籍中，也有萌古、蒙古里、朦骨、蒙古等不同的音译。"蒙兀室韦"部落，原居住在今之额尔古纳河流域，经过长期西迁活动，大约在 11 世纪，已徙居于鄂嫩河、克鲁伦河和土拉河三河上源一带，分成为尼鲁温蒙古、迭儿列蒙古两大分支，其下又先后分出了孛儿只斤、泰赤乌、札只剌、弘吉利等很多部落。这些部落长期处于分散割据状态，彼此之间经常发生纷争、掠夺和内战。

13 世纪初，孛儿只斤部落出生的铁木真，统一了蒙古各部，使过去的大小部落之间，有条件彼此交往，相互吸收，逐渐融合成为一个新的民族共同体——蒙古族。南宋开禧二年（1206 年），蒙古各部在鄂嫩河畔举行大会，推举铁木真为全蒙古的大汗，号成吉思汗，建立了"蒙古国"，对蒙古社会发展起了积极作用。

"蒙古国"领土辽阔，东起兴安岭，西至阿尔泰山，南达阴山，北连贝加尔湖广大地区。"蒙古国"的最高统治集团，是成吉思汗及其家族（黄金家族），在"千户制"严密控制下的蒙古民众是他们的臣民。"蒙古国"，在加强国家机构的同时，坚持对外扩展政策，展开南下和西征的军事活动。1211 ~ 1215 年，蒙古军大举向金进攻，占领了中都（今北京）。1227 年攻灭了西夏。1234 年春，蒙古国和南宋联合灭金。1260 年

---

① 王在晋：《三朝辽事实录》卷3。

忽必烈做了蒙古大汗，4 年之后，把统治中心由和林迁燕京（金朝的中都），1271 年改"蒙古国"为大元，次年改中都为大都。1279 年灭了南宋，元朝统一全国。

成吉思汗于 1219 年率兵西征，其子孙窝阔台、蒙哥等人执政期间，也继续向西扩展，蒙古骑兵的足迹踏遍了欧亚，先后建立了钦察汗国、察合台汗国、窝阔台汗国和伊儿汗国。

从蒙古杰出人物成吉思汗建"蒙古国"起，至忽必烈建立"大元"为止，短短几十年间，结束了中国历史上两三百年来南北对峙、诸国并立的状态，使统一的多民族国家，在政治、经济、文化、民族关系等诸方面的发展，又前进了一步。但是，代表封建阶级利益的元朝政权，对广大劳动人民，执行了一套带有民族压迫性质的阶级压迫政策，把全国人民分成四等：第一等是蒙古人，包括大漠南北诸部，第二等是色目人，主要指西域畏兀儿、回回、钦察等各族；第三等是汉人，一般是指金朝统治下的汉人、女真、契丹、高丽等；第四等是南人，即南宋王朝统治下的各族人丁。蒙古贵族以法律形式限制四等人的地位，蒙古人和色目人在政治、经济以及各个方面待遇从优，而汉人、南人则受歧视和压迫。

蒙古贵族建立的元朝，统治阶级内部矛盾重重，特别是皇族争夺权力的斗争越演越烈，导致各种弊端产生，政治腐败，财政枯竭，民不聊生。被压迫的各族人民，掀起了反元统治的斗争，轰轰烈烈的红巾军起义，终于在元至正二十八年（1368 年），推翻了元朝的统治。

明朝初年在蒙古族聚居地区，设立了卫所制度。15 世纪初，漠西蒙古的瓦剌部和漠北蒙古的鞑靼部，先后与明朝政府建立了臣属关系。永乐七年（1409 年），明成祖封瓦剌大封建主马哈木为顺宁王，太平为贤义王，把秃孛罗为安乐王。永乐十一年（1413 年），又封漠北的封建主阿鲁台为和宁王。

正统十四年（1449 年），瓦剌部马哈木之孙也先的势力强大，不仅统一蒙古各部，而且直接与明军交战于土木堡（今河北省怀来县境），明军失败，英宗被俘，也先乘胜领兵进逼北京，北京的军民在主战派于谦的率领下，打退了也先的进攻。第二年明政府和也先议和，送还明英宗，双方恢复了正常的互市关系。

成化十六年（1480 年），元朝后裔巴图蒙克称汗（达延汗）。他统一大漠南北蒙古各部之后，采取了分封制度，加强了汗的地位，并调整了原有小领地合并为 6 万户，把 6 万户分成左、右两翼，各 3 万户，均受达延汗的统率。达延汗对蒙古族各部的统一，对与明朝的正常贸易关系的发展，都起过积极作用。正德十二年（1517 年），达延汗去世以后，蒙古地区又出现了封建割据局面，直至明末，逐渐形成三大系统，即漠南蒙古、漠北喀尔喀蒙古和漠西卫拉特（厄鲁特）蒙古。

漠南蒙古土默特部俺达汗与明朝建立和平互市关系，明封俺达汗为顺义王，并授其属下各级封建主为都督、指挥等官职。明朝末年，辽东边外漠南蒙古族的分布情况，在万历年间张瀚著的《辽夷略》中，有如下的记载：革兰泰一派，8 支，40 个酋长，控弦之骑近 2 万；土蛮憨一派，9 支，30 名酋长，五六万骑；暖塔必一派，10 支，40 名酋长，三四万骑；大委正一派，3 支，兵数无考；克石炭一派，3 支，9 个酋长，七八千骑；鬼麻一派，5 支，1 万余骑；五路台吉一派，7 支，18 个酋长，1 万余骑；把伴一派，2 支，16 个酋长；速巴亥一派，22 个酋长，1.5 万余骑；炒花一派，9 支，30 多个酋长，1.5 万余骑；伯要儿一派，5 支，60 余个酋长，1.5 万余骑；住四儿一派，3 支，12 个酋长，5000 余骑。合共有酋长 300 个，控弦之骑二三十万，加上眷属，也有上百万人口。

女真族人数较少。明万历年间，开原边外有女真卫所 300 多个，但是，大多数是人丁几十、几百的小部。后金天命六年（明天启元年，1821 年），建州、海西女真已尽隶旗下，还有"野人"女真来归顺，八旗一共才有 230 多个牛录，按一牛录 300 丁计，也不过六七万丁。过了22 年，即清崇德八年（明崇祯十六年，1643 年），满洲八旗只有 368 个牛录，按一牛录 200 丁计，共有七八万丁。

东北地区的汉、蒙、女真等族，很早就杂居共处，相互往来，联姻婚娶，抱养子嗣，易换物品，经济、文化等各个方面的联系相当密切。明初以来，这些民族之间的友好关系，更是日益发展。

汉民因科赋繁重，难以谋生，纷纷逃入女真、蒙古居住地区，开垦荒地，打造器皿，维持生活。明朝初年，辽东都司遣至松花江造船的军士、匠人，就有 500 多人，逃匿女真卫所。万历中，在宽奠、大奠、长奠、永奠、新奠等城堡的外面，有 800 余里的地区，辽东军民苦于重役，先后逃匿此地的，就有 6 万余人，他们披荆斩棘，开垦荒地，建房居住，屯聚日久，人丁日增。到万历三十三年（1605 年），辽东巡抚赵楫、辽东总兵官李成梁，遣军前往驱逐，逼令屯民迁入明境。屯民安土重迁，起而反抗，强壮之人，大半逃入建州，仅得老幼孤贫六七万人，分派辽镇 25 个卫安插。① 万历三十六年（1603 年），辽东前屯卫军士因税监高淮散振马匹，逼索价银，拷打号头，百般盘剥，"敲骨吸髓"，难以忍受，便张贴揭帖，痛斥其过，并欲集体远逃，合营男妇数千人欲向北逃走，投奔蒙古地区。②

女真各部，经常进入明境抢掠人丁，带回之后，逼令充当阿哈，或收养为子，或招为女婿，也有听其自由谋生，作工经商的。尼堪外兰的鄂勒珲城里，就有汉民居住。浙江绍兴府会稽县的汉人龚正六，到了辽东之后，为建州掠去，被努尔哈赤尊为"师傅"，给以优厚待遇，让他安心在女真地区传授文化知识，重点是教努尔哈赤之子学习汉族文化。龚正六长期居住在女真地区，在建州不仅有了妻子儿女，而且"家产致万金"，并以"金帛相酬"之约，请明朝出使建州之官员，把他在浙江居住的另一个儿子带到建州。③

女真之中，亦有不少人愿意进入明境居住。他们往往利用到北京朝贡的机会，上奏明朝皇帝，要求"留京自效"，或定居辽东。洪武十三年（1380 年），辽东都指挥使司，就以辽阳高丽、女真来归的官民，每 5 丁以一丁编为军，设立东宁、南京、海洋、草河、女直千户所，以汉军属中所，余辖女真。④ 此后，女真纷纷进入汉区，有的要求进京长住，如永乐六年（1408 年）三月，喜乐温河卫、钦真河卫等"野人女真千户"省

---

① 《明神宗实录》卷 424；海滨野史：《建州私志》卷上。
② 《明神宗实录》卷 455。
③ 吴晗：《李朝实录史料》，第 2180 页。
④ 《明太祖实录》卷 178。

哥等来朝，奏请留居京师，明帝命赐予袭衣、彩币及牛羊薪米和房宅。洪熙元年（1425 年）十二月，弗提等卫指挥同知察罕铁木儿等，率妻子等 572 人来京，要求居京效劳，帝令照例赐给纻丝绢䌷袭衣及房宅器物。

更多的女真人希望迁居辽东。永乐年间，兀者右卫等指挥千百户贾你等，奏准留住辽东三万卫等，考郎兀等卫镇抚牙失等入居开原，扎肥河卫千户秃鲁忽等住于快活城，敷答河千户、镇抚弗里出等定居于辽东卫，甫儿河卫千户我不加与兀者卫千户别里哥等，移住自在州。①

明成祖朱棣因即位以来，东北各民族来京朝贡的，多半是愿留京师，特命于开原置快活、自在二城居住，"俾部落自相统属，各安生聚"。后来快活城改名叫安乐州，自在城称自在州（自在州后来移到辽阳城内）。也有一些女真人直接申请移居辽东所属其他卫的，如宣德二年（1427 年）三月，建州卫舍人弗哥至京朝贡，要求移居海州卫，明帝从其请，并命辽东都司照例给予房屋器皿等，使其安居。入辽东的女真人日益增多。《辽东志》卷一总论全辽居民的风俗及民族结构说，此地是"华人（汉人）十七，高丽土著归附女直野人十三"。

进入辽东各卫居住的女真，尤其是隶于东宁卫、三万卫、安乐州、自在州的女真，与汉民交往频繁，联姻婚娶，抱养过继，关系十分密切。他们有的为明政府官吏，挂印带兵。如裴牙失帖木儿，原是秃哈千户所达鲁花赤，明洪武十四年率众归顺，授以百户，后因转战有功，升千户。永乐年间，又升为三万卫指挥佥事。② 建州女真麻子帖木儿，洪武年间随父来京，改名王麒，初选充御马坊勇士，后从明成祖朱棣参加"靖难之役"，屡立军功，从千户累升辽东都指挥同知，继升后军都督佥事，不久再晋后军都督同知。③ 嘉靖年间的辽东勇将里春，祖先是建州女真人，因屡立战功，历任广宁卫指挥使、都指挥、广宁游击、宁远参将、辽阳副总兵，后死于战场，明廷赠都督同知，谥忠勇，祭葬立祠。④

---

① 《明太宗实录》卷 56、62、71。
② 《辽东志》卷 5，《官师志》。
③ 《明太宗实录》卷 124。
④ 《全辽志》卷 4。

女真人和辽东汉区与关内的联系，也很频繁。建州、海西、"野人"女真卫所人员，定期进京朝贡，仅按明朝政府发给各卫的1500道敕书而论，每年就有几千名女真人，千里迢迢来到北京，叩拜明帝，上贡土特产，领取赐给的物品，并在会同馆进行官方贸易。

规模更大更频繁的贸易，是在辽东马市进行的。明政府先后在开原、抚顺、宽甸、瑷阳、清河等处，开设马市，与女真易换物品。开原城东北70里的镇北关，为海西女真叶赫入境互市场地，哈达部由开原城东60里的广顺关入境，在靖安堡互市。建州女真在抚顺城东30里的马市贸易。明政府规定：上上马1匹，价格为米5石、布与绢各5匹；中马1匹，米3石、布与绢各3匹；下马1匹，米2石，布与绢各2匹；驹1匹，米1石、布2匹。① 女真与汉民在马市上易换物品，分类抽税，其制如下：

> 儿马一匹，银五钱，骟马一匹，银六钱，骡马一匹，银四钱，马驹一匹，银三钱，小马一匹，银二钱。大牛一只，银二钱，中牛一只，银一钱五分，小牛一只，银一钱，牛犊一只，银五分。骡一头，银三钱。绵羊一只，银二分，山羊一只，银一分。貂皮一张，银二分，豹皮一张，银一钱，熊、虎皮一张，银三分，鹿皮一张，银二分，狍皮一张，银五厘，狐貉皮一张，银一分。参一斤，银五分，松子一斗，银三分，蜜十斤，银一分，蜡一斤，银一分，木耳十斤，银一分，木菇十五斤，银一分，马尾一斤，银一分。驴一头，银一钱，缎一匹，银一钱，袄子一件，银五分，锅一口，银三分，铧子一件，银五厘，绢一匹，银一分，水獭皮一张，银二分。②

征税的品种之多，已经说明了马市贸易是相当可观的。而且人员之多及成交额之大，更足以说明女真与汉族之间的经济交流，是何等的兴旺发达。叶赫部贝勒卿家奴，一次就带部众995名进入马市。杨机奴于万历十一年（1533年）八月初八日，亲自率领部众950名，进入镇北关，

---

① 《辽东志》卷3，《兵食志》。
② 《全辽志》卷2，《赋役志》。

卖出大批马匹、人参，购买了耕牛 95 头、铧子 325 件、锅 20 口，以及驴、猪、绢、缎、袄子等物。十二月，卿家奴、杨机奴战死以后，其子纳林布禄、布寨袭承父职，继续进入马市贸易。万历十二年三月二十一日，他们两人派遣易八里等 790 人，携带大批土特产来市交易。易八里奉叶赫贝勒之命，多次带领部众，进入开原镇北关马市，是一个很有影响的"买卖夷人"。哈达贝勒孟格布禄与歹商，在万历十二年二月二十二日，领部众 1100 人入市，仅税收银就交 98 两，可见其买卖货物之多。①

女真人入京朝贡和到马市贸易，都可从明朝政府领取赏赐银两和货物。明初规定，海西到京朝贡的都督，每名给予牛 1 只、大果桌 11 张，给都指挥羊 1 只、大果桌 1 张。对做买卖的都督，每名给羊 1 只，每日桌面 3 张、酒 1 壶，都指挥每名 1 只羊，每日桌面 1 张，酒 1 壶。一般女真人进入马市，也可领到猪肉和酒。② 明中叶以后，赏赐的物品种类和数量又有所增加，海西哈达都督孟格布禄，于万历十二年（1584 年）进入开原、广顺关做买卖，明兼管马市的备御霍九皋，按例"抚赏"各物，计有桌面 7 张、牛 13 头、羊 6 只、猪肉 250 斤、酒 250 壶，炭 40 包、缎 61 匹、铧子 52 件、许纸 400 张、锅 218 口、盐 2460 斤。同年叶赫的易八里等 340 名到镇北关马市贸易，霍九皋对他们"抚赏"之物有：桌面 15 张、牛 11 头、羊 4 只、炭 25 包、铧子 35 件、平花缎 45 匹、许纸 600 张、锅 120 口、盐 1800 斤，以及猪肉、酒等。③

女真人入边传达消息、通报事务，也可以按例领取赏赐。万历十二年（1534 年），叶赫布寨差遣部下咬奇等进入镇北关"传事"，明臣抚赏桌面 1 张、牛 2 头、平花缎 2 匹、锅 5 口、盐 50 斤、许纸 400 张、青红纸 400 张，以及酒、肉，炭等。④

蒙古族和汉族的关系也十分密切。元朝灭亡以后，蒙古人居住在北方、西北、东北和内地，他们之中，因条件的不同，和汉族的联系自然就有所

① 辽宁省档案馆编《明代辽东档案汇编》，第 816、818、820、827、828 页。
② 《辽东志》卷 3，《兵食志》。
③ 辽宁省档案馆编《明代辽东档案汇编》，第 828、831 页。
④ 辽宁省档案馆编《明代辽东档案汇编》，第 828、831 页。

不同。有的蒙古人担任了明朝的文官武职，领兵治政，转战沙场。故元丞相纳哈出，拥有 20 多万蒙古军，占据金山，多次与明军交战于盖州，后来孤军无援，力屈而降，明大将军冯胜并其部众，送回京师。明帝封纳哈出为海西侯，后从征云南，死于途中。其子察罕袭职，改封沈阳侯。① 蒙古王子也先土干，于永乐二十一年（1423 年），率妻子、部属来归附明朝，成祖朱棣封他为忠勇王，赐冠带织金袭衣，命坐列侯下，"辍御前珍羞赐之，复赐金银宝器""宠爱日隆"，加太子太保衔。其甥把台，初授都督金事，后封忠勇伯，赠侯爵。故元的官员，投降明朝以后，同样是为官做吏，有的任指挥、都督同知、都督等职，也有的被封为公、侯、伯等爵位。

还有一些驻牧边外的蒙古各部，与内地汉族人的联系也很频繁。他们和女真一样，按期到京师朝贡，交纳马匹，领取赏赐物品，也在辽东马市进行贸易。广宁、开原都有专供蒙古易换物品的马市，明朝政府收购马匹的价格及马市"抽分货物"的税率，与女真同样，蒙汉两族的贸易，也十分兴旺。很多蒙古部落首领亲自率领部众数百人甚至上千人，携带马、牛、羊，来到马市出卖和购买布匹。仅根据开原指挥同知戴良栋所呈报马市抽分抚赏"夷人"用银物清册的记载，除去残缺的以外，从万历五年到六年九月，进入开原新安关马市的喀尔喀蒙古五部"买卖夷人"，累计就有 1 万余人。其中，伯言一次就带 923 名入市，狗儿扯镇、阿喇寨、阿寨一次各带男妇 1000 余名到市，带人数最多的是打谷大巴卜，他一次就带领男妇 2200 余名口进关②，可见入市人数之多，贸易规模之大。

这些蒙古买卖人，带了很多马匹和皮革，来到市场上。蒙古人阿卜亥等 250 名口，就卖出马 80 匹、驴 1 头、牛 1 头、羊皮袄 10 件和许多皮张。往吉那等男妇 650 名口，卖马 98 匹、牛 5 头、驴 1 头，以及皮袄、羊皮、毛毡等货。准卜哈等 257 名，售出马 135 匹、羊皮袄 30 件。打谷大巴卜等男妇 2237 名口，卖马 143 匹。累计上述蒙古卖出了上千匹马，按每匹马价银 16 两计算，可获银 1 万多两，加上其他各种货物，收入更加可观。

---

① 《明史》卷 129，《冯胜传》。
② 辽宁省档案馆编《明代辽东档案汇编》，第 787 页、808 页。

　　蒙古买卖人在马市上买进的货物虽只是布匹这一种，但他们通过"抚赏"，还可以领到许多物品。比如万历五年正月十三日，草困等 35 名"买卖夷人"，领到明臣"抚赏"的官平花缎 9 匹、官白中布 13 匹、官锅 15 口、牛 1 头。往吉那等男妇 650 名口，领到官白中布 180 匹、客平花缎 135 匹、客蓝改机布 42 匹半、牛 4 头、驴 4 头、官锅 404 口，以及金缎、细缎、红毡、帽靴等物。另一批蒙古买卖人，领到客红布 102 匹、客蓝布 68 匹半、官白中布 311 匹半、客平花缎 220 匹半、官平花缎 100 匹、官锅 828 口、牛 11 头、驴 5 头，以及全缎袄子等。万历五年正月初十日，狗儿扯镇等男妇 150 名口，领取的"抚赏"物品，档案记载比较完整，现将它做一例子，摘录如下：

　　　　计有赏盘 88 个，果桌 113 张，客通绸缎 2 匹，客金袄子 3 件，客锡碗 8 个，客银牌 6 面，客红毡 6 条，客水獭皮 4 张，客宗帽 5 顶，客靴袜 5 双，客金缎 5 匹，客平花缎 215 匹，客蓝布 6 匹半，官红布 142 匹，官白中市 273 匹，牛 13 头，驴 5 头，客红布 22 匹半，官通袖袄子一件，官锅 543 口①。

　　女真、蒙古和汉族的频繁交往与长期的、大量的互市贸易，对促进三个民族的发展和相互之间的友好关系，起了很大的作用。每月有几十次上万的女真、蒙古人员进入马市，与汉民买卖货物，增进了彼此了解，密切了各族人民之间的联系，各族文化、科学技术得到了交流。大量铁铧、耕牛、锅釜、食盐、纸张、布帛等物的输入，以及卖货所得数以万计的银两，这一切对女真、蒙古的农业、畜牧业发展，改善人们生活，都会起积极作用的。同时，在女真族、蒙古族的支持下，汉族人民也得到了所需的马匹、人参、皮革等物。特别是互市贸易频繁，更对维护三个民族之间的和平相处，减少互相争战，起了重大作用。马市贸易和"抚赏"，使蒙古各部每年获得上百万银两和大批必需物品，这对抑制一些酋长的争斗行为，产生了难以估计的影响。曾亲自到过辽东的明司业张鼐指出，蒙古各部在辽东广

---

① 辽宁省档案馆编《明代辽东档案汇编》，第 795、796 页。

宁镇远关、开原新安关等处马市、木市的互市和领赏，给女真、蒙古以很大的益处，因而他们不会任意破坏边境的安宁。张鼐在《辽夷略》上写道："诸酋利吾市赏，便我市易，我之布帛锅口等物，皆彼夷日用所需，而彼马牛毡革，非与我市则无所售，然则，辽阳一带，实西虏所资以为生计。""今日每年数十万两市赏，固诸酋所恋而不能舍者也。"曾任兵部职方主事、郎中的茅瑞征，亦在《东夷考略》中指出，嘉靖末到万历初年，对女真广开马市，"开原而南，抚顺、清河、暧阳、宽奠并有市，诸夷亦利互市，无敢跳梁"。

尽管张鼐、茅瑞征有大汉族主义情绪，对女真、蒙古怀有民族偏见，轻视少数民族，但其所说"马市""抚赏"对女真、蒙古族有利及其保持马市维护和平的作用，这一论断还是符合历史实际的。

马市贸易对汉族人民，对明朝政府保持边境安宁，也很有益处。《明神宗实录》撰修者总论马市之利说，"百余年来，互市马货"，对明朝政府十分有利，"又以互市之税，即赏市夷，且贡夷诇虏声息，即有大举，我得收保预备，其利多矣"①。

由此可见，在女真与汉族、蒙古族与汉族之间，和平相处，友好往来，互通有无，频繁贸易，是明朝中叶以来双方关系的主流，也可以说，在整个明代，主要方面是保持正常关系，当然，也不能排除某一时期的纷争。总之，各民族人民之间，需要的是和平互市、友好往来，并不希望发生争端，更不愿意刀剑出鞘，干戈相见。

二　主从颠倒　金国称霸

（一）明蒙争雄　各有胜负

长期以来，在女真、蒙古中流行着这样一句成语："八十万尼堪，四十万蒙古，三万女真。"② "尼堪"是满语音译，意为"明国""明人"

---

① 《明神宗实录》卷396。
② 《满文老档》太祖朝，卷13、14。

"汉人""蛮子"。这句成语比较准确地、形象地表述了满族兴起以前，汉、蒙、女真的人口多少、势力大小、地位高低及其相互之间的强弱对比和主从关系。

在明朝政府与蒙古、女真各部酋长之间的力量对比上，明略占优势，蒙古贝勒力争辽东霸权，女真则依从于二强之间。洪武元年（1368 年），明太祖朱元璋遣兵进入北京，元朝灭亡，明政府辖区辽阔，"东西万余里，南北万里"，设有 13 布政使司，下辖 140 府、193 州、1138 县，还有辽东都司，以及土官宣慰司、宣抚司、安抚司、招讨司、长官司 200 余个和羁縻卫所 400 多个。明朝人口多，土地宽广，洪武二十六年（1393 年），官方簿籍载录，全国有田 8507623 顷、人口 10652370 户、6054 万余口。① 明朝政府拥有巨量财赋收入。洪武二十六年（1393 年），一年征收夏税秋粮米麦 2944 余万石、钱钞 4.5 万余锭、绢 28 余万匹，另外还收屯粮 458 万余石，还有盐课收入 100 余万两，以及商税、杂税、矿税等银上百万两。②

明朝政府拥有一支强大的军队，军事设备方面，基础也相当雄厚。洪武二十六年（1393 年），有都司 17 个、内外卫 329 个及守御千户所 65 个，约有兵士 190 余万名。尤其是驻守都城的"京营"和屯戍九边要镇的边兵更多，力量更强。明太祖朱元璋"以武功定天下"，成祖朱棣靠"靖难"夺皇位，因此，"国初京营劲旅，不减七八十万"，嘉靖中，仍有 30 万。③ 明为防御蒙古、女真，初在北方、西北设辽东、宣府、大同、延绥、甘肃、宁夏、蓟州、太原、固原 9 镇，称为九边，后又设一些镇，时称"九边十三镇"，万历年间有兵 88 万多名，辽东总兵挂征虏前将军印，宣府总兵为镇朔将军，大同总兵是征西前将军，延绥总兵为镇西将军，甘肃是平羌将军，宁夏为征西将军。九边十三镇兵精将勇，是明军的精锐。④

明初将帅多，而且多是声名远扬、威震朔漠的名将。如中山王、征

---

① 《明史》卷 77，《食货》。
② 《明史》卷 82，《食货六》。
③ 《明史》卷 89，《兵一》。
④ 《明史》卷 76，《职官五》；卷 97，《兵三》；王在晋：《三朝辽事实录》卷 3，第 13 页。

虏大将军徐达和开平王常遇春，统兵数十万，大败元军，攻取北京，逼得元顺帝仓皇北逃，摧垮了蒙古贵族对全国的统治。岐阳王李文忠、黔宁王沐英、东瓯王汤和、颍国公傅友德、宋国公冯胜、凉国公蓝玉、郑国公常茂、长兴侯耿炳文等开国元勋，均曾分别率兵北上，屡败"鞑靼劲旅"。此后的兵力虽逐渐衰弱，但也出现了于谦、戚继光、俞大猷等著名将帅，隆庆到万历中，宁远伯、辽东总兵官李成梁，屡败"土蛮、炒花等蒙古汗、贝勒"，剿灭建州、海西名酋王杲、阿台、卿家奴和杨机努，镇辽30年，"先后奏大捷者十""师出必捷，威振绝域"。①

明朝政府还整修万里长城及沿边城堡，置放大量的枪铳火炮。以辽东都司来说，嘉靖三十八年（1559年）以前，就有铜大将军13位、铜二将军13位、铜三将军43位、铁三将军10位，铜碗口炮388门、铜神炮75门、铜马腿炮4门、铜十眼炮60门、马炮14门、铁炮33门、铜佛郎机825支、铁佛郎机516支、铜碗口铳12支、抓郎机20支、神枪1145支、快枪1700支、铁铳15支、手铳69支。嘉靖三十九年，蒙古进攻辽南以后，几年之内，又增置"声震撼山，力能殒众"的九龙炮，赶造一发十子，十发百弹能使铁骑敛避的连珠枪，还铸有铁炮1000多门，以及大量快枪、千里铳、拐子枪、牛角炮等。万历年间，辽东都司枪炮增至数万，威力更强。

明朝的皇帝就依靠这样雄厚的财力、物力、人力、兵力和辽阔的版图，成为当时中国境内各个少数民族的"天皇帝"，汉族人丁固然是其子民，蒙古、女真、藏、回等族，亦是"朝廷赤子"，必须定期叩拜"天皇帝"，保持臣节，听从裁处，"遵守朝廷法度"，执行皇帝的旨令，因而力图在东北地区行使明帝之威。这一企图，遭到蒙古各部汗、贝勒的强烈反对。

蒙古各部人数多，兵精马壮，长于骑射，剽悍善战，兼之各部首领常追忆其先祖成吉思汗、忽必烈，曾驰骋三大洲，纵横数万里，君临四海，入主中原，"威震华夷"。不料后嗣顺帝，竟被一个曾经沿村乞食的

---

① 《明史》卷238，《李成梁传》。

贫僧朱元璋赶出大都，逐回漠北。要报仇、要恢复祖业的思想，促使蒙古各部首领，尤其是强部之主，经常发动战争，进掠明境，并图谋夺取辽东霸权，或进逼明都，甚至欲图入主中原。自从明朝建立以后，不管是漠北蒙古鞑靼部还是漠西蒙古瓦剌部，都在不同程度上和明朝政府发生过征战。不管元帝嫡系还是臣僚后裔，都有打败明军、恢复"祖业"的愿望，就连成化年间的达延汗或漠南土默特部俺达汗，都有扩大疆土、统一蒙古各部和明朝抗衡的企图。元帝嫡系林丹汗，明人称为"虎墩兔汗"，称其部为"插部""插汉"，即察哈尔部。林丹汗驻帐广宁以北，积极进行统一蒙古恢复大元可汗的活动。他联合喀尔喀五部，多次入掠明地。万历四十年（1612 年）正月初八日，林丹汗亲率 3 万余骑，从长静堡南北界驰入，分攻穆家等堡。万历四十三年八月，他又集合部众五六万，屯驻新寺，于闰八月三次入边，初掠广宁正安堡，再掠锦州各堡，并以 6 万余骑攻下大安堡，"军民粮畜，杀掳一空"。①

喀尔喀五部斋赛、炒花、煖兔等贝勒，势力也很强大。斋赛之父伯言，骁勇善战，多次入掠明境，曾诱执明庆云堡官员王凤翔，斩杀明之兵民，明臣称之为"大酋"。万历二十二年十月，伯言聚众入边，败于明辽东总兵官董一元手下，中箭而死。此时斋赛年幼，临危不惧，根据自己的力量发展势力，有策略地对待明朝，以避免明军征剿，争取明的好感，恢复战争以前的市赏待遇，增加经济收入。同时，他抓紧有利时机，积极练兵牧马，加强军事力量，仅仅过了 14 年，就成为与察哈尔部林丹汗并驾齐驱的蒙古"名酋"，多次领军入边，掠取明境内的人口、牲畜、财物、布帛，击杀明军。万历三十七年（1609 年）三月，辽东巡按熊廷弼分析辽左危急情况时说：十余年前，"斋赛父中箭死，尚孤弱"，而"十数年来，奴酋、斋赛等日强"。② 四月，明兵部尚书李化龙也奏称，河东斋赛势力最强，万历三十六年秋天攻入庆云堡，"驱掠甚惨"。③

万历四十二年（1614 年）八月，辽东巡按翟凤翀，更详细地论述了

---

① 《明神宗实录》卷 537。
② 《明神宗实录》卷 456。
③ 《明神宗实录》卷 457。

斋赛强悍，多次入掠明边的情况，并向明帝奏报：斋赛、煖兔 24 营，环绕于开原一带，年年入掠，为边之患。其中最狡猾、桀骜不驯、难以制服的，莫如斋赛。万历二十五年，他因要挟赏赐未能遂愿，而杀庆云堡王翱，10 年以后又执杀庆云堡备御熊钥。继而强挟秋赏，杀掠无算。今又要挟多加赏赐，若不允准，则入犯内地。要挟一番，增加一次，若要兴师问罪，彼之精骑万计，直接进犯边境，我方兵士不到 2000 人，难以抵挡。①

明臣所述斋赛在 10 年之内的迅速发展及其势力的强大，后金也有同感。《满文老档》太祖朝卷十一，对蒙古部斋赛做了如下的描述：

在蒙古五部喀尔喀中，斋赛兵多畜多，其国最富。恃其强盛，对诸国则蔑视、凌辱、掠夺和杀害，诸国之人似憎恨魔鬼一样憎恨斋赛。斋赛亦自视如天空高飞之大鸟，或野兽中之凶猛之虎。

明帝和蒙古汗、贝勒竭力争夺辽东霸权。女真族则因人口稀少、部落分散，难举大事，所以基本上成为二强的附庸。明初女真各部酋长，接受永乐帝的招抚，授为女真卫所的都指挥、指挥等职，定期向明帝朝贡，服从明廷的调遣。比如，著名首领猛哥不花、猛哥帖木儿等，都是跟随明军的，甚至曾随军进攻蒙古鞑靼部。后来，蒙古瓦剌部兴起，也先势力强大，许多女真酋长又"附之入塞，侵辽东西""乘乱侵掠""一岁间入寇者九十七，杀掳人口十余万"。② 隆庆至万历初，建州王杲、王兀堂、海西卿家奴、杨机奴等女真首领，联合蒙古"土蛮憨、速巴亥"等，多次掠夺明境人口、牲畜，遭到明军重惩，势力渐衰。

（二）异军突起　明联蒙古

明朝的前两百年中，辽东地区处于明与蒙古争雄的局面，到了满族兴起以后，发生了巨大的变化，女真人从明朝和蒙古的附庸，一跃而为

---

① 《明神宗实录》卷 523。
② 《辽东志》卷 7，《艺文志》；海滨野史：《建州私志》。

辽东之主。

明万历十一年（1583年），清太祖努尔哈赤起兵于赫图阿拉，万历四一四年（1616年），自称英明汗，定国号为后金，年号天命。天命三年（1618年），他以"七大恨"誓师，攻取抚顺，第二年又在萨尔浒打败明军。紧接着下开原、铁岭，灭叶赫，占沈阳、辽阳，轻取广宁，大有席卷全辽、问鼎中原之势，直接威胁到明王朝的统治，也妨碍了蒙古汗、贝勒的称霸，危及他们独立自专的权力，因而东北民族关系的格局顿改旧观。

明朝政府的目标是收复失地，臣服建州，恢复天皇帝权威，至少要保住辽河以西广大地区，挡住八旗劲旅的进攻，确保关内太平和京师安全。察哈尔林丹汗想统一蒙古各部，重振先祖大元可汗旧业。斋赛等贝勒希望保持原有地位和利益，抑制新兴的后金，索讨明廷厚赏。在明、金与蒙古三方激烈争夺中，蒙古各部分裂涣散，缺乏雄才大略的英明君汗，逐渐下降为二强相争的从属地位。

争取蒙古各部的支持，调动蒙古骑兵跟随自己冲锋陷阵，是关系到明、金谁胜谁负的决定性的因素，双方为此都要做出决策。

明朝政府对待各少数民族的总方针是"分而治之"，具体到东北地区，一向采用"防西虏为主""以东夷（女真）制西虏"的政策。现在面对现实，不得不改变既定方针。蒙古各部的频繁入边，所掠人口、牲畜动辄上万，明朝损兵折将，财力、物力、人力、兵力都受到严重损失，又要调遣重兵防御，本已疲于奔命、应接不暇了。而后金的勃兴，使辽东危在旦夕，京师安全也难确保，它既不可能两面出兵，分战强敌，又想避免"夷、奴"会合的危险，再考虑到蒙古不愿丢弃"市赏"厚利，又不甘心屈服于后金之下，二虎相争，势不两立，有可能助明抗金。因此，明廷采取了与过去相反的方针，就是"以西虏制东夷"。不惜重金厚赏，竭力拉拢蒙古汗、贝勒，共同对付后金。尤其是天启元年（1621年），辽阳、沈阳失守，第二年春天广宁又失陷，在此危急关头，明廷更把希望寄托在蒙古身上，幻想依靠蒙古汗、贝勒，来挡住八旗劲旅，守住辽河以西地区。曾经一度执掌防金军事大权的辽东巡抚王化贞，以抚"西虏"为唯一急务，声称"虎墩兔汗助兵四十万"，想以不战取胜。他于天启元年九月奏报明帝说："虎墩兔汗调兵四十万，助攻努尔哈赤。"当时，察哈尔林丹汗（虎墩兔汗）等蒙古部首领，确实表示愿助明攻金，"哈喇汉秒巴等五营盟结于东，插汉八大营效欵于西，已有平吞逆奴之势"。可是，双方因发生争执，哈喇汉秒巴等移营远走。①

尽管这次行动没有结果，王化贞抚"西虏"以制后金的策略未能奏效，但到天启二年（1622 年）正月，广宁失守后，明廷仍然念念不忘"西虏"之威，还是决定联蒙古抗后金。明兵部侍郎王在晋上奏："蒙古各部抚赏马市，在广宁镇远关、镇静堡等处，广宁失，则市罢赏绝"。明失掉广宁，固然对明朝不利，同时也对蒙古不利，趁后金还没有联合蒙古之时，明廷必须抓紧时机，不惜重赏，引诱蒙古首领，与其联合抗金，就可得到"树奴之敌，以张羽翼，养我之力，以卫根本"的好处。② 明熹宗接受这一主张，任王在晋为辽东经略，与蓟辽总督王象乾一起，积极推行招抚蒙古的政策。

王象乾对依靠蒙古以制后金的决策，信之如磐石，行之若梦寐，他认为只有依靠蒙古，明朝政府才能得救，相信蒙古骑兵是明朝"天皇帝"的可靠支柱。他上奏疏强调蒙古的作用，说蒙古部哈喇慎大酋长罕孛罗势等人，朵颜卫 36 家首领速不的等人，各自带领兵马：于宁前、中前等处列营驻扎，为我侦探敌情，送还逃离后金的人口回到家乡，运送各项器械物品。蒙古人带来木柴、大米、黄豆卖给汉民，正好接济山海关上军民的急需。从山海关至连山的数百里内，蒙古各部人员络绎不绝。罕孛罗势愿出帐房 300 顶，又令其属下出帐房 1000 顶，为我防守宁前一带地方，"谓是皇爷肉边墙"。

王象乾根据这些情况，准备每月发给防守的蒙古兵士，一个人 3 斗米和 8 尺布，约值银 1.5 两。这样，宁前就可以固守，可免除金兵冲突抢掠之患，蓟门也可安然无事，这就使明廷既省下大量经费，又可以保证

---

① 《明熹宗实录》卷 14；《明史》卷 259，《王化贞传》。
② 《明熹宗实录》卷 19。

安全。①

两年以后，王象乾再上奏疏，回顾"抚虏"之利说：两年前辽河以西广宁等城失陷以后，溃兵逃民昼夜哭泣呼喊，犹如山鸣海沸，实在目不忍睹，耳不忍闻。当时，蒙古罕孛罗势率领铁骑2万余，驻入各地，大军压境。自山海关以西，人心惶惶，关门日夜紧闭，官员、兵丁、居民、士子和商人，改换服装往南奔逃者，络绎不绝，形势万分紧急，眼看就要酿成大乱，难以收拾。只好派遣都司阎守信、"番僧"王喇嘛等，手持谕贴，前往对罕孛罗势宣传朝廷的威德，向他请求帮助。罕孛罗势听后十分感动，立即发帐房300顶，又传令属下人员发帐房1000顶，前来把守关门。所以关上形势迅速好转，重新开放关闭已久的关门，蒙古与汉民之间，买卖柴米，犹如一家。在那段时间里，蒙古各部为我运送过大小铳炮177位和红黄铜铅10万余斤，营救并护送难民8000余人，接送牛、驴400余匹（头）。乘此机会，我方出去侦探敌情的人马，才敢于离关前往，逐渐由中前而达于宁远、广宁。这样一来，山海关外，得以抢修城堡，耕种田地，经商行贾，民间安居乐业，才使山海关外200余里的河山，"还我祖业版图之旧"。

回想当初危难之时，朝廷没有一个文官提出过一条防守御敌之策，也没有一个武将向敌兵发射过一箭一弹，假如没有蒙古为我保护关门、侦察敌情，我兵怎敢往东边金兵方向前行一步。两年以来，"烽烟消失"，确是蒙古的力量和作用。②

王象乾的奏疏，详细叙述利用蒙古的力量反抗后金的侵扰，是为表述自己的功劳、反驳一些言官而写的，这就难免有粉饰夸张之处。但当时关外一片混乱，无兵可用，无将可调，确是蒙古哈喇慎诸部"声言助守边"，据有宁远以西5城72堡，才为明廷赶派援兵稳住局势，提供了有利条件。就此而论，不能不说招抚蒙古以抗后金的政策，在此时是收到了一定的效果。

王象乾又上疏呈请发下帑金，"抚赏"蒙古。他详细阐述了招抚蒙古

---

① 《明经世文编》卷463；王象乾：《诸虏协力助兵俯准量力犒赏疏》。
② 《明经世文编》卷464；王象乾：《遵旨抚处属夷报竣事》。

林丹汗等汗、贝勒，以抵挡金兵的必要性和可能性，讲了一些情况和问题。首先，说明察哈尔部林丹汗，人马多，势力大，与哈喇慎诸部首领一样，愿意领厚赏，助明抗后金。林丹汗是元帝嫡裔，称汗于蒙古各部，地位最为尊贵。他能号召八大营，拥有骑兵数十万，势力最强。他领取"抚赏"于团山、正安堡等处，得银巨万，获利最大。已察知林丹汗聚兵10万，很快就要到达山海关，商定"抚赏"条件后，就去与后金国主努尔哈赤交锋，争夺广宁。哈喇慎自言台吉等首领想约其他大部，"聚族而东"，消灭努尔哈赤。这都是关系到明国安危的一大关键，应当招抚他们并派其兵马为明朝防守城池。首先，考虑到察哈尔部原在广宁领赏，所以将其部之兵，留该地房守。哈喇慎部原在宁前领赏，就在宁前一带留哈喇慎兵 1 万防守。

其次，建议明朝每年用银 100 万两来"抚赏"林丹汗等蒙古汗、贝勒。计有察哈尔部、哈喇慎诸部"抚赏"银 20 万两，"领兵犒赏、进兵功赏"银 30 万两，守边蒙古 2 万人的兵饷 36 万两，以及去年秋季应给察哈尔的赏银。这还不包括作战时的"首功银"。

最后，王象乾针对有人反对用蒙古以制建州的策略，提出了蒙古之"可信者五"和必须抚赏蒙古的理由。王象乾认为，根据明和后金交战后的形势判断，蒙古是可以信任的。第一，当明朝失掉广宁之时，蒙古人皆向西而泣说："破我饭碗，坏我一条白道。"因为金银财帛，只有从明廷来取，蒙古贝勒、台吉都恋恋不忘于此，怎能甘心丢弃，置之不理？第二，后金努尔哈赤兼并各部，林丹汗等蒙古汗、贝勒不会袖手旁观。第三，女真和蒙古皆好争雄称霸，林丹汗是蒙古之王，努尔哈赤以势相逼，他怎能甘居其下，或退避三舍。第四，明抚蒙古、联合蒙古，以壮声势，以得支援，蒙古亦想借我为后盾，希望明和蒙古联合，一起消灭后金努尔哈赤，正如我想结交蒙古制服建州一样。第五，察哈尔部林丹汗虽沉湎于酒，其部下深思熟虑之人，皆因逼近强敌，恐被吞并，而急欲消灭后金。从各方面情况可知，蒙古是助明抗金的可靠力量。

蓟辽总督王象乾又强调必须信任蒙古，其理由是：我不用蒙古，蒙古则投奔建州，为努尔哈赤所用，我不联合蒙古，则广宁之逆党不能驱

阴，根蒂既固，枝叶蔓延，将逐渐迫近山海关门前，谁能抵挡；我不
"抚赏"蒙古，它便聚族策马，要挟我给予金银财帛，给予，则运载北
去；不给，必派遣兵马像努尔哈赤一样自行夺取；我兵刚召集齐，士气
还未振作，借用林丹汗、罕孛罗势之力，形成掎角之势，"以养我全力"，
努尔哈赤必然不敢发兵西向，掠我土地。因此，王象乾得出结论：今天
下大势，抚蒙古则安，远蒙古则危，要求安去危，只有"抚赏"蒙古一
策，别无他法。如果蒙古部确有助我抗金的诚意，则我可获其实利，假
若他们用诈，我也可以借其虚声，"夷情有一日之安，便是边氓一日之
福"。只有"抚赏"和使用蒙古力量，才能化险为夷，否则，危不堪言。①

　　王象乾对招抚蒙古以抵挡后金、拯救危辽的必要性、可能性讲得十
分详细，当时的辽东经略王在晋，以及明廷决策者，都赞同这一主张更
大规模地执行"以西虏制东夷"的政策，每年抚赏蒙古林丹汗等汗、贝
勒上百万两白银，他们也表示要助明击金，共同打击努尔哈赤势力。这
就结束了200多年来明、蒙争雄于东北的局面，代之以双方联合抗击劲
敌——新兴的强大的后金国。

三　力挫二雄　强弱易位

（一）　清太祖创定联蒙国策

　　北有蒙古，西接明国，处于二强之中的女真国主努尔哈赤及其继承
人皇太极，如何分析时局，驾驭形势，采取什么样的方针，这是一个关
系到后金兴衰的重大问题。

　　素怀大志的清太祖努尔哈赤，彻底地摈弃了左右观望、畏缩不前、
徘徊于二者之间的模棱两可态度，毅然确定了力挫二雄的方针和联合蒙
古抗击明国的策略，以达到称霸辽东的宏伟目标。努尔哈赤走过的历程，

---

　　①　《明经世文编》卷463；王象乾：《请发帑金以充抚赏疏》。

表明了他是采取以武力为后盾、招抚为主、征剿为辅、大力争取蒙古的方针，对主动来归、睦邻友好的蒙古贝勒、台吉，额外优待，对战败降顺或求和修好的蒙古人员，也给予优厚待遇，对一些领兵来攻的坚决为敌者，则迎头痛击。形势很清楚，问题很明确，努尔哈赤要想北敌蒙古百万之众，西抗统治亿万臣民的明朝"天皇帝"，称霸辽东，只靠几万女真士兵是绝对办不到的。蒙古兵骁勇剽悍，又与女真同被明廷蔑称为"夷"，因而，既可争取蒙古为后金国效力，又可增补八旗兵丁，加强军力。努尔哈赤的主要目标，是进攻明国，占据辽东，再图大举，明朝是主攻方向。把蒙古各部至少是漠南蒙古吸引过来，使其从助明转为助金，就解除了后金的后顾之忧，摆脱了西、北夹攻的危险，削弱了明朝的力量，壮大了后金国的声势。这是直接影响到明朝和金国力量对比的一个重要因素。

在蒙古各部中，努尔哈赤首先是与邻近的科尔沁蒙古联系，极力争取，再及内喀尔喀五部，然后对付察哈尔部。一般认为，努尔哈赤争取蒙古的主要手段，是许以官职、联姻婚娶，采取和平的、友好的方式，而不是以武力相胁。这是一种错觉，这种看法与历史实际出入很大。努尔哈赤确实是非常希望通过友好往来、联姻婚娶，把蒙古各部贝勒、台吉吸引过来。然而，他也清醒地看到只靠这种方式，很难达到目的，必要时非动干戈不可。蒙古各部的贝勒、台吉，是否愿意与后金联合，是否归顺努尔哈赤，只靠联姻是绝对不行的。这不是个人愿望所能决定的，而是实力在起作用。要使"四十万蒙古"从高居女真之上的盟主，下降为"三万女真"的臣僚或附庸，是不容易的，蒙古汗、贝勒哪能轻易接受这一转变，怎肯仅仅因为与努尔哈赤结为亲家，就愿弃尊趋卑，在昔日的下属面前俯首称臣，跪拜朝贺。早在努尔哈赤还是一个仅有数千人的建州女真小小"聪睿汗"时，就受到叶赫布寨、纳林布禄贝勒发动的"九部联军"围攻，他们企图把努尔哈赤家族和新兴的建州置于死地。在九部三万联军中，就有蒙古科尔沁部翁阿岱、莽古思、明安三贝勒率领的近万名兵士。努尔哈赤于后金天命三年（明万历四十六年，1618 年）攻取抚顺后，强大的喀尔喀部斋赛等贝勒，又领明厚赏，一再与后金为敌。天命四年（1619 年）十月二十二日，即八旗劲旅破开原、铁岭、灭叶赫后不久，察哈尔部林丹汗遣使致书努尔哈赤，以上对下、强对弱的高傲口气，威胁后金，不准后金进攻广宁，该信称道：

> 蒙古国统四十万众英主青吉汗（原注：青吉汗乃大元始祖之号，故称之），谕间水滨三万人英主安否。大明于吾二国，乃仇仇也。吾闻自戊午年来，大明始受兵于汝国。今夏吾已亲往广宁，招抚其城，取其贡赋，倘汝兵往图之，吾将不利于汝。吾二人原无交恶，若吾所服之城为汝所得，吾名安在？设不从吾言，二人之是非，穹苍鉴之。①

在这里，林丹汗摆出数十倍于后金的强国大元可汗的架子，训诫弱小国主努尔哈赤，不准他攻打广宁（实际上是不许他攻取辽东），否则，将干戈相见，"不利于汝"。此时的林丹汗，乃"控弦数十万"的蒙古之主，连连击败其他蒙古部，兵强势盛，咄咄逼人，他的威胁，非同小可，不能等闲视之。

面对林丹汗的恫吓和敌对行动，刚毅英勇的努尔哈赤毫不畏惧，针锋相对，该训就训，该打就打，决不委屈求和，俯首乞怜。他曾以几千人丁智取加猛攻，打败了九部三万联军，逼得明安贝勒弃鞍丢马，体无片衣，仓皇逃遁。② 天命四年（1619 年）七月，斋赛偕巴克等 20 位贝勒、台吉，领兵 1 万多，援助铁岭的明军，斩杀 100 多名后金的牧马厮卒。此时，一向勇猛善战的大贝勒代善，见是斋赛之兵，虽恨他援助明军杀害后金的兵士，却不敢进击，"恐贻后悔"。努尔哈赤得知此情后，当机立断，列举斋赛之兵横行不法，斋赛夺聘代善原聘叶赫之女、与明联盟共同征伐后金军等"五大恨"，下令冲杀，生擒斋赛、巴克、色本、桑噶尔寨等蒙古贝勒，以及斋赛的妹夫岱噶尔塔布囊等十多个台吉，全歼蒙古部的军队。③

对于林丹汗的威胁信，努尔哈赤毫不畏惧，复信痛加驳斥。回信中

---

① 《武皇帝实录》卷 3，第 22 页。
② 《武皇帝实录》卷 1，第 32 页。
③ 《满文老档》太祖朝，卷 11；《武皇帝实录》卷 3，第 16 页。

一开始就指出，林丹汗在撒谎，明明是你祖先惨败于洪武皇帝朱元璋之手，"四十万蒙古摧折几尽"，林丹汗部众不及 3 万，仅是蒙古各部中的一部之长，却奢谈为"四十万蒙古"之主的大元可汗。紧接着努尔哈赤奚落林丹汗两败于明的惨状，宣扬后金的赫赫武功，指出明之厚赏于蒙古，乃是由于女真人之金国兴起，才以利相诱，使其助明反金。最后，努尔哈赤还劝林丹汗与后金和好，同谋伐明。①

犀利的文笔，固然可以把对手揭露得淋漓尽致，一泄心中之愤，但并不能逼迫或诱使骄傲的蒙古贝勒停战言和，更谈不上归顺乞降了，起决定性作用的，仍然是无敌军威与强大的国力。正是由于击败九部联军的重大胜利，才使一些蒙古贝勒、台吉开始转变态度，以平等身份派遣使者前来访问，互通婚娶。前面提到的科尔沁蒙古兀鲁特部贝勒明安，战败之后的第二年，与喀尔喀部劳萨贝勒分别遣使来会，于是，蒙古各部长，遣使往来不绝。② 努尔哈赤以明安之女颇有丰姿，遣使求聘。万历四十年（1612 年）正月，明安送女到建州，努尔哈赤以礼亲迎，大宴成婚。第三年四月，喀尔喀蒙古扎鲁特部钟嫩贝勒将女嫁与努尔哈赤之次子代善贝勒，扎鲁特部内齐汗以妹嫁与努尔哈赤的第三子莽古尔泰贝勒，曾经败于建州努尔哈赤手下的科尔沁部莽古思贝勒，以女嫁与四贝勒皇太极（后封孝端文皇后）。万历四十五年正月，科尔沁部孔果尔贝勒以女嫁给努尔哈赤为妃（后封为寿康太妃）。后金天命二年（1617 年），明安携带马 10 匹、驼 10 头、牛 100 头，3 头骆驼运载着毛毡、13 桶车干肉、两桶车干酪和油等大量礼品来访，努尔哈赤率领诸福金和诸贝勒迎接于100 里外，大设宴席，隆重款待，并赠给明安甲 40 副、人 40 户及大量缎匹财物。③

尽管蒙古一些贝勒与建州有了来往，互为婚娶，但是联系并不等于双方有巩固的同盟，很多蒙古贝勒一方面和建州联系，另一方面仍然领取明国的赏银，或者公开与建州为敌。明安贝勒之子桑噶尔寨，就是随

① 《武皇帝实录》卷 3，第 26 页。
② 《武皇帝实录》卷 1，第 33 页。
③ 《武皇帝实录》卷 2，第 30 页。

从斋赛帮助明国攻打后金，失败被俘的。要想使争取蒙古的工作收到更大的效果，必须在军事上取得更大的胜利。

天命四年（1619 年）三月的萨尔浒大捷和七月的生擒斋赛，震动了科尔沁、喀尔喀蒙古。以卓礼克图洪巴图鲁为首的喀尔喀五部贝勒，于十月遣使入谒，要求与后金联盟，以明为敌国，"征之必同心合谋"，谈和"亦同议定"。十一月，努尔哈赤遣额克星额、希福等五人，带誓书到冈干寨忒勒黑孤树处，以"英明汗之十部执政诸贝勒"的名义，与喀尔喀五部贝勒对天盟誓，议定同心同谋，共抗明国，征则同征，和则同和，若违此誓，短命夭折。①

这次盟誓仅是平等相商，议定对明采取一致行动，和则同和，战则同战，并未规定喀尔喀五部尊努尔哈赤为君主，双方仍然是平等关系，不是上下隶属关系。但与过去蒙古依从明帝、取其财帛、助明攻金相比较，毕竟是一个很大的变化，也算是努尔哈赤争取蒙古政策的一大胜利。这个胜利来之不易，是千军万马冲锋陷阵连克强敌的结果，而且要巩固这一成果，还需要继续努力，否则，这一盟誓将会成为一纸具文。就在对天盟誓的半年以内，喀尔喀五部许多贝勒、台吉，就将誓词搁置一边，与后金为敌。身为努尔哈赤亲家、代善之岳父的钟嫩贝勒，其父昂刚贝勒，以及珠彻特扣肯贝勒，就背弃盟言，领兵拦劫后金使者，夺走马、羊共 367 只。努尔哈赤遣往喀尔喀五部的使者回来报告说：五部贝勒已经背盟。拜见鄂巴岱青两次，都不容相见，诸部之使者也不来后金了。还引都棱洪巴图鲁的话说：我的儿孙们俱已变心背盟，我没有办法制服他们，但我自己是决不负汗的。②

尽管一时出现这样的反复，但曾称霸五部的斋赛贝勒父子和巴克贝勒父子，早就成了努尔哈赤的阶下囚，掌握这几个重要的人物，内喀尔喀五部很难摆脱后金的控制，最终还得被迫归顺。

努尔哈赤在对待蒙古问题上，确实显示了非凡的才能。他高瞻远瞩，认准了必须争取蒙古，才能对抗明国，因而坚持不懈，胸怀宽广，以大

---

① 《满洲实录》卷 6。
② 《武皇帝实录》卷 3，第 28 页。

局为重，不计较个人恩怨。对蒙古部斋赛，努尔哈赤因其聘娶已许于代善之叶赫金台石之女子等"五恨"，而恨之入骨，甚至梦中都想把他生擒活捉。可是，一旦擒拿到手，本可以将其父子三人碎尸万段，以解心头之恨，兼之可借此恐吓其他蒙古贝勒。但是，这样做未免欺人太甚，积怨太深，将与人丁众多、兵强马壮的内喀尔喀五部蒙古人结成不共戴天之仇，驱使他们紧跟明帝，这就误了女真、蒙古联盟的大事。努尔哈赤当机立断，决定收养斋赛及其他贝勒，并且为保住斋赛的人口、牲畜及其他财产，不久就把斋赛的儿子克实克图、色特希尔及巴克贝勒之弟色本贝勒释放，赐以蟒衣、裘帽、靴、带、鞍马，送回老家。又许诺等待金国与内喀尔喀五部贝勒同征明国，得到广宁以后，就决定斋赛的归期。后金天命六年（1621 年）三月，取辽阳、沈阳，八月，喀尔喀蒙古五部送来马 2000 匹、牛 3000 头、羊 5000 只，赎取斋赛，并送其二子、一女为质。努尔哈赤要斋赛立誓后，赐裘衣鞍马和甲 100 副，令诸贝勒设宴饯别，将其所质之女给予大贝勒婚配。4 个月以后，又释放巴克贝勒回家。在这样"恩威并举"政策的影响下，内喀尔喀五部中势力最强的斋赛贝勒，终于被后金国"英明汗"努尔哈赤驾驭住了，断绝了与明朝的关系，依附于后金国主。

对于比较接近后金的蒙古贝勒、台吉，尤其是较早主动来归者，努尔哈赤更是隆重款待，格外优遇。他主要采取了几项具体政策：厚赐财物、封授官职、联姻婚娶、辖领牛录等，都是有利于蒙古的。天命六年（1621 年）十一月，蒙古喀尔喀部古尔布什台吉、莽果尔台吉率部民 645户及牲畜来归，努尔哈赤设大宴款待，各赐貂裘、猞狸狲裘、虎裘、狐裘、獭裘等皮裘 20 领，以及蟒衣、蟒缎、细缎、布匹、金、银、弓矢、盔甲，并赐奴仆、牛、马、房宅、土地，还有各种应用之物。又以聪古图公主嫁与古尔布什为妻，并给予女真牛录一、蒙古牛录一，以侄女嫁与莽果尔为妻，两人均升为总兵官。莽果尔很快就由一个小小台吉，转变为拥有上万人口、牲畜的大农奴主、大贵族。

努尔哈赤还给予蒙古贝勒很大的政治特权，让他们享受与宗室八贝勒同等的待遇，犯有过失，一般不予惩处，除谋篡大罪外，概不处以死刑。他特别谕告诸贝勒：喀尔喀贝勒，原系任意独行，无所约束，今日来归，"荣而更图其荣，逸而更求其逸"。兀鲁特贝勒来附，是因其君不仁，故慕我而来。此等降王，若有罪过，当按八固山王之例对待，倘罪有当诛，也不要处死，遣还其地。①

努尔哈赤对很早来访、一向恭顺之喀尔喀部恩格德尔台吉，特以亲侄女嫁与为妻。他们夫妇两人率部来归，定居金国时，努尔哈赤又赠给大量的金银、布帛、人丁、庄园，给予"子孙世代罔替之职"，授以总兵官，并与恩格德尔立盟发誓：若不厚待于你，则皇天不佑，殃及我身。努尔哈赤又以制诰赐给恩格德尔，其中写着恩格德尔后若有罪，唯篡逆不赦，其余一切过犯，俱不加罪。②

努尔哈赤为了争取蒙古贝勒、台吉的归顺，还制定了特别的结亲政策，不仅是金国汗要与蒙古贝勒结成亲家，而且是所有的宗室贝勒都要与蒙古贝勒、台吉互为婚娶。天命七年（1622 年）三月二十九日，努尔哈赤谕告来归之蒙古诸贝勒说：你们可以和各自愿意的诸贝勒结成亲家，嫁出女儿，娶回媳妇，结交朋友，这样做，我很高兴。我要像对待亲生儿子一样，对待仰慕而来的诸贝勒，全都加以恩养。四月初一，努尔哈赤又亲到"大衙门"集合来归的蒙古诸贝勒，指定他们与汗及"八子""结成亲家"。汗的亲家是卓里克图之子兀勒泽伊图、楚尔扎尔、噶尔马、硕诺木搏奔。大贝勒代善的亲家是莽果尔额驸父子、岱青之子拜音岱、绰尔齐、密赛、伊林泰、额布根、伊思阿布。二贝勒阿敏之亲家是拜星之子青济勒及其子达赖。三贝勒莽古尔泰的亲家是额尔德尼达赖之子多尔济、德灵。四贝勒皇太极的亲家是隆贝勒之子明安及明安的三个儿子昂坤、班第、多尔济。德格类贝勒的亲家是奇布塔尔。阿巴泰贝勒的亲家是布当、衮济、石尔瑚纳克。岳托贝勒的亲家是布彦岱。济尔哈朗贝勒的亲家为巴拜。宰桑古贝勒的亲家是古尔布什。杜度贝勒的亲家是恩格垒。③

---

① 《武皇帝实录》卷 4，第 9 页。
② 《武皇帝实录》卷 4，第 11 页。
③ 《满文老档》太祖朝，卷 40。

由于努尔哈赤执行了以武力为后盾、以抚为主的"恩威并行"的方针，加之以八旗劲旅取辽、沈，下广宁，屡败明军，连克蒙古的无敌军威，使科尔沁、喀尔喀以及察哈尔的一些贝勒、台吉感到新兴的后金前途无量，明朝在关外势难立足。兼之察哈尔林丹汗恃强凌弱，不断发兵攻打科尔沁、喀尔喀，乃至察哈尔内部的蒙古贝勒、台吉，掠夺人口、牲畜，吞并其部。因此，从天命六年（1621 年）起，科尔沁等部蒙古贝勒、台吉，纷纷率领部民、牲畜归顺后金。天命七年（1622 年）三月十六日，科尔沁部明安、兀尔宰图、琐诺木、绰乙喇札尔、达赖、密赛、拜音岱、噶尔马、昂坤、多尔济、顾禄、绰尔齐、奇笔他尔、伊林齐、特灵，以及喀尔喀部石里那胡克等贝勒、台吉，率所属军民 3000 余户，驱赶牲畜来投后金，喀尔喀五部又有 1200 户民来归。天命八年（1623 年）正月，喀尔喀五部拉巴斯布台吉、琐诺木台吉、莽古塔布囊、鄂博和塔布囊、达赖台吉等，各率所属军民并各处蒙古 500 户来归。

对于那些留居原地未入后金国，而又与金友好的蒙古贝勒，努尔哈赤采取了联盟政策，在政治上、军事上予以支持和援助，保护他们不受强部的欺凌。当时，察哈尔部林丹汗正在兴兵，攻打科尔沁各部，科尔沁贝勒难以抵挡，希望得到后金的帮助，努尔哈赤也不愿意察哈尔蒙古势力过分强大，危害后金利益，所以特别注意争取科尔沁部。天命九年（1624 年），他派遣使者前往科尔沁蒙古，与其首领奥巴等结盟，立誓表明后金国要与科尔沁奥巴贝勒共同对付察哈尔。第二年十一月，奥巴贝勒受到察哈尔林丹汗的大军侵扰，遣使向后金国汗告急，努尔哈赤派莽古尔泰、皇太极、济尔哈朗、阿济格、硕托、萨哈廉等贝勒，率领精骑 5000 往助，林丹汗听到金军来到，急忙退兵，遗下驼马无数。天命十一年，奥巴来谒见，努尔哈赤以贵宾礼相待，特予优礼，设大宴，以侄孙女敦哲格格嫁与为妻，并于六月初六日，宰白马、乌牛与奥巴盟誓，永久和好，共同对付察哈尔林丹汗的侵扰和大明的欺凌。

蒙古各部纷纷归顺后金，证明努尔哈赤创定的争取蒙古的政策，对后金的发展和满族的兴起，起了重大的促进作用，成为有清一代的一项基本国策。

（二）清太宗君临东北

天命十一年（1626年）八月，努尔哈赤去世，四贝勒皇太极即位，尊称为天聪汗，继续贯彻执行其父汗所定的联蒙抗明的国策，而且加以创造性的发挥，收到更大的成效，实现了统一东北的目标。

皇太极坚决执行父汗努尔哈赤所定的以武力为后盾，剿抚兼用，以战求抚的基本方针，尤其是在即位初期，形势不太稳定的时候，更是大兴挞伐之师，以伸张军威，慑服观望动摇欲叛后金的蒙古贝勒。喀尔喀五部蒙古贝勒，虽与后金盟誓友好，但是，联盟并不巩固，形势稍有变化，立即就有不利于后金的转变。当天命十一年（1626年）正月努尔哈赤兵败于宁远之后，一些蒙古贝勒认为后金败于明军之手，八旗劲旅惨遭伤亡，立即违背誓盟，改变态度，"专意助明，移师相逼"，多次劫杀金国之使者。① 努尔哈赤对表面与金结盟，背后又领明厚赏，助明抗金的蒙古部，给以重重的惩治。② 天命十一年（1626年）努尔哈赤去世之后的第三个月，即十月初十日，天聪汗皇太极又命代善、阿敏、德格类、济尔哈朗、阿济格、岳托、硕托、萨哈廉、豪格等9位贝勒率精兵1万，往征喀尔喀蒙古扎鲁特部，并遗书列举其背盟忘义、一再与全国为敌之事，声讨其罪。另外，又遣副将冷格里、参将阿山，率兵进掠喀尔喀巴林部。大贝勒代善等痛歼喀尔喀扎鲁特部，生擒巴克贝勒，尽获其子女、人口、牲畜而还。冷格里也大败蒙古军，俘获人、马、羊、牛、驼等420余③，这些斗争是为了稳定持观望态度的蒙古部。

此时，察哈尔蒙古林丹汗正是兵强势盛，不仅攻掠蒙古科尔沁等部，欺凌属部，并每年索取明朝赏银一百万两，助明抗金，屡生事端。皇太极面临着宁远失败后的急转形势，尤其是察哈尔蒙古部林丹汗的公开帮助明朝、打击金国，严重地危害了金国的发展。刚刚即位的皇太极，左右思量，决定继承父汗努尔哈赤遗志，不畏强敌，善于斗争，仍然执行

---

① 《清太宗实录》卷2，第6页。
② 《武皇帝实录》卷4，第26页。
③ 《清太宗实录》卷1，第15页。

"剿抚兼施"、联蒙抗明的政策，对与金国为敌的蒙古部，则狠狠打击，以战求抚。

天聪二年（1628年）二月，皇太极亲自率领精骑，突然袭击察哈尔蒙古所属的多罗特部，俘获1.12万人。九月，他又统率大军，西征察哈尔，驰奔席尔哈、席伯图等处，一直追到兴安岭，俘获人口、牲畜无数，"抗拒者杀，降者编户"。①

这两次战争的胜利，扭转了局势，加之林丹汗对喀尔喀部的攻掠，迫使喀尔喀蒙古诸部彻底归服于金国，也为争取奈曼、敖汉诸贝勒"举国内附"，奠定了基础。

天聪六年（1632年），皇太极率领八旗劲旅和归顺的蒙古各部，驰骋千余里，杀向察哈尔部，使其"举国惊恐无措"，林丹汗被迫"弃故业"，渡黄河，西奔图白忒部落，牲畜死者甚多。其臣民离散，食尽粮绝，部众自相屠杀，牲畜、财物相继离散。② 林丹汗忧怒交加，病死在青海大草滩。天聪九年（1635年），金军第三次西征察哈尔，林丹汗之子额哲率领臣民1000余人降顺，其他贝勒、台吉先后陆续来归，"蒙古之王"的察哈尔部彻底臣服于金。八旗军的无敌军威，为皇太极执行争取蒙古的政策，实现其辖治蒙古各部的宏伟计划，奠定了坚实基础。

当然，纯恃武力，滥施杀戮，是难成大业的，人心不顺，哪怕是百万大军，也无济于事，最终是迅速崩溃，元朝之速亡，即是明证。皇太极深知此意，一贯强调"以力服人，不如令人中心悦服之为贵"③，所以在用武力慑服之时，大力推行厚遇蒙古的招抚政策。

天聪元年（1627年）七月，以蒙古敖汉部、奈曼部"诸贝勒举国来附"，皇太极特别隆重迎接，亲自率领八旗贝勒大臣至都尔鼻山冈，渡辽河相迎，设大宴，行抱见礼，让奈曼部衮出斯巴图鲁坐于右，敖汉部琐诺木杜棱、塞臣卓礼克图坐于左，并偕代善、阿敏、莽古尔泰、阿巴泰、德格类、阿济格、杜度、岳托、硕托、萨哈廉、豪格诸贝勒与来归的蒙

---

① 《清太宗实录》卷4，第7、21页。
② 《清太宗实录》卷11，第27页；卷19，第4页；《皇朝藩部要略》卷1，第20、21页。
③ 《清太宗实录》卷30，第17页。

古贝勒，告天盟誓："敖汉、奈曼部落诸贝勒与察哈尔交恶，来归于我，我若不加轸念，视若编氓，勒迁内地者，上天鉴谴，夺其寿算"①。皇太极赐封琐诺木为济农，以姐莽古济公主嫁与为妻，其子班弟又娶皇太极之长女固伦公主，并封班弟为郡王，又赐衮出斯巴图鲁贝勒为达尔汉，塞臣卓礼克图为都喇尔巴图。② 对其他来归或友好联合的蒙古贝勒、台吉，也隆重接待，赠赐爵号，互为婚娶。皇太极有 14 个女儿，又抚养岳托、图伦各一女，这 16 个公主中，有 12 个嫁与蒙古贝勒、台吉。而他的 2 个皇后和 3 个贵妃，都是蒙古博尔济吉特氏。皇太极的兄、弟、子、侄等诸贝勒，也多与蒙古贝勒嫁娶联姻，代善、阿敏、莽古尔泰三大贝勒，以及阿巴泰、阿济格、多尔衮、多铎、岳托等贝勒的福晋，都是蒙古格格。特别是蒙古科尔沁部，与清帝的联亲更为紧密。以天聪汗、宽温仁圣皇帝清太宗来说，他的第一个皇后孝端文皇后，是科尔沁部贝勒莽古思之女，他最宠爱的敏惠恭和元妃，是科尔沁寨桑贝勒之女。寨桑的另一女为庄妃，生福临，当福临即皇帝位之后，就尊封庄妃为孝庄文皇后。寨桑贝勒的两个孙女都嫁与福临，一个是清世祖福临初封为皇后，后降为静妃，另一个是孝惠章皇后。寨桑的两个孙子，一个是弼尔塔尔，娶皇太极之长公主，另一个孙子奇塔特也娶皇太极之女靖端长公主。③

由于联姻关系，许多蒙古贵族成为皇亲国戚，如莽古思被追封为和硕福亲王，寨桑被追封为和硕忠亲王，寨桑之子满珠习礼封和硕达尔汉巴图鲁亲王。因此，《清史稿》卷五百一十八载称："科尔沁（蒙古部）以列朝外戚，荷国恩独厚，列内扎萨克之首，有大征伐，必以兵从"。魏源在《圣武记》卷三中也指出："科尔沁从龙佐命，世为肺腑，与国休戚"。

在皇太极大力争取蒙古的政策的促进下，在八旗劲旅连败明军，降服察哈尔部的军事威胁和影响下，漠南蒙古各部贝勒、台吉、大臣、属民，纷纷归顺，定居金国，编入满洲八旗，辖领牛录，身任官职。清军

---

① 《清太宗实录》卷 3，第 29 页。
② 《清太宗实录》卷 3，第 27、43 页；卷 4，第 17 页。
③ 《清史稿》卷 166，《公主表》；卷 209，《藩部世表一》；卷 518，《藩部一》。

入关前夕，满洲八旗内有蒙古佐领 35 个和 2.5 个半份佐领。皇太极又按满洲八旗编制，把原有蒙古两个旗，增编为"八旗蒙古"。崇德末年，蒙古八旗有 117 个佐领和 5.5 个半份佐领。① 更多的蒙古部是留居故地，皇太极遣官前往将其人丁编立牛录，50 户设一牛录，若干牛录编为一旗。到清太宗崇德七年（1642 年），已编漠南蒙古 27 旗。② 这一编制与"八旗蒙古"是有区别的，一般称之为"外藩蒙古"。"外藩蒙古"必须遵守清之"国制"，凡遇出兵，各部贝勒务必"踊跃争赴，协力从心"，率领部下，冲锋陷阵，违犯军纪，按法惩处，如若谋逆，则"叛者必诛"。蒙古骑兵随清军出征，击败明军，攻城略地，开拓清国疆土，建立了不朽功勋。清廷还遣派大臣前往各部，"查户口，编牛录，会外藩，审罪犯，颁法律，禁奸盗"，划分牧地，禁止越界侵犯他部，裁处各部之间的纠纷。③ 皇太极特立蒙古衙门（后改为理藩院），专门管理外藩蒙古事务。通过政治、军事等方面的约束和调配，漠南蒙古贝勒悉为金国天聪汗——大清国宽温仁圣皇帝皇太极的臣僚，漠南全部统一于清国之下。

皇太极又继承父汗努尔哈赤遗志，陆续招抚和征服黑龙江各女真部落。索伦巴尔达齐、孔恰泰、哈拜、叩拜、京古济、吴都汉等部长，相继率众到了沈阳，向天聪汗皇太极叩拜，建立了政治上的隶属关系。过了一些时间，各部的态度又有变化。天聪八年（1634 年），派遣梅勒章京霸奇兰、甲喇章京萨穆什喀等，领兵 2500 人，往征黑龙江地方。皇太极告诉二将说：应先向那里的女真部落人说明，黑龙江地方的人，语音和金国之人相同，祖先就是一国之人，应"翻然来归"。④ 天聪九年三月，梅勒章京霸奇兰、甲喇章京萨穆什喀等，胜利归还，获人丁万余。⑤ 崇德五年（1640 年），清军征索伦、虎尔哈等黑龙江的部落，生擒索伦部势力较强的首领博穆博果尔，获人口 6956 名，把一些归顺的人口编为牛录，

① 光绪《大清会典事例》卷 1111。
② 《清太宗实录》卷 31，第 16 页；卷 32，第 6 页；卷 59，第 2 页。
③ 《清太宗实录》卷 21，第 2、3 页；卷 31，第 16 页。
④ 《清太宗实录》卷 21，第 14～15 页。
⑤ 《清太宗实录》卷 23，第 7 页。

授其中能为首领者为牛录章京，令其民众安居耕种。至此，基本上统一了黑龙江地区。①

经过努尔哈赤、皇太极和八旗贝勒、大臣、官兵几十年的不懈努力，东北地区民族关系发生了巨大变化，以明朝皇帝为主，明蒙争雄的局面一去不复返了，代之而起的是，新兴的满族昂首阔步于幅员广阔的东北地区（辽宁、吉林、黑龙江），明帝缩居山海关内，宁远四城孤悬关外，蒙古、女真各部悉归一统，大清国宽温仁圣皇帝皇太极君临东北，形成了以满族为主，蒙、汉等族为辅的新的民族关系格局。《清太宗实录》的两段叙述，对这一变化讲得非常清楚。一是"外藩蒙古"49位贝勒，于崇德元年（1636年）二月，致朝鲜国王的信。蒙古众贝勒在信中说：我们与明国和好，已有200余年。只因明朝文武大臣欺诈奸诡，贿赂公行，蒙蔽其主，明帝茫然不知，以致人心解体。兼之，将领怯懦，兵士衰弱，"纵寇殃民"，连吃败仗，丧失领地，从天意来看，明朝气数已尽。现在我"满洲国皇帝"仁智双全，恩威并行，招徕异国，抚爱黎民，将勇兵强，所向无敌，万民拥戴，皇天保佑，兴邦建业的时候已经到来，因此，我们仰承天意而背明投金。我们已决定，要给"满洲国皇帝"恭上尊号，希望你们派遣王子来此，与我们"共为呈奏"，同心"拥戴"。

在这封信上署名的有：四十万蒙古太子孔果尔，科尔沁部土谢图济农、卓礼克图台吉、孔果尔秉图、扎萨克图杜棱、达尔汉巴图鲁、喇嘛斯希墨尔根台吉、东果尔伊尔都齐，扎赖特部落蒙夸、达尔汉和硕齐、昂阿伊尔都齐，杜尔伯特部落塞冷达尔汉台吉，郭尔罗斯部落古木哈谈巴图鲁、布木巴衣尔登，敖汉部落额驸班第、琐诺木杜棱，奈曼部落衮出斯巴图鲁，巴林部落满珠习礼台吉、阿玉石台吉，土默特部落格根汗之孙俄木布楚虎尔、琐诺木墨尔根台吉、耿格尔古英塔布囊、单把塔布囊，扎鲁特部落达尔汉巴图鲁、内齐、坤杜伦戴青、喀巴海卫徵、郭畀尔图杜棱、青巴图鲁、际尔哈朗，察哈尔部上巴济农，阿禄部落达尔汉卓礼克图、宜尔扎木墨尔根台吉、达赖达尔汉诺颜、穆章台吉，翁牛塔

① 《清太宗实录》卷51，第10、14、32页；卷53，第20页。

部落杜棱济农、东额尔达尼岱青、达赖海寨桑台吉、班第卫徵台吉，喀喇里克部落噶尔马台吉、阿喇纳诺木齐，喀喇沁部落古鲁思希布杜棱、塞冷塞臣、万旦卫徵、马济、都里户，吴喇忒部落土门达尔汉、土巴额尔赫台吉、塞冷伊尔登。商议决定，约会于盛京，恭上尊号。①

在这封信里以蒙古大汗察哈尔额哲为首的漠南蒙古 16 部 49 位贝勒，说明了他们从与明交好、依随明帝，转而投向清国的基本原因是，明国日衰，清国勃兴。联系前面曾经引录的流行成语："八十万明国，四十万蒙古，三万女真"，便可以使人们清楚看出，东北的局面发生了多么大的变化！"四十万蒙古"背离"八十万明国"，而拥戴"三万女真"的天聪汗皇太极，这就是 1636 年东北地区民族关系的新格局。

过了 6 年，宽温仁圣皇帝（清太宗）的一道谕旨，对这一问题，也表达得同样明白无误。崇德七年（1642 年）三月十六日，皇太极敕谕诸王贝勒说：

> 朕蒙皇天眷顾，昔时金国所属，尽为我有。沿海一带，自东北以迄西北，至使犬、使鹿、产黑狐、黑貂等国，及厄鲁特国，在在臣服，元裔、朝鲜，悉入版图，所获明国官民，不啻数百万，恩威远播，所向无敌。②

明国由盛而衰，满洲从弱变强，昔日弹丸之地的建州"夷酋"之子皇太极，登上了大清国宽温仁圣皇帝宝座，与"天皇帝"明君分庭抗礼，并且正在秣马厉兵，准备率领八旗劲旅和蒙古骑兵，冲进山海关内，夺取大明天子的宝座。主从颠倒，强弱易位，这就是清军进关以前东北民族关系的巨大变化。

---

① 《清太宗实录》卷 27，第 14、15 页。
② 《清太宗实录》卷 59，第 20 页。

入关后满汉关系的发展变化

一　清初旗内汉人的满化

（一）满洲旗内汉人的增多

八旗之内的汉人，是指满洲旗内的汉人和汉军八旗人员。满洲八旗内的汉人，主要是满洲王公贵族、官员属下的包衣（汉人），以及少数因特殊情况而被编入满洲旗内的汉人。

清军进关以前，清太宗皇太极与礼亲王代善、睿亲王多尔衮等宗室王公，以及满洲八旗勋贵、官员、将领等，都占有很多的包衣。入关以后，通过掠夺、逼民投充、购买等手段，他们又获得了大量的包衣（汉人）。这些包衣，或附入家主户下，或编隶包衣佐领。

从顺治元年（1644 年）四月多尔衮率清军在山海关与李自成领导的农民军交战开始，到康熙三年（1664 年）八月李来亨牺牲为止，清军灭大顺、大西，灭南明，镇压各地抗清武装，整整打了 21 年。到康熙十二年（1673 年），平西王吴三桂、平南王尚之信、靖南王耿精忠反清，四川、陕西、甘肃、宁夏、江西、广西、浙江、湖南的许多州县脱离了清政府的控制。康熙帝亲自指挥，经过 8 年之久，平定了"三藩之乱"。康熙二十二年（1683 年），清进军台湾，降郑克爽。先后进行了 30 多年的战争，在战争过程中"诸王、将军、大臣、于攻城克敌之时……多将良民子女，或借名通贼，或将良民庐舍焚毁，子女俘获，财物攘取"。① 所获丁口，都变成了他们的包衣。

逼民投充，是八旗贵族增加包衣人丁的另一途径。顺治初年，摄政王多尔衮一再下达谕旨，准允各旗收投充人"为役使之用"。世祖福临亲政以后，也宣布各旗可"收贫乏业者，用以力农"。于是满族贵族大肆逼民投充，"距京三百里外，耕种满洲田地之外，庄头及奴仆人等，将各州县庄屯之人逼勒投充，不愿者即以言语恐吓，威势迫协"，以致形成"汉人不论贫富，相率投充"的风潮。② 八旗王公贵族乘机收取大量汉人，投入自己户下。摄政王多尔衮就收了 1000 多名投充人③，其兄英亲王阿济格也收了 680 多名，清皇室役使的投充人数就更多了，这些投充人就成为他们的包衣。

贱价抑买，逼民为奴，也是八旗贵族扩大包衣来源的重要手段。在清初战火连绵和滥圈土地的情况下，汉民"庐舍田园，顿非其故"，饥馑频仍，无法维生，被迫卖身为奴，投入旗下，仅关内皇庄的 400 余名粮庄头，就买了包衣人丁 3600 余名。④

因罪"籍没"汉人为奴的情况，也是相当普遍的。收留逃亡奴仆的"窝主"，清廷规定必须处死，或流徙边远，并籍没家产，人口入官。留发、不换清装的汉人，也要处死，家眷入官为奴。犯有其他罪的人，抄家籍没的也不少。这样一来，大量平民百姓甚至缙绅生员被关进了监狱，贬为奴仆，或给王公、大臣为奴，或没入内务府为皇室的奴仆。

通过以上几种方式，隶属于满洲八旗的包衣（汉人），急剧增加：这些包衣人丁，或附属主人户下，或编设包衣佐领，他们是满洲八旗人员的户下人，或称旗下人，服各种劳役，人身极不自由。清军入关后，包衣人丁不断逃亡，据顺治三年的记载，"逃人已几数万"，摄政王多尔衮惊呼："入主以来，逃亡已十之七"。⑤ 但是，包衣的数字并未因此而减少，相反，在清政府迁都北京 5 年以后的统计中，满洲八旗包衣达 21 万

---

① 《清圣祖实录》卷 82，第 19 页。
② 《清世祖实录》卷 15，第 14、30 页；卷 31，第 10 页；卷 59，第 28 页。
③ 《清世祖实录》卷 59，第 12 页。
④ 内务府会计司档案，乾隆十年六月"呈稿"。
⑤ 史惇：《恸余杂记》，《圈田条》。

余丁，连同家口将近 100 万人。仅清帝在关内的粮庄，就有包衣 3 万余丁，加上银庄、果园、瓜园等庄园的奴仆，共有 7 万余丁（八旗王公贵族、官员的包衣未计算在内）。从包衣佐领的不断增编，也可反映出包衣人数的增加。清皇帝、王公属下的包衣，编为佐领，称包衣佐领。顺治初，内务府正黄、镶黄、正白上三旗，有包衣佐领 22 个，到康熙十六年（1677 年），增到 44 个，雍正九年（1731 年），增到 65 个。正红、镶红、正蓝、镶蓝、镶白等下五旗，入关前夕有 56 个佐领，乾隆年间增编为 150 个。①

满人收养汉人为子，是汉人进入满洲八旗的另一途径。满洲八旗人员过继汉人之子为嗣，汉人就由此而进入满洲八旗成为正身旗人。清廷对汉人，或旗下家人，入继满洲为嗣者，一向是严格禁止，加以治罪。早在入关前就规定：无子旗人，不管是官员、将佐，还是兵丁，需抱养嗣子者，必须向本旗王、贝勒和固山额真呈报，送部注册，编入本旗壮丁数内，始为正身旗人，可披甲食饷，如果私自抚养，查出后，勒令断归本宗。顺治十八年（1661 年），再定：旗人若无子嗣，将兄弟族人之子招进抚养，可以继承家产，如是抚养族外之人，或奴仆之子，一律不准继承。雍正七年（1729 年），清世宗胤禛下谕："满洲旗下佐领，将养为子嗣之汉人，载入满洲册内，令补前锋，护军，必当治罪"。十三年又明确规定"八旗有民人（汉人）冒入旗籍者，照过继民人为嗣例"，入于另记档案内："嗣后永不许民人冒入旗籍"。乾隆四年（1739 年）再定，无嗣之旗人，虽与"民间子弟、户下家奴"关系密切，"分属至亲"，亦不准其继承八旗产业。② 尽管清廷再三严禁旗人特别是满洲旗人，抚养民人和包衣人丁为嗣，但是，由于自然规律和各种客观原因，满洲旗人，或者无子继承，或因年老体弱难以披甲当差、办理公务，所应领的兵饷、官俸有被革除之虑，也有亲生之子身有残疾，不能顶替食饷之额，等等原因，促使满洲八旗的一些官员、兵丁，违禁收养汉人之子为嗣者。也有一些汉人随母改嫁于满洲，归继父抚养。如总兵达凌阿，原是汉人之

---

① 光绪《大清会典事例》卷 1111、1201。
② 光绪《大清会典事例》卷 1113、1115。

子，三岁时被满洲旗人额勒登抱养为子，入了旗籍。世管佐领玉庆、富克善，云骑尉扎普善，恩骑尉五圣保、特保，翼长雅尔哈，步军校青山、富太、托克托布，骁骑校富勒浑，原都是汉人，他们从小被满洲旗人抱养为子，入了旗籍。乾隆二十一年（1756 年），由于旗人抱养民人为子的越来越多，高宗弘历特别下了一道谕旨，"令其出旗为民"。① 道光元年（1821 年），北京八旗查出抱养民人为子的，有护军参领等官 40 余员，兵丁 2366 名。各地驻防八旗，也是同样情况。道光二年（1822 年），仅江宁驻防满洲、蒙古八旗，查出了抱养民人之子为嗣的：就有佐领一员，兵 115 名，家口 550 人，京口驻防满洲，蒙古八旗，有佐领 1 员，防御 1 员，兵 267 名，家口 1295 人。② 由此可见，民人过继入满洲八旗的情况，是相当普遍的。

汉军抬旗，是壮大满洲八旗的一个重要因素。汉军八旗在清统治集团中，低于满洲八旗。汉军人员中，有的因特殊功勋，或者是后妃的亲属，因而抬入满洲八旗。镶黄旗汉军佟图赖，历任都统、侍郎、定南将军，封三等子爵，因为他是孝康章皇后之父、康熙帝之外祖父，孙女又是康熙帝的皇后，所以被抬入满洲镶黄旗，改称佟佳氏。嘉庆帝的母亲孝义纯皇后之父姓魏，是汉军镶黄旗人，父以女贵，抬入满洲镶黄旗，改称魏佳氏。此外，还有包衣佐领旗人，因是外戚，便抬入满洲旗。如内务府镶黄旗包衣佐领旗人高斌，因其女为宝亲王弘历的侧福晋，乾隆帝即位以后，晋封为贵妃，高斌也就因此由内务府主事，不断上升，任至江南总督、直隶总督、吏部尚书、大学士，其家抬入满洲镶黄旗，改称高佳氏。③ 镶黄旗包衣佐领旗人陈善道，世居辽东海州，言隶包衣佐领，其子嗣陈秉直等分任巡抚、道员、知府、知州、参领、佐领，雍正帝因他家是纯裕太妃的亲属，特下谕旨，将其家族由包衣佐领抬入满洲镶黄旗。④

---

① 光绪《大清会典事例》卷 1114。
② 光绪《大清会典事例》卷 1115。
③ 《满洲八旗氏族通谱》卷 74，第 3 页。
④ 《满洲八旗氏族通谱》卷 74，第 4 页。

通过增加包衣、收养嗣子和汉军、外戚的抬旗，大量汉人进入满洲八旗。这对促进满族的迅速发展产生了很大的影响。

（二）八旗汉军的发展

汉军八旗的官员、人丁及其户下（包衣），原来都是汉人。入关前夕，汉军八旗共有 175 个佐领和 5 个半份佐领。清军进关以后，为了扩大八旗军队，增强兵威和安置降顺的官兵，清廷陆续增编汉军佐领。顺治二年（1645 年），以定国大将军豫亲王多铎征江南时，招降的故明之公、侯、伯、总兵、副将、参将、游击等官 374 员，隶于汉军八旗，加上其他汉人，增编 15 个佐领。[①] 顺治三年，又增编 7 个佐领。顺治十八年（1661 年）十月，又将新投降的汉官分旗安置，故明汉阳王马进忠之子马自德编入正黄旗，故明黔国公沐天波之子沐忠显入正白旗，大西延安王艾能奇之子左都督艾承业入镶黄旗。康熙元年（1662 年），将义王孙徵淳属下投诚官员，均拨入正黄、镶黄、正白 3 旗。十二年，开始征讨三藩以后，陆续将降清官兵编入汉军八旗，到康熙二十三年（1684 年），共增编 43 个佐领。雍正四年（1726 年），八旗汉军增至 271 个佐领。[②]

汉军八旗的一些官员、将领，因投清较早，立功较大，而封授爵位，成为八旗王公贵族集团的重要成员。定南王孔有德、靖南王耿仲明、平南王尚可喜、义王孙可望、续顺公沈志祥、一等侯马德功、二等侯田雄、三等侯李国翰，以及石廷柱等 4 个伯爵，张存仁等 54 个子爵和男爵，共 66 人，汉军八旗贵族的人数，比入关以前增加了将近两倍。这些汉军贵族，由于多年征战，也掠夺和逼买了大量包衣，隶属自己户下。仅平南王尚可喜 1 人，就有几千名包衣人丁。顺治十七年（1660 年），尚可喜之子尚之隆"蒙恩尚主"，招为额驸，尚王府就遣包衣闲丁家口共计 815 名，进京服侍公主。[③]

还有一些汉人，因生计艰难，过继给汉军八旗成员为子，成为正身

① 《清世祖实录》卷 21，第 17 页。
② 光绪《大清会典事例》卷 1111。
③ 《户科史书》，尚可喜：《为恩恩准给月米以资养赡事》。

旗人。乾隆元年（1736 年），清廷查察旗档，在正红旗汉军中，查出民人之子过继给旗人、随母改嫁入旗和"开档之人"，冒充正身的官员、兵丁、闲散，多达 1315 人，镶红旗军也查出 1747 人，各占人丁总数的百分之十以上。① 以上事实表明，汉人进入汉军八旗的人数继续增加，它对汉军八旗的发展变化，有重大的影响。

（三）旗内汉人的满化

清初，满洲八旗内的汉人和进入汉军八旗的汉人，数字之大，远远超过了满洲八旗的人丁。顺治五年（1648 年），八旗男丁总数为 34.6931 万人，其中满洲男丁 5.533 万人，蒙古男丁 23785 人，汉人男丁为 26.2816 万人，5 倍于满洲男丁数。康熙六十年（1721 年），八旗男丁 69.6681 万人，其中满洲男丁共 15.4117 万人，汉人男丁 48.1004 万人，3 倍于满洲男丁。②

八旗内部的汉人，虽然远远超过满洲人丁，但在清初数十年，总的趋势却是旗内汉人在满化，而不是满人在汉化。这和当时的历史条件与清廷的政策，是分不开的。清初的满族，处于继续前进和勃兴发展的阶段。八旗王公贵族掌握清朝大权，竭力强制旗内汉人遵从满制和满俗。满汉两族尽管都是中华民族大家庭的成员，但彼此之间言语不同，服饰有别，相貌相异，习俗悬殊，生活方式及生产关系也不一样。清廷对待编入八旗的汉军八旗人员和包衣（汉人），实行了强制满化的政策，命令他们的服饰、习俗必须和满人一样。男丁必须剃发，将头上四周边缘头发剃去，中间保留长发，分三绺编成长辫一条，垂于脑后，名为辫子。旗人女子不许缠脚，两耳必穿三孔。八旗佐领下幼童，年 10 岁以上愿入义学的，都可以入学，习清书（满文），讲满语，练骑射。并规定汉军八旗都统办理事务，"多用清书"，汉军八旗每佐领要拣选子弟一二人入学，专习清书，兼学马步射。③ 汉军八旗子弟的谋生方式，也和满洲无甚区

---

① 清代档案：《八旗都统衙门》，弘晌：《为奏闻在京另记档案户口事》。
② 《历史档案》1983 年第 2 期；安双成：《顺康雍三朝八旗丁额浅析》。
③ 《清文献通考》卷 203。

别。正身旗人计丁披甲，自备军马器械从军，负担各种官差，耕种份地，成为清帝及八旗王公贵族的封建依附民。汉军八旗官将按丁领取圈地，设立庄园，役使壮丁耕种，与满洲官员、将领一样是农奴主和封建主。

八旗满洲、蒙古、汉军和包衣旗下人员，都是"旗人"，受八旗制的约束，在法律上与民人（汉人）不一样，"旗民有别"，量罪定刑时皆按旗人对待，轻于汉人。如汉民犯法，应笞杖者笞杖，充军徒刑者充军流徙，而旗人则可从轻处理。乾隆三十一年（1766年），正蓝旗壮丁（包衣）辛林打死民人刘希尧，刑部奏准将辛林杖100，流3000里，"因系旗人""所得流罪依例折枷鞭责发落"。①

八旗人员之间，可互通婚姻，清朝皇帝、王公可以选汉军、包衣佐领之女子，也可以将公主格格嫁与汉军人员。清廷规定：八旗满洲、蒙古、汉军官员、兵丁的秀女，每3年由户部行文各旗，挑选入宫，包衣三旗女子则由务府负责挑选送宫。顺治帝的妃子中有4个是汉军八旗女子；陈氏生子常宁，封恭亲王，唐氏生子奇授，杨氏生女封恭悫长公主，王氏也生一女。康熙帝娶汉军八旗女子为妃嫔的就更多了，密妃王氏，勤妃陈氏，良妃卫氏，庶妃张氏、刘氏，襄嫔高氏，静嫔石氏，熙嫔陈氏，穆嫔陈氏，端嫔董氏等，这些妃嫔都是汉军旗分。清朝的公主下嫁与汉军旗人的亦不少。清太宗之女恪长公主下嫁吴三桂之子吴应熊；顺治帝抚育的承泽亲王硕塞之女、安郡王岳乐之女分别下嫁与平南王尚可喜之子尚之隆，靖南王耿继茂之子耿聚忠；康熙帝之女固伦温显公主嫁与舜安颜、和硕公主嫁与孙承运。由此可见，"旗人"之间的联姻婚娶，是不受旗分限制的。

满洲八旗的包衣佐领人和汉军八旗人员，担任文官武将的亦不少。正白旗包衣佐领人，有山西巡抚的张滋德、内阁学士兼礼部侍郎布达理、内务府总管尚志舜、吏部尚书桑格等人，伟大的文学家曹雪芹的先祖，也是居高官要职的包衣佐领旗人，他的高祖曹振彦为浙江盐法道，曾祖曹玺任至工部尚书，祖父曹寅为通政使及江宁职造。② 镶白旗包衣佐领雷

---

① 清代档案：乾隆三十一年《刑科题本》。
② 《满洲八旗氏族通谱》卷74。

继宗、雷继尊等，皆任至都统。正蓝旗桂性任至吏部尚书。正黄旗的皂保当上内务府总管，食一品官俸。正红旗吴兴祚，在福建巡抚任上，为台湾回归祖国立下功劳，任至两广总督，其家族人员吴义增等21人，分任参领、知府、知县、道员、翰林院侍读。汉军八旗人员范文程久任大学士，封一等子爵。田雄任浙江提督，加少傅兼太子太傅，封二等侯爵。施琅任总兵官、福建水师提督、靖海将军，对台湾回归祖国立下了卓越功勋，封靖海侯。八旗汉军和包衣佐领旗人，为巩固清政权尽力效劳，以满族贵族为主体的清朝政府，对于这些"旗内汉人"同样给以高官厚禄。

旗内汉人的日益满化，还表现在他们把原有的汉人姓名，改用满族的称呼。如汉军旗人李永芳之子取名为刚阿泰，佟养性之子取名普汉，正白旗包衣人原姓魏，后改名绥恩。崇敬满俗的"旗内汉人"，渐以满语命名。①

从清太祖努尔哈赤兴师伐明到康熙年间，编入八旗当汉军和包衣的汉人，因与女真——满洲经过100年的同居共处，互为婚娶，无论是在生产方式、社会制度，还是在服装、发式和语言文字方面，二者之间的区别日益缩小，一致性愈渐增多。旗内汉人的迅速满化，成为新兴的满族共同体的重要构成部分，给满族注入了新的血液。旗内汉人的满化，是清朝前期民族关系的一个重要特点，对满族的发展乃至对清代的民族关系都产生了重大的影响。

二 满汉关系的发展

（一）"满洲根本"

顺治元年（1644年），满洲贵族入主中原以后，首先遇到的难题是满

---

① 《满洲八旗氏族通谱》卷74。

洲人丁稀少，语言不通，地理生疏，情况不明。清廷假如只靠数万满洲男丁来统治版图辽阔、数以亿计的汉族和其他民族，是十分困难的。满族又是一个比较后进的民族，如果故步自封，强以本族旧制加在汉族和其他民族身上，改变汉族的生产方式、政治制度和生活习惯，也是办不到的。这就是说，他们可以"马上得天下"，却不可能"马上治天下"，必须适应新的形势。他们既要承认、延续汉区原有的政治、经济、文化等方面的主要制度，但又不能完全放弃本民族的旧习，不能全盘汉化。因此，在满汉关系上，清朝的基本国策是"满洲根本"，辅之以"旗民有别"和"满汉一家"，就是既仿效明制，任用汉官，安抚汉民，又强令剃发易服，厉行"国语骑射"，优待满洲，区别旗民，反对八旗人员完全汉化。

满族是清朝的统治民族，故清政府一贯强调"满洲为国家之根本"，应予优遇。顺治帝几次下谕，赞扬满洲官兵打江山之功，说他们"披坚执锐，露宿风餐，汗马血战，出百死一生，以开拓天下"①。康熙、雍正帝也一再谕告"满洲甲兵系国家根本"②，"八旗满洲乃我朝之根本"③。

在基本国策的指导之下，清廷竭力扩大八旗满洲的编制，将东北地区的索伦、达斡尔、鄂伦春、锡伯等部人员，不断编入满洲八旗，称为"新满洲"。乾隆四十一年（1776 年），北京满洲八旗共有 676 个佐领，比入关前夕增加了一倍多。④ 与此同时，清廷不断派遣八旗军驻防各地，以巩固清王朝的统治。这些旗人被称为"驻防八旗"，乾隆时期，驻防八旗约有 340 个佐领，兵 10.7 万余名。⑤ 北京八旗和驻防八旗佐领的增加，标志着人丁的增加。嘉庆十七年（1812 年），京旗和驻防八旗的满洲男丁为 222968 名。⑥

为了巩固和壮大满族，使满洲八旗官兵成为清王朝的军事支柱，清

---

① 《清世祖实录》卷 88，第 8 页。
② 《清圣祖实录》卷 32，第 21 页；卷 44，第 8 页。
③ 《上谕八旗》，雍正元年十月二十五日。
④ 光绪《大清会典事例》卷 1111。
⑤ 魏源：《圣武记》卷 11。
⑥ 王庆云：《石渠余记》卷 4，《纪旗人生计》。

帝规定"国语骑射",是满族的根本。国语,又称清语,就是满语,清文亦清书,即是满文。骑射是骑马射箭,这是满洲的特长。清朝皇帝提倡"国语骑射"的基本目的,是要求满洲八旗人员保持本民族的特长、习俗,防止浸染汉民习俗而全盘汉化。

清政府规定满洲官兵必须讲满语。对汉军八旗人员的满语、骑射,要求也很严格。汉军官员要以满语奏对履历,能骑马射箭,才能任用。地方各省和中央六部的官员呈奏皇帝的题本,必须满汉合璧,本内满文如有错讹,则常遭到皇帝的训斥。顺治帝谕令翰林院中的汉人进士,"学习满书,以备将来大用"。他还两次亲临内院面试,选"通满洲文义者",晋升官职,"不能成文"的,则降级调用。他赞扬庶吉士王熙"精通满书""学问皆优",特赐御服貂褂,4 年之内,连续升迁侍讲学士、弘文院学士、礼部右侍郎兼翰林院掌院学士、礼部尚书。他的遗诏也是王熙起草的。这些都反映了清初的皇帝对满文的重视程度。[①]

清朝前期几代皇帝,都强调骑射的重要。顺治七年(1650 年),"皇父摄政王"多尔衮谕告礼部:"我朝以武功开国",所向无敌,"皆资骑射",必须"习弓马"。满洲人员不准"沉湎嬉戏",违者即拿送法司治罪。[②] 雍正、乾隆两代皇帝也多次下达谕旨强调"骑射国语,乃满洲之根本,旗人之要务"[③]。早在顺治年间,即已制定了八旗士卒操练制度,每月骁骑、前锋、护军,必须较射 6 次,春秋二季还要另行披挂甲胄,马、步射各 2 次,每 3 年大阅 1 次。康熙帝多次举行"大阅",检查八旗士卒的操练演习。他不仅亲自骑马开弓,步行放箭,还命皇子和八旗官员、将领披甲骑射,并令大学士、起居注等文官也擐甲骑射。康熙帝出巡杭州、西安等地时,检阅驻防八旗官员的骑射。他还派遣满洲、蒙古八旗官将,任汉军旗的都统,以"训练骑射"。[④]

清廷为了保证"满洲根本",又实行了"旗民有别"的政策,使八旗

---

① 《清世祖实录》卷 98,第 10 页;卷 101,第 13 页。《清史列传》卷 8,《王熙传》。
② 《清世祖实录》卷 48,第 10 页。
③ 《清文献通考》卷 192。
④ 《杭州志》卷 7,第 1~9 页。《八旗通志初集》卷 66,第 4 页。

人员尽可能地和民人分区居住。顺治初年，将汉官及商贾民人"尽徒南城居住"，让八旗各住一方，以"拱卫皇居"。① 镶黄旗居安定门内，正黄旗住德胜门内，正白旗在东直门内，镶白旗在朝阳门内，正红旗在西直门内，阜成门内是镶红旗，崇文门内是正蓝旗，宣武门内是镶蓝旗。各省驻防的八旗官员兵丁，多系单独圈地建房，筑城而居，称为满城或满营。

"旗民有别"，固然是体现"满洲根本"的重要措施，但仅限于此，就太露骨，太过分了，容易引起汉民的反感，招致他们对清政府的不满。因此，清帝又一向宣称"满汉一家"，以安抚汉民，这实际上是从另一方面来贯彻"满洲根本"的国策，维护满洲贵族的统治。清军进关以后，为了统治广大汉区和缓和满汉矛盾，多尔衮便提出所谓"救民于水火"。后因满洲阿尔代诬杀汉民一案，清帝又谕告户、兵两部，"朕出斯民于水火之中，统一天下，满汉一家，同享升平，岂有歧视汉人之理"，责令严惩欺压汉民的满洲人。② 顺、康、雍、乾诸帝，多次宣称"满汉一家""不分满汉，一体眷遇""满汉人民，皆朕赤子"。③

清初，为了表示"满汉一家"，除在官制方面满汉并用外，还曾提倡满汉通婚。顺治五年（1648 年）八月二十一日，谕告礼部："方今天下一家，满汉官民皆朕赤子，欲其各相亲睦，莫若使之缔结婚姻，自后满汉官民，有欲联姻者，听之"。④ 过了 8 天以后，又具体规定：满官之女欲与汉人为婚，汉官之女欲与满人为婚的，呈报户部。无职满人、汉人之女，听其自办，不需报部。顺治十二年（1655 年），靖南王耿继茂奏称，其子精忠、昭忠"年已长成，应缔结婚姻"。顺治帝以和硕显亲王富绶之姐和硕公主下嫁耿精忠，以固山贝子苏布图之女固山公主嫁耿昭忠。⑤ "满汉一家""满汉通婚"都是从另一侧面维护"满洲根本"的。

---

① 《清世祖实录》卷 40，第 9 页。
② 《清世祖实录》卷 31，第 21 页。
③ 《清世祖实录》卷 72，第 4 页；卷 90，第 4 页。
④ 《清世祖实录》卷 40，第 11 页。
⑤ 《清世祖实录》卷 92，第 12 页。

（二）"满汉一家"

满族入关以后，清帝竭力维护满族旧习，扩大满汉差别，强调"满洲根本"的保守政策，在一定时间内固然产生相当大的影响，阻碍了满汉关系的进一步发展，不利于满汉民族之间的经济，文化交流，也妨碍了满族的进步。但是，这种违背满汉人民心愿、损害满族根本利益的禁令，并不能长期产生作用。善于学习、勇于前进的满族人民，不会故步自封，停滞不前，满族吸收汉族文化，汉族也学习满人勇于进取的精神，"满汉一家"，满汉人民密切交往、互相学习，共同前进的历史潮流是不可阻挡的。尽管清廷规定旗民界限，各居一方，但此措施为时不久，北京和畿辅的旗人与汉人，又杂居在一起了。各地驻防八旗，也是如此。康熙末年，奉天、锦州两个府，已是"旗民土地，相互交错"。① "驻扎成都、荆州的满洲兵丁，与民甚是相安"。② 乾隆年间"奉天各州县及旗庄地方，旗民杂处，并无旗界民界之分"。③ 嘉庆年间，吉林及伯都纳、阿纳楚喀等地，"多系旗民同居共处"。④

八旗人员与民人杂居共处，联姻婚娶，抱养子嗣，来往密切，积极学习汉族文化，不断向前迈进。在旗下包衣人丁坚决斗争和汉区封建租佃关系迅速发展的影响下，满族原来的农奴主逐步转化为封建地主，在生产方式和阶级关系方面，满汉逐步趋于一致，原有的差别逐渐消失。

在清朝强调的"国语骑射"问题上，变化更为显著。语言是交往的工具。在满汉杂居的地方，汉人多，满人少，自然以汉语、汉文为主。满族贵族执掌清朝大权、军政财刑等方面事务繁多：公文来往，绝大部分用汉文，不识汉文，不懂汉语，难以办理案件裁处诸事。因此，入关以后，满人学习汉语、汉文的风气十分盛行。乾隆帝说"我朝一统以来，始学汉文"，就是这一事实的总结性的反映。雍正三年（1725年），吏部

---

① 《清圣祖实录》卷262，第11页。
② 《八旗通志初集》卷28，第6页。
③ 《清高宗实录》998，第2页。
④ 《吉林通志》卷45。

奏请拣选精通汉文的官员说：各省题奏"命盗案件"及刑部咨稿，"俱系汉文"，满洲司官如不识汉字，必被猾吏欺隐，"以致误事"。建议今后刑部"满洲司官缺出"，拣选通晓汉文人员补授，以便案件易于料理，"满洲习汉文者，愈加勉励矣"。这一建议得到雍正帝的允准。① 满洲八旗人员学汉文汉语的愈益增多，尤其是居住在北京的旗人，很多已只通汉文不懂清语了。康熙年间，已因各满洲官员"既谙汉语"，而裁去中央各部院及各省将军衙门的"通事"。② 雍正时期，被选任知县的旗人艾深，在皇帝召见时，奏对履历，竟"不能清语"。③ 守卫皇宫的侍卫、护军等，"弃其应习之清语，反以汉语互相戏谑"。此时已从清初"综满洲、蒙古、汉军皆通国语"，而演变为"不能人人尽通"。以后的变化，更为显著。清廷原来规定，凡遇行走齐集处"俱宜清语"，行官清语"更属紧要"。可是，乾隆初年，在南苑的侍卫官员兵丁，也"俱说汉话"了。④ 身为总兵官的满洲旗人皂君保，在皇帝召见时竟"不能清语"。嘉庆年间，已形成"满洲非惟不能翻译，甚至清语生疏，不识清字"的局面。⑤ 担任广州将军要职的满洲旗人庄保，"具奏甄别官员一折，竟用汉字书写"，呈上的"请安折，亦用汉字"。⑥ 道光七年（1827 年），谕令满洲侍郎以下至五品京堂官员进内考试，以了解满洲官员通晓清文的程度，结果"翻译通顺及稍有错误者不过十之三四，竟有不能落笔者过半"。⑦ 五品以上的官员，尚不能用清语下笔，可见此时关内的满族人不会清语的相当多了。

关内各地驻防旗人，由于与汉族经济交流和文化，生活方面的影响，早已通用汉语、汉文。满族发祥之地的东北，尽管使用满文满语的时间较长一些，但到了乾隆以后，也转而使用汉文、汉语。以清朝根本重地的盛京（沈阳）而言，许多满人已经不会满语。乾隆二十五年（1760

---

① 《清世宗实录》卷 35，第 2 页。
② 《清圣祖实录》卷 35，第 5 页。
③ 《上谕八旗》，雍正九年二月初十日。
④ 《清高宗实录》卷 35，第 2 页。
⑤ 光绪《大清会典事例》卷 1147。
⑥ 《清宣宗实录》卷 127，第 14 页。
⑦ 《清宣宗实录》卷 79，第 20 页。

年），清帝谕：盛京所属地名，"多系清语，今因被处满人不能清语，误以汉名呼之"。① 谕旨是强调满人应重视清语，但却反映了满人放弃本族语言的情况。沈阳"虽为满洲重地，土人皆用汉语"。② 黑龙江亦不例外，"通国语者寥寥，满洲多能汉语故也"。③ 呼兰府的旗营档案，自乾隆初到咸丰末年，皆用满文书写，汉军和官庄壮丁，虽说汉话，而文书往来，仍用满文。光绪中叶，这里"语言文字，俱从汉俗"，旗人能通满语的"千人中之一二矣"。④ 满人学习汉语的日益增多，而汉人也吸收了满语的优点，丰富了汉语词汇。

骑射习俗也没有得到保持。雍正年间，专司保卫皇帝圣驾之责的大臣、侍卫等，班期俱不佩刀，而令家人携代。⑤ 乾隆二十年（1755 年），八旗参加会试的 125 名举人，其中有 70 余人报称眼睛近视，以图免考骑射，53 人确实不能策马射箭，⑥ 乾隆帝曾对八旗官员进行过一次考试，发现"步箭甚属不堪""所射非不至靶，即擦地而去，甚至有任意放箭，几至伤人者"。气得乾隆帝大发雷霆，斥责满人如此忽视骑射，"成何事体"！⑦

衣冠服饰也发生了很大的变化。清初，逼令汉民改易满洲冠服，可是，时过境迁，八旗人员却转而仿效汉人服饰风俗了。就连素以严肃著称的雍正帝，其宠妃也以扮"古装"（唐服）为娱乐，画像珍藏。乾隆帝选秀女时，发现旗人女子"有仿效汉人服饰者"。嘉庆年间，旗女多按"汉人之规制"，改一耳三钳为一钳，天足为缠足，衣袖亦如汉人之宽大。尽管清廷下令禁止"仿汉之风"，也只是一纸空文。

满族吸收汉族文化，满汉交往与融合，是历史发展的必然趋势。虽然清廷制定了"满洲为国家之根本"的方针，厉行"国语骑射"和"旗民有别"政策，企图阻碍满汉关系的发展，但这种违背历史潮流的做法，

---

① 《奉天通志》卷 23。
② 《承德县志》上册，第 59 页。
③ 《黑龙江外纪》卷 6，第 51 页。
④ 《呼兰府志》卷 10，第 51 页。
⑤ 《上谕八旗》雍正八年七月初五。
⑥ 光绪《大清会典事例》卷 1137。
⑦ 《清文献通考》卷 192。

是不能长期延续的，满汉民族之间的密切交往是隔不断的。经过长期的杂居共处，联姻婚娶，过继子嗣，无论是生产方式、阶级结构，还是语言文字和风俗习惯，满汉之间的一致性日益增多，原有的差别陆续减少。清中叶以后，在政治、经济、文化等方面，满族已经发展到基本上与汉族相等的水平，满汉民族之间的密切关系有了很大的发展。这一切，为1911年辛亥革命以后部分旗人报称汉人，成为汉族，提供了条件。即便报称满族，大多也失去了本民族的语言而操汉语，失去了本民族的习俗、服饰而与汉族相同了。所以在清朝末年北京的满族中，流行着一句谚语："不分满汉，但问旗民"。这就是说，编入八旗的满洲、汉军和包衣，都是满族的成员，都称旗人，而只有民人（汉人）和旗人（满人）才有所区别。

从《红楼梦》看清代的八旗王公贵族

《红楼梦》是一部伟大的现实主义作品，它以贾府为舞台，巧妙地、深刻地展示了当时社会各个方面的真实情景，为我们了解清代的历史，尤其是八旗王公贵族的历史，提供了许多精彩的、珍贵的材料。本文拟从《红楼梦》的有关叙述出发，结合历史事实，对清代八旗王公贵族的几个问题，作些初步论述。

一 "荣国公"与王公勋贵

《红楼梦》详细地描绘了"钟鸣鼎食之家"宁、荣二府的情况。宁国公、荣国公之受封，是因其效忠于帝、有功于国，"九死一生才挣下这个家业"。因此，荣国府的正堂才会有皇帝亲笔书赐荣国公贾源的御匾"荣禧堂"，东安郡王也赠予"座上珠玑昭日月，堂前黼黻唤烟霞"的对联。贾府来往的亲友，如北静郡王和镇国公、理国公之后裔牛继宗、柳方等，都是为帝宠信、官居要职的贵族。贾政可以推荐已被革职的贾雨村为应天府尹；其家人赖大之子能当上主宰一县的父母官；贾赦为索取古扇指使州县官逼死石呆子；王熙凤包揽词讼，拆散张金哥姻缘；活活逼死了两条人命。这些叙述，逼真地勾画了荣国府地位显赫、权势逼人的真实情景。

曹雪芹在《红楼梦》一书中虽未点明朝代，所举的荣国公、忠靖侯、北静郡王等爵位、人名及事件，也非真名原爵，但是其叙述王公贵族的受封，承袭及其权势赫赫的情形，却是符合清代历史实际的。

按清制，八旗王公贵族分为两大类，一是"宗室贵族"，另一类是

"异姓贵族"。"宗室贵族",即清太祖努尔哈赤弟兄及其子孙后代。崇德元年(1636),始定宗室封爵为九等:和硕亲王、多罗郡王、多罗贝勒、固山贝子、镇国公、辅国公、镇国将军、辅国将军、奉国将军。后略有修改,奉国将军之下增奉恩将军,余为闲散宗室。顺治六年(1649),定降封例:亲王一子封亲王,余子封郡王,郡王一子封郡王,余子为贝勒;贝勒之子封贝子;贝子之子封镇国公;镇国公之子封辅国公;辅国公之子授三等镇国将军;镇国将军之子授三等辅国将军;辅国将军之子授三等奉国将军;奉国将军之子封奉恩将军。

封爵分为"恩封"和"功封"两种。"恩封",是因其是努尔哈赤的子孙即所谓"天潢贵胄"而封,爵位逐渐递减,但大体上亲王、郡王、贝勒、贝子降至公即止,其公爵则世袭,不再降封了。

"功封",则指因"军功"而封,其爵世袭。清代有所谓"军功勋旧诸王",即开国有功之王,子孙世袭王爵,俗称"铁帽王",计有和硕礼亲王代善、和硕郑亲王济尔哈朗、和硕睿亲王多尔衮、和硕豫亲王多铎、和硕肃亲王豪格、和硕承泽亲王硕塞、多罗克勤郡王岳托、多罗顺承郡王勒克德浑。

《红楼梦》着重描绘和赞扬了北静郡王的为人及其与贾府的亲密关系。这个北静郡王很可能就是指的多罗克勤郡王岳托的后代。因为书中谈及东平郡王、南安郡王、西宁郡王、北静郡王设棚路祭秦氏时写道:"原来这四王,当日惟北静王功最高,及今子孙犹袭王爵"。岳托是和硕礼亲王代善之子、清太祖努尔哈赤之孙,很受祖父宠爱。他主管兵部,多次领兵出征,为建立清王朝立下了汗马功劳。岳托与清太宗皇太极关系十分密切,对皇太极势力的扩大及继承汗位起了重要的作用。早在天命年间(1616～1626),岳托就与皇太极过从甚密,议商诸事,形成了以皇太极为首的争夺汗位继承权的集团。天命十一年(1626)八月努尔哈赤死后,岳托向其父代善推举皇太极,代善赞同,集诸贝勒会议,"任置"皇太极继承汗位。① 天聪元年(1627)二贝勒阿敏和岳托率领八旗军

---

① 《清太宗实录》卷一,第4页。

主力攻打朝鲜时，阿敏欲取王都久住，岳托因后金国内兵力薄弱，一旦明军乘机侵袭，皇太极难以抵挡，召集诸贝勒定议立即回师，使身为主帅的阿敏被迫同意，解除了明军偷袭之患，为巩固皇太极的统治又立一大功。同时，书中描写北静郡王与贾府有特殊的关系，"当日祖父有相与之情，同难同荣"，这是反映曹家与克勤郡王府"联亲姻娅"的深厚关系。岳托是镶红旗的旗主，他的五世孙平郡王纳尔苏娶曹寅之女，生子福彭。纳尔苏于康熙五十七年随抚远大将军允禵领军征讨策旺阿喇布坦，"收西藏"。康熙六十年允禵奉旨回京商议军务，纳尔苏"摄大将军印"。次年二月允禵回军中，十一月又奔父丧返京，纳尔苏再摄大将军印，统率驻扎西宁的大军，雍正四年以贪婪受贿削爵。其子福彭袭平郡王爵，历任镶蓝旗满洲都统、正白旗满洲都统、宗人府右宗正、玉牒馆总裁、军机大臣，参与议政。乾隆十三年福彭病死，其子庆宁袭王爵。正因为曹家与这样高贵的王爷联姻婚娶，所以曹雪芹对北静郡王极力赞美。

在清朝很长一段时间里，宗室王公是执掌军国大权的最高统治集团。清太祖努尔哈赤分封其子侄为"和硕贝勒"，各为一旗之主，代善是正红旗旗主，皇太极为正黄旗旗主，旗下官将、诸绅皆尊本旗和硕贝勒为主，彼此之间有着严格的君臣、君民的隶属关系。努尔哈赤晚年宣布实行八和硕贝勒"共治国政"的制度，军国大政皆由八和硕贝勒集议裁处。皇太极执政以后，取消了八和硕贝勒共治国政制，改由议政王大臣会议处理政务，和硕亲王、多罗郡王皆为"议政王"，贝勒、贝子、公大多参与议政。对外战争，俱令王公领兵。崇德三年（1638），岳托为扬武大将军，统右翼兵，多尔衮为奉命大将军，统左翼兵，攻打明国，直抵北京，下城数十，俘获人口四十余万。顺治初年，摄政睿亲王多尔衮主持朝政，派遣郑亲王济尔哈朗、英亲王阿济格、豫亲王多铎、衍禧郡王罗洛浑（岳托的长子）等领兵出征，攻打农民军及南明政权。顺治七年（1650）十二月多尔衮病死，福临亲政以后，虽然处死英亲王阿济格，追削多尔衮爵，加强了皇权，但宗室王公仍是佐治国政、领兵出征、掌握实权的统治集团，"诸王、贝勒、贝子、公等，皆是股肱亲臣，出则受命专征，入则参赞庶政"。① 康熙十二年（1673），吴三桂、耿精忠、尚之信叛乱时，顺承郡王勒尔锦（岳托之侄）为宁南靖寇大将军，安亲王岳乐为定远大将军，简亲王喇布为扬威大将军，康亲王杰书（代善之孙）为奉命大将军，贝勒洞鄂为定西大将军，分率八旗军队，削平了三藩之乱，巩固了清廷的统治。

宗室王公地位之高，势力之大，还可从下述事实看得很清楚。每当议政王大臣会议或与阁臣集议政务时，诸王坐于堂上，各大臣则下跪报告。康熙二十七年，议政王大臣与内阁、六部于永康左门会议典礼，康亲王杰书等"议政王"高坐于上，大学士礼部尚书王熙，大学士户部尚书余国柱，大学士吏部尚书李之芳、向杰书等王"跪语移时"，李之芳年龄太大，难以支持，又不敢起立，只好"蹐地而语"。②

八旗王公贵族的另一类是"异姓贵族"，即皇室以外的八旗贵族，包括元勋功臣和皇亲国戚，他们为帝效劳，联姻婚娶，有功于国，因而受封，"列爵为五，分等为三"，官居要职，权势赫赫。我们可举额亦都、佟图赖两家为例，作些叙述。

额亦都是清朝"开国元勋"，很早就随努尔哈赤南北征战，军功卓著，任至一等大臣、众额真，授一等总兵官世职，死后追封宏毅公。额亦都娶努尔哈赤之妹和硕公主为妻，其女为清太宗皇太极之元妃，孙女为敬谨亲王尼堪的"福晋"。子达启和图尔格皆娶努尔哈赤之女为妻。额亦都共有十六子，其中有九个儿子因多次领兵出征，佐治国政，立下功勋，封为公、侯、伯、子、男等爵位，官居要职。额亦都之孙陈泰，历任吏、礼、刑等部尚书、大学士、都统、靖南将军、宁南靖寇大将军，以军功封一等子世袭。额亦都的曾孙讷亲等人也是显要大臣。

我们再看与《红楼梦》中描写的荣国府有类似之处的佟图赖家的情况。佟图赖原是汉人，努尔哈赤的军队攻下抚顺时，随其父佟养正投降，后因转战有功，历任正蓝旗汉军都统、定南将军、世袭三等子。死后追封一等公。其女为顺治帝之孝康章皇后，即康熙帝之生母。长子佟国纲，

---

① 《清世祖实录》卷六十九，第10页。
② 《清史列传》卷八，《王熙传》。

袭一等公爵，历任内大臣、镶黄旗汉军都统、安北将军，征噶尔丹时战死。次子佟国维，任领侍卫内大臣、议政大臣，封一等公。所生二女，一个被立为康熙帝之孝懿仁皇后，另一个被封为贵妃。佟国维之子隆科多，任理藩院尚书、步军统领，康熙帝死时受遗命，拥立雍正帝，总理事务，袭一等公。

异姓贵族势力之大，从康熙初年"辅政大臣"主持政务的情况也反映得很清楚。顺治帝福临死，遗命以索尼、苏克萨哈、遏必隆、鳌拜四人为"辅臣"，"保翊幼主""佐理政务"。分析一下辅政大臣的家世，我们可以得出以下几点结论。第一，"四大辅臣"皆是元勋功臣之后。索尼之父硕色与其弟希福率众来投，希福因功任至大学士，封三等子世袭。苏克萨哈之父苏纳，历任固山额真、兵部承政。遏必隆是开国元勋额亦都之子。鳌拜之父伟齐，任八门提督，留镇盛京，授世职，其伯父是众额真、三等公费英东。第二，"四大辅臣"皆是屡立战功、身任要职的重要大臣。索尼是历任四朝的亲信重臣，任至内大臣、议政大臣、总管内务府事，封一等伯，后晋封一等公。苏克萨哈任内大臣、议政大臣，封二等子。遏必隆为内大臣、议政大臣，封一等公。鳌拜是"战阵功多"的巴图鲁，任领侍卫内大臣、议政大臣、护军统领，封二等公世袭。第三，"四大辅臣"是清朝的皇亲国戚。索尼的两个孙女，一为康熙帝之孝诚仁皇后，另一册封为平妃。苏克萨哈的母亲是努尔哈赤之女和硕公主。遏必隆是努尔哈赤的外甥，其长女立为康熙帝之孝昭仁皇后，另一女封为温僖贵妃。鳌拜的伯父费英东是努尔哈赤的孙女婿，其侄纳尔都又娶顺治帝之女。

我们再从军机大臣的成员，进一步看看王公贵族的势力。雍正七年设立军机处，治理国政，取代了议政王大臣会议。军机大臣权力很大，尤其是首席军机大臣，为帝倚任，实为宰相。从雍正七年（1729）到嘉庆四年（1799）的71年中，先后担任首席军机大臣的共十一人，即允祥、马尔赛、张廷玉、鄂尔泰、讷亲、傅恒、尹继善、刘统勋、于敏中、阿桂、和珅。观察一下这些人的经历，可以看出四个问题。

第一，多数人是封有爵位的八旗王公贵族。任首席军机大臣的十一人中，有八个人是封有爵位的，即和硕怡亲王允祥、一等忠达公马尔赛、一等果毅公讷亲、一等忠勇公傅恒、一等诚谋英勇公阿桂、一等忠襄公和珅、三等襄勤伯鄂尔泰、三等勤宣伯张廷玉。这八个人为首席军机大臣的时间长达61年之久，而另外三个无爵位世职的尹继善、刘统勋、于敏中任期只有十年。

第二，在这八个首席军机大臣中，有三人是贵族之后，先袭父祖王公爵位，身居要职，然后入为首席军机大臣。康熙帝之子允祥，封和硕怡亲王，雍正七年设军机处，为第一任首席军机大臣。马尔赛于康熙三十二年袭祖图海三等忠达公世爵，历任护军统领、都统、领侍卫内大臣、大学士兼吏部尚书，雍正八年入军机处，次年升为首席军机大臣。讷亲于雍正五年由笔帖式袭其祖遏必隆二等果毅公爵，授散秩大臣、御前大臣，十一年入军机处，历任都统、领侍卫内大臣、兵部尚书、议政大臣、户部尚书、大学士，乾隆十一年升首席军机大臣。

第三，八个首席军机大臣中，有三人是皇亲国戚。傅恒之姐立为乾隆帝之孝贤皇后，其子福隆安封和硕额附。和珅之子丰绅殷德被招为乾隆帝之女固伦和孝公主之额附。讷亲是孝昭仁皇后的外甥。

第四，在八个首席军机大臣中，有五个人进入军机处后，因功晋爵。张廷玉本是文人，按清制文人无封爵之例，乾隆帝因其久襄政务，特封三等勤宣伯。鄂尔泰原是三等男爵，入军机处以后，治政有功，晋为三等伯爵。傅恒是乾隆十年入军机处的，十四年升为首席军机大臣，因"平大小金川"之功，封一等忠勇公。阿桂于乾隆二十八年入军机处后，以"平大小金川"有功，封一等诚谋英勇公。和珅自乾隆四十一年（1776）进入军机处后，也因"平大小金川"及镇压甘肃回民起义"立功"，先后封一等男、三等伯、二等忠襄公。至于六部尚书、八旗都统、将军及各省总督、巡抚等重要官职，亦多由八旗贵族担任。

八旗王公贵族不仅有很高的政治地位，而且还坐食俸禄，享有广泛的经济特权。按清制，王公贵族皆有俸银禄米。宗室王公俸禄很多，亲王岁给银万两，郡王五千两，贝勒二千五百两，贝子一千三百两，镇国公七百两。异姓贵族，一等公银七百两，一等侯六百一十两，一等伯五百一十两，每银一两，给米一斛。此外，清帝还常常赏赐王公贵族大量金银绸缎。例如康熙年间，胤祺及其诸兄弟分封为亲王时，每人得银多达二十三万两。

由上所述，我们可以清楚地看出，从早期的八和硕贝勒共治国政制、议政王大臣会议，到雍正以后的军机处，虽然处理军国大政的机构，就其组织形式来说有了变化，但八旗王公贵族始终是官居要职、佐治国政、领兵出征、执掌大权的统治集团。他们正是依据这样强大的政治权力，霸占土地，逼民为奴，建立起众多庄园的。

二　乌进孝和王公庄园

庄头乌进孝向宁国府的纳租进贡，是人们所熟悉的。根据《红楼梦》第五十三回的叙述，我们可以归纳出以下几点看法。第一，荣、宁二府庄子不少。贾珍对乌进孝说："如今你们一共只剩下八九个庄子，今年倒有两处报了旱潦，你们又打擂台，真真是叫别过年了。"乌进孝回复说："爷的这地还算好呢！我兄弟离我那里只一百多里，竟又大差了。他管着那府八处庄地，比爷这边多着几倍。"既然"如今"还剩下八九个庄子，那么过去宁国府的庄子肯定比此数还多。乌进孝的兄弟管着荣府"八处庄地"，为数也一定不少。这些庄子是由庄头乌进孝弟兄经管的。

第二，庄子年交租谷多达数千石。乌进孝的贡单，载有"御田胭脂米二石，碧糯五十斛，白糯五十斛，粉粳五十斛，杂色梁谷各五十斛，下用常米一千石"，这就有米谷一千多石了。还有"外卖梁谷、牲口各项折银二千五百两"，其中牲口卖银若干未写清楚，如以三分之二的银两是卖梁谷所得计算，应有一千六百两，按时价五钱一石计，合谷三千二百石。即是说，乌进孝管的庄子交租约四五千石。他的兄弟经管荣府八处庄地，租谷亦不会少于此数。

第三，贡品种类繁多，数量很大。贡单载有："大鹿三十只，獐子五十只，狍子五十只，暹猪二十个，汤猪二十个，龙猪二十个，野猪二十个，家腊猪二十个，野羊二十个，青羊二十个，家汤羊二十个，家风羊二十个，鲟鳇鱼二百个，各色杂鱼二百斤，活鸡、鸭、鹅各二百只，风鸡、鸭、鹅二百只，野鸡、兔子各二百对，熊掌二十对，鹿筋二十斤，海参五十斤，鹿舌五十条，牛舌五十条，蛏干二十斤，榛、松、桃、杏瓤各二口袋，大对虾五十对，干虾二百斤。"这样多的鸡鸭鱼肉和山珍海味，宁国府每年所需的肉食大体上是够了。《红楼梦》虽未写明宁国府有多少人，但估计不会与荣国府三百来人的数字相差太远。按此计算，每人每月食米一斗，一月三十余石，全年三百余石，贡单所列"下用常米一千石"，足可供宁府食用了。白糯、碧糯一百斛，备酿酒之用。"杂色粱谷各五十斛"，家畜珍禽的饲料有了着落。贡单还列有"银霜炭上等选用一千斤，中等二千斤，柴炭三万斤"，能供取暖和炊事之用。可以说饮食所需之物大体具备。

第四，庄园多种多样，庄丁差役繁重。乌进孝经管各种类型的庄园，年交几千石租谷，并非轻而易举之事，需要几百名庄丁辛勤耕种上万亩土地，才有可能纳缴大量的谷物。贡单所开大鹿、獐、狍一百三十只，必须有相当数量的猎户，才能猎取这样多的野兽。野鸡、兔子、对虾、干虾、蛏干和各色杂鱼，需要以捕鱼打牲为业的专人捕取。"榛、松、桃、杏瓤各二口袋"，既要专人采摘，又需一定数量的土地栽培桃李杏树。备办"干菜一车"，也需有种菜的园丁。可见，乌进孝庄头不仅管理以种粮食为主的农庄，而且还经管着其他类型的庄园，役使数量众多的特种差丁。

第五，庄主贪得无厌，庄丁生计艰难。乌进孝向宁国府交了大量的银、米、肉类和山珍海味之后，一再申诉年成不好，半年水潦，又遇雹灾，粮食歉收，牲畜人丁也打伤了上千上万的，生计艰难。但是，贾珍却嫌交得太少，生气地"皱着眉头"说："我算定你至少也有五千银子来，这够做什么。"他还强调指出，"不和你们要，找谁去"？"不和你们要，找谁去？"曹雪芹的这句话，既形象地描写了庄主贪婪凶横的面目，又深刻地揭示了庄园对贾府的作用。正是在庄园缴纳大量的租谷、贡品的基础上，荣、宁二府的大小贵族，才能过着身衣轻裘绸缎，坐食山珍海味、挥金如土的豪华生活。

上述乌进孝庄头的进贡，并非曹雪芹冥思苦想杜撰出来的无稽之谈，而是他从文学的角度，用生花妙笔勾画了清代八旗王公贵族封建庄园的基本轮廓。

清代八旗王公贵族占有大量庄园、山场和牧场，遍布河北、辽宁、吉林、黑龙江和内蒙古诸省。早在努尔哈赤、皇太极执政时期，八旗贵族就建立了许多"拖克索"（即庄），仅岳托之弟瓦克达因罪籍没的庄园就有二十三个。① 顺治元年五月清军进入北京，建立起以满族贵族为首的清政权，为八旗王公贵族霸占土地、逼民为奴、扩建庄园提供了极其有利的条件。顺治元年十二月，谕将畿辅田地"分给东来诸王，勋臣，兵丁人等"。② 此后一再增圈，共圈土地十七万余顷，设立皇庄、王庄和官员庄田，分给兵丁份地，统称为旗地。

王公庄园的扩展，主要是通过以下几种方式。首先是分领圈地。清初规定，给亲王园十所，郡王七所，贝勒四所，贝子三所，公二所，每所地一百八十亩。公主三百六十亩，郡主一百八十亩。异姓贵族之公、侯、伯各给园地三百亩，子二百四十亩，男一百八十亩。王以下所属壮丁，每丁给地三十六亩（后改为三十亩）。几十年的南北征战，王公贵族俘获了大量的人丁、牲畜。入关前夕，礼亲王代善的正红旗有十八个包衣佐领，克勤郡王岳托之子罗洛浑的镶红旗有八个包衣佐领，下五旗王公共有五十六个包衣佐领，按每佐领辖丁二百计，则有包衣一万三千二百丁。此外，还有大批编入拖克索和珠轩耕田种地、打牲采集或从事家内劳役的包衣，附属于家主户下，人数比编隶于包衣佐领的多得多。这样大量的包衣皆应计丁领地。康熙六年以后，分封皇子时，各按爵秩拨给庄园人丁。

其次，逼民带地投充。顺治二年，摄政睿亲王多尔衮下谕，允许满族贵族、官僚收民为奴，这些投入旗下之人被称为"投充人"，其地归于

---

① 《清太祖实录》卷二十五，第 22 页。
② 《清世祖实录》卷十二，第 12～13 页。

家主所有。不少奸民借称投充,而将他人田地冒为己产,投献贵族。如丰润县的黄绍业便带地六千九百亩投入英亲王阿济格门下。① 各王公大肆收纳投充,强占土地。仅英亲王阿济格收的六百八十名投充人,即带投土地八十五万余亩,分布在滦州、香河、宝坻、三河、玉田、丰润、乐亭等州县。② 多尔衮指称庄内人数不足,"滥收投充至六百八十余人""尽皆带有房地富厚之家"。③

再次,开垦山场、牧场,"滋生"余地。满洲贵族是以骑射起家的,各王公皆有大量的马牛羊群。早在努尔哈赤兴起初期,代善、褚英就各有"八百牧群"。④ 稍后,诸贝勒大臣之家,马匹"千百成群"。⑤ 因而他们占有大量牧场。这些牧场后来逐渐开垦成熟,仅庄亲王在山西的前后科布尔镶红旗马场三处,垦出的熟地就达三十二万余亩。⑥ 各王公还役使壮丁开垦荒地,名曰"滋生地""余租地",数量很大,往往超过正额田数。康熙六年分给裕亲王福全十二名"鹰手"地"两圈",内有可耕之地二千七百亩,到了乾隆五年,共有熟地七千七百余亩,比原数增加了将近两倍,这都是开垦滋生的土地。⑦ 各王公还有山场和"渔泡"地。裕亲王府在辽阳满河口的"渔泡",仅开垦成熟之地就有八千八百八十四亩。⑧

另外,贱买民田,实为霸占。各王公常常凭借权势赀财兼并民地。康熙帝之孙恒亲王弘晊及其子恒郡王永皓,皆广置私产、侵占民地。永皓之子绵槐又用银三千余两,在通州、东安县、三河县等处,"自置土地"一千九百余亩。⑨

通过这些方式,王公庄园迅速增多,遍布关内外。根据清朝《会典》《八旗通志》《通考》等官书的记载,宗室王公有庄园一千余所,占地一

---

① 《顺治揭帖》,董国兴题:《为欺君误国事》。
② 《顺治题本》,噶达洪题:《为拨补土地事》。
③ 《清世祖实录》卷五十九,第12、28页。
④ 《满文老档》太祖朝春,三。
⑤ 李民寏:《建州闻见录》。
⑥ 庄亲王府长史桂斌:《为呈覆事》。
⑦ 乾隆五年《内务府来文》(残本)。
⑧ 《宗人府堂稿》,《为咨行事》。
⑨ 《宗人府堂稿》,奕礼:《为沥情陈诉事》。

百三十三万三千六百亩。这个数字本来已经不少了，但是，经过研究，才知道此数仅是清初分赐宗室王公的免赋地，而不是王公占地的总数，各王公贵族占有的土地比这个数字要大得多。以下我们可以举几个王公为例，略谈其占地的情况。

顺治初年，摄政王多尔衮及英亲王阿济格，除在畿辅占地几十万亩以外，其留在盛京的"老庄"和"牲丁"，占地还不少。①

《红楼梦》的作者曹雪芹的家族与克勤郡王岳托之子孙有亲戚关系。岳托的伯父是褚英，其子尼堪多次领兵出征，军功卓著，先后由固山贝子、多罗贝勒、多罗郡王晋为和硕敬谨亲王。顺治九年，尼堪任定远大将军，领兵攻打大西军李定国部，中伏战死。其子兰布袭和硕亲王爵，康熙亲政后，因党附鳌拜削爵，子赖士降袭辅国公。虽然尼堪子孙的爵位连降四级，未任要职，权势不大，但因尼堪早年长期征战，俘获了大批人丁，因此分得了许多土地，除畿辅庄园之外，在辽宁的沈阳、辽阳、盖平、海城、兴京、本溪及宁远州，还有庄地四万余亩。②

岳托之孙诺尼，顺治三年封贝勒，康熙四年因罪革爵，三十九年复封贝勒，四十四年死，其子诺思托和降袭辅国公，孙福明阿降袭奉恩将军。这样一个因过一再降袭官场失意的贵族，占有庄园的数量也是惊人的。诺尼的子孙分为八房，第六房的尚文，在辽宁省牛庄、盖州、沈阳等处有地二千余亩，张家口有地一百七十余亩，河北省通州、延庆州、新城县、霸州有地二千亩，杀虎口外有地六千八百余亩。第七房的世恒，在辽宁省宁远州有地二千四百余亩，在河北新城县，通州等处有地一百八十亩。除六、七两房之外，还有其他房之子孙也有不少土地。③

从以上几种不同类型八旗王公贵族的家业，可以粗略看出，清代王公贵族占地的数字远远超过官书的记载。

---

① 《盛京内务府顺治年间档》。
② 《宗人府堂稿》，《为咨行事》。
③ 《宗人府堂稿》，善麟：《为报明事》。

清初的王公庄园，大都是由庄头督促"壮丁"（即包衣）耕种，庄主供给耕牛、农具、种子，征收"差银"、租谷和贡品，采用了封建农奴制的剥削方式。由于壮丁的斗争和汉族封建租佃制的影响，以及庄头盗典主地，拖欠银、米等原因，王公庄园开始发生了变化，乾隆以后逐渐发展为庄头招民佃种收租、向王府交纳银米贡物的封建租佃制。

八旗王公贵族凭借占有的庄园人丁，敛取大量的租谷、差银和贡品。这从康熙年间分封皇子的规定，可以看得很清楚。按清制，分封皇子，各按爵秩由内务府拨给庄园人丁。皇子封为郡王时，由内务府拨给大粮庄十三所、银庄二所、半庄一所、瓜园一、菜园二、果园一，共庄园二十所，合计有地数万亩。郡王还应分得内务府满洲佐领一、旗鼓佐领二、内管领一、打牲乌拉人丁十五名、盛京三佐领下人三十户、带地投充人五十户、给官地投充人五十户、采捕户二十名、灰军五十名、炭军五十名、煤军五十名。① 每佐领按一百五十丁、每户按二丁计，则有八百多丁（这些人丁大都是按丁给地的，一丁三十亩）。

各种类型的庄园和特种役户，给郡王缴纳品种纷繁数量巨大的租谷贡品。粮庄十三所应纳租谷五千余石。一所瓜园应交香瓜、西瓜二百担及腌白菜、小芥菜、韭菜、箭杆白菜、大芥菜、葱、春不老等五千斤，还要交茄子、黄瓜、新豌豆、苏叶、黄豆角等物。果园要交大量的桃、李、榛子、核桃等果类。盛京三佐领下人和"采捕户"，包括网户、鹰手、枪手、蜜丁等项人员，为家主打猎、捕鱼，采参、摘松。按规定，网户每丁岁交鱼五百斤，鹰手每丁交雉一百只；蜜丁交蜂蜜五十斤。牲丁交野猪二头，鹿腊九十束，或交水獭皮四张，或交鹿二头，有的交松子、人参。盛京三佐领下人三十户，采捕户二十户和牲丁十五名，每年交纳成千上万的山禽野兽供郡王府享用。炭军、灰军、煤军一百五十名，年交数以万计的炭、煤和石灰。

除了正额租差之外，各庄还要交纳鸡、鸭、鹅、猪等物，数量繁多，价格往往超过正额。例如，恒亲王允祺之孙永泽贝子的庄头许五德，原

---

① 光绪《大清会典事例》卷一一九八，《内务府》《屯庄》。

来每年向王府交"差银"一百零五两,另交猪羊、棉花等物,后来王府将猪、羊、棉花等物"折价银一百五十五两",令庄头如数缴纳。①

王府还经常强行增租,逼令缴纳。永泽贝子的管事人霍三德借主势力,责令庄头许五德每年交"差银"五百两(超过原额一倍),并且要补交三年租银,共一千五百两,许五德一一"如数交纳"。霍三德又传主令,"以后每年要交钱粮一千两,每两加平银一钱二分"(即多收一百二十两)。②三年之内,从二百六十两变为一千一百二十两,足足增加了三倍多。

不仅有权有势的王爷占有大批庄园人丁,征收到巨量的银、米、贡物,就连王公的后代子孙中没有封爵的"闲散宗室",有的也承袭了大批祖产。例如,绵槐本是没有爵位的闲散宗室,因过继给恒敬郡王永皓为子,得袭王产,加上自置田房,每年进项,统计房地租息、当铺利钱共二万多吊,可买谷数万石。③

众多的庄园人丁,品种纷繁数量巨大的差银、租谷和贡品,就是保证八旗王公贵族过着《红楼梦》所写"白玉为堂金作马"的豪华生活的重要物质条件。

三 鸳鸯、晴雯与包衣制度

贾府有许多丫头、小厮、仆妇和管事。这些人虽然都是宁国府、荣国府的家人,但来源不同,地位相异,等级森严,贫富悬殊。公道、正直、刚强的鸳鸯是"家生女儿",其父金彩"在南京看房子",兄嫂皆为贾府效劳。聪明美丽、洁白无瑕的晴雯,父母早丧,孤苦伶仃,十岁时就被赖大买来,"孝敬"了贾母。赖大是贾府的大总管,权势较大,家资富豪,其子倚仗贾府之力当上了知县官。丫头、小厮、仆妇侍候老爷、夫人、少爷、小姐,遭受家主奴役、迫害。王夫人责骂无辜的金钏儿是

---

① 内务府:《为咨行事》。
② 档案,提督衙门:《为请旨事》。
③ 档案,《宗人府堂稿》,奕礼:《为沥情陈诉事》。

"下作的小娼妇",将她赶出大门,逼得金钏儿跳井自尽。"心比天高"的晴雯,虽然重病在身,四五日水米未沾,也因"身为下贱",被王夫人诬陷为勾引宝玉的贱人,被强行逐出,含冤而死。丫头、小厮婚姻不能自主,听凭老爷指配。林之孝家的捏控五儿偷盗,王熙凤即吩咐:"把五儿打四十板子,立刻交给庄子上,或卖或配人。"她又要贾蓉把忠于老主、从征有功的焦大"远远的打发""到庄子上去"。残酷的迫害,严密的束缚,并不能迫使所有奴仆俯首帖耳,完全听从主子宰割。鸳鸯蔑视贾赦的威胁利诱,愤怒抨击迫害妇女的封建妻妾制度,宁死不屈,誓不做妾。司棋向往婚姻自由,忠于对表兄之爱,以身殉情。

曹雪芹的妙笔,以文艺的形式,描绘了清代满族贵族的包衣制度的基本情况,愤怒地谴责了这种反动制度。

包衣,是满语 booi 的音译,全名为包衣阿哈,意为家之奴仆,有时写作阿哈、家之人、户下人、旗下家人、壮丁或庄丁。

清帝和八旗王公贵族占有大量的包衣。包衣主要来源于被俘为奴的汉民。天命三年(1618),满族贵族攻下抚顺时,掠取人畜三十万。其后,攻占开原、铁岭、辽阳、沈阳,又掠夺了大量人口,时有"辽民尽皆为奴"之说,可见俘获人口之多。这批人隶属于汗、贝勒和诸大臣,降为奴仆,简称之曰包衣。顺治元年清军入关之后,包衣数量大大增加。王公大臣把辽东原有的奴仆带进关内,称"东人"或"陈壮丁"。在攻打农民军、南明军队以及平定三藩之乱时,八旗军队又俘掠了大批的汉民为奴。顺治十一年六月,兵部督捕右侍郎魏绾奏请放宽"逃人法",减轻对收留逃亡包衣的窝主的处治,顺治帝大发雷霆,下谕严斥说,"满洲家人系先朝将士血战所得,故窝逃之禁甚严"。[①]康熙帝也曾对诸王、大臣下谕说:"用兵地方,诸王将军大臣,于攻城克敌之时,不思安民定乱,以立功名,但志在肥己,多将小民子女,或借名通贼,将良民庐舍焚毁,子女俘获,财物攘取。"[②]从"满洲家人是先朝将士血战所得"及诸王将军俘获良民子女为奴的记载,不难看出清初的包衣人丁主要来源于被俘

---

① 《清世祖宗录》卷八十四,第4页。
② 《清圣祖实录》卷八十二,第19页。

获的汉人。这些包衣生的子女叫"家生子女"，数量是不小的。乾隆十年，关内四百六十名皇庄头，向内务府呈报，亲壮人丁已达三万余名，其中就包括大批"家生子女"在内。①

包衣的另一个来源是逼令汉民投充为奴。顺治二年三月，摄政睿亲王多尔衮下达了收民投充的命令。他谕示户部："近闻出征所获人民，有祖父、父母及伯叔兄弟、亲子、伯叔之子并无配妻未经改适在籍者甚多，尔等如情愿入满洲家，与兄弟同处，可赴部报明。……又闻贫民无衣无食，饥寒切身者甚众，如因不能资生，欲投入满洲家为奴者，本主禀明该部，果系不能资生，即准投充。"② 后又一再下令，许各旗收投充"为役使之用"。③ 顺治帝亲政以后，也宣布各旗可"收贫乏业者，用以力农"。④ 于是清帝及八旗贵族大肆逼民投充，"距京三百里外，耕种满洲田地之处，庄头及奴仆人等，将各州县庄屯之人逼勒投充，不愿者即以言语恐吓，威势迫胁。各色工匠，尽行搜索，务令投充"。⑤ 仅摄政王多尔衮便收有投充人一千四百余丁。内务府在关内的四百六十余名庄头所辖的"投充壮丁"，就有二千零三十余名。⑥

买民为奴，也是包衣人丁的来源之一。八旗贵族凭借权势资财，不断地收买奴婢，清王朝专门制定买奴法例，以保证家主的利益。顺治十年规定："八旗买卖人口，均令该领催注册，以备稽查。民人令亲邻中证立契，赴本管衙门挂号钤印，即免输税"。康熙二年定："八旗买卖人口，两家赴市纳税记册，令领催保结列名，若系汉人，令五城司坊官验有该管官印票者准卖，永著为例。"⑦ 十一年又定："凡在顺治十年以前，买人未用印信，中证明白，及本人自称卖身是实者，俱断与买主。"雍正元年定："自康熙四十三年起至六十一年止，白契所买之人，俱不准赎身。雍

---

① 《内务府会计司呈稿》。
② 《清世祖实录》卷十五，第 10 页。
③ 《皇清奏议》卷五，刘余祐：《革投充疏》。
④ 《清世祖实录》卷五十九，第 12～13 页。
⑤ 《清世祖实录》卷十五，第 30 页。
⑥ 《内务府会计司呈稿》。
⑦ 《清朝文献通考》卷二十，《户口》。

正元年以后，若给原价，俱准赎为民，其妻亦准赎出。若卖身后，买主配有妻室者，不准赎。"① 皇室及八旗贵族买了很多奴仆，仅关内部分皇庄头的"自置壮丁"就有三千六百余人。②

因罪籍没入官为奴的也不少。早在努尔哈赤兴起初期，统治者便曾将许多违犯法禁的诸申贬为奴仆。清军入关以后，这种情况更为常见。就连主持朝政八年之久，身为皇父摄政睿亲王的多尔衮，也因死后被定为篡逆大罪，"籍没所属，家产人口入官"。③ 其党羽大学士刚林被处死，"籍没家产，妻子为奴"。④ 康熙五十一年，"南山集案"的主犯戴名世被处死，方孝标开棺戮尸，此两人的家属，母、女、妻、妾、姐、妹，子之妻、妾，十五岁以下子、孙；伯、叔、父、兄之子，亦俱查出，给予功臣之家为奴。⑤ 曾任要职的蔡珽和李维钧因犯罪，妻子入内务府为奴。⑥

清帝及八旗王公贵族，通过以上方式，占有了大量的包衣。根据八旗男丁档册记载，顺治五年八旗有包衣二十一万多丁，占八旗男丁总数三十四万六千余的百分之六十二。康熙六十年包衣增为二十四万余丁。⑦

包衣基本上可以分为两类。一类是编隶八旗包衣佐领的包衣，称为"包衣旗人"。正黄、镶黄、正白三旗，因是皇帝直接掌握，称"上三旗"，这三旗之下的包衣佐领称"包衣三旗"、"内务府三旗"或"三旗包衣佐领"。正红、镶红、正蓝、镶蓝、镶白五旗的包衣佐领则分隶于各旗的宗室王公贵族，通称为"下五旗包衣佐领"。包衣佐领下的人员，主要为主服役及披甲从征。入关以后，"包衣旗人"的地位逐步提高，可以应试为官，披甲出战，与普通"正身旗人"没有多大的区别。像曹雪芹的祖父曹寅就是正白旗包衣佐领下人，任至苏州织造、江宁织造、通政

---

① 《清朝文献通考》卷二十，《户口》。
② 《内务府会计司呈稿》。
③ 《清世祖实录》卷五十三，第 19 页。
④ 《清世祖实录》卷四十五，第 23 页。
⑤ 《清圣祖实录》卷二百四十九，第 3 页。
⑥ 《清史列传》卷十三，《蔡珽传、李维钧传》。
⑦ 安双成：《顺康雍三朝八旗丁额浅析》，《历史档案》1983 年第 2 期。

使。有的包衣旗人还当上督抚和尚书、侍郎。

另一类是附于家主户下的包衣，一般称为"户下人"或"旗下家人"，包括"壮丁"、"庄丁"、"牲丁"和"家人"等，其身份地位远远低于"包衣旗人"。对于"户下人"的情况，顺治帝曾经指出："向来血战所得人口，以供种地牧马诸役"，若不严禁逃亡，"则逃者愈多，驱使何人：养生何赖"。这段话概括地规定了作为"户下人"的包衣的根本义务是，使家主"养生"有赖，"驱使"有人。换言之，包衣人丁必须为主耕田种地，牧放马牛，猎捕禽兽，采参摘松，伐木运水，从事各种家务杂活，听凭主子差遣。大批包衣人丁在庄头的督促下，耕田种地，打牲采摘。根据《顺治年间档》的记载，英亲王阿济格在盛京有九个粮庄和四个棉庄；由庄头管理一百多名包衣（壮丁）进行生产。此外，还有许多采参、捕猎的包衣，按期缴纳人参、狐皮等物。摄政睿亲王多尔衮在盛京有十个粮庄和七个棉庄，每庄有壮丁十三四名，耕种田地，年交粮谷上千石。

王公贵族还迫使包衣从事家务杂活及其他差事，人数也相当多。天聪九年（1635），礼亲王代善之子、岳托之弟瓦克达家有满洲包衣一百五十六人，蒙古包衣二十人，汉人包衣一百九十九人，还有各色匠役三百零四人。① 顺治八年正月，英亲王因"谋乱"被幽禁，"其家役量给使用，余人及牲畜俱入官"。就是这样的"量给"家役使用，即有三百名妇女，可见英王府原有家人的数目之多。② 康熙四十一年，因"各省官员赴任者，携带奴仆多至数百人"，清政府立法限制，"旗下督抚家口，不得超过五百名"。③ 这几百名"奴仆"，都是为家主服役的。

包衣是家主的奴仆，身份地位极为低贱。顺治三年颁行的《大清律》规定："凡奴婢告家长及家长缌麻以上亲者，与子孙告祖父罪同。……凡奴婢殴良人者，加凡人一等"。这是就全国范围内主仆关系而言，八旗包衣与其家主的依附关系比这个规定更为厉害。雍正四年，清帝下谕："历

① 《清太宗实录》卷二十五，第22页。
② 《清世祖实录》卷五十五，第2页。
③ 《清圣祖实录》卷二〇八，第18页。

来满洲风俗，尊卑上下，秩然整肃，最严主仆之分。家主所以约束奴仆者，虽或严切，亦无不相安为固然。……夫主仆之分一定，则终身不能更易，在本身及妻子仰其衣食，赖以养生，固宜有不忍背负之心，而且世世子孙永远服役，亦当有不敢纵肆之念……"①

包衣身份十分低贱，在相当长的时间里，不准应试为官，婚姻不能自主，听凭家主指配。例如，顺治初年，总管内务府规定，安塔木、布达什两牛录的姑娘们，棉、靛拖克索的姑娘们，只能给两牛录及棉、靛拖克索内适当的人，不许给予另外旗。十个粮庄的姑娘们，只能给予这些粮庄之人，不得私自给予另外的人，"违者惩处"。②

所有这些，在《红楼梦》里都有艺术的反映。

综上所述，我们认为，《红楼梦》所写的王公贵族，确有所据，并非空中楼阁、无稽之谈。伟大的现实主义作家曹雪芹，以精彩的文笔、动人的情节，在这部巨著中生动地、形象地反映了八旗贵族的基本状况，深刻地揭示出王公贵族腐朽、贪婪、残忍的面目，提供了许多难得的珍贵资料。

（本文原载《红楼梦学刊》1982 年第 4 辑）

---

① 《清文献通考》卷二十，《户口》。
② 《盛京内务府顺治年间档》。

满族与"康乾盛世"

清朝康熙、雍正、乾隆时期（1662～1795 年）出现了人们所称的"康乾盛世"，这固然是全国士家工商兵僧奋斗的结果，也与三朝帝君勤理国政和满洲八旗、汉军八旗、八旗包衣佐领人员的努力，密切相关。

一　康熙皇帝奠定盛世之基

（一）形势严峻

顺治十八年（1661 年）正月初九，八岁幼童爱新觉罗·玄烨，端坐北京紫禁城内太和殿宝座，举行登基大典，继承了先皇世祖章皇帝福临之位，成为入关以后大清第二位皇帝，年号康熙。

摆在这位新君面前，有许多难题，还有严重的隐患，概括起来主要有四大难题。

其一，财政困窘。明末清初的几十年战争，使社会经济遭到极大破坏，清初赋役剥削较重，贪官污吏敲诈勒索，旱涝灾害频仍，又严重地阻碍了生产的恢复和发展，使千千万万黎民百姓衣食无着，流离失所，大片大片的田地荒芜，国家财政异常困难。直到康熙十年（1671 年），一向号称"天府之国"的四川，仍然是"有可耕之地，而无耕田之民"。① 新的君主即位之时，全国耕种之田地仅 556 万顷，比 80 多年前明朝的耕

---

① 《清圣祖实录》卷36，第7页。

地减少了 200 多万顷。赋税收入减少，军费开支却是极其庞大，财政大量赤字。顺治十六年（1659 年），全国赋税收入为 1814 万余两，岁出 2261 万余两，赤字为 447 万余两，而支出之中，兵饷军费占 1900 余万两。①此后，每年兵饷多达 2400 余万两，全国一年额赋收入才 1960 万两，全部用于军费，尚缺 400 余万两，至于王公、百官禄米俸银和赈灾治河等费用数百万两，毫无着落，真是国库如洗，岁岁缺银缺粮。

其二，三藩割据。"三藩"是指平西王吴三桂、平南王尚可喜、靖南王耿精忠（袭其祖耿仲明、父耿继茂之爵）。吴三桂总管云南、贵州，尚可喜镇广东，耿精忠镇福建。三藩拥兵自重，"耿、尚二藩所属各十五佐领，绿旗兵各六七千，丁口各二万。吴三桂藩属五十三佐领，绿旗兵万有二千，丁口计数万"。② 三藩霸占本地财源，残酷鱼肉百姓。吴三桂尽刮前明黔国公沐氏旧庄 700 顷为王庄，又圈占明代卫所军团。他还强占民地为牧场猎场，以致"昆明三百里内为刍牧之场，其外为奉养区者三百余所……潴其坟墓，庐其室家，役其妻孥，荐绅士庶及于农工商贾，惴惴焉唯旦夕之莫保"。③ 尚可喜侵夺民田，设立王庄、官庄，广东北郊花山一带，绵亘 500 余里，被奸民带地投藩，成为王庄。其官庄"占民耕田辄千百顷"。④ 耿、尚二藩强征苛捐杂税，"大至盐铁，小及鸡豚，城市乡村，列坐抽剥"，仅尚可喜，"每岁所获银两，不下数百万"，"藩府之富几甲天下"。⑤

三藩不仅残酷压榨黎民，而且割据本土，为所欲为，"有司莫能诘"，实成国中之国。平南王据广东，还垄断对外贸易，控制全部外商洋货，并乘朝廷厉行海禁之时，大肆走私，"私造大船，擅出外洋为市"，其获利之大，难以数计，而"国课全无"。⑥ 吴三桂更是心怀异志，"通使达赖

---

① 《清史稿》卷 244《王命岳传》。
② 魏源：《圣武记》卷 2。
③ 刘坊：《天潮阁记》卷 2《云南序曲》。
④ 王永名；康熙《花县志》卷 4，艺文；谭绍泰：《花山纪略》。
⑤ 《清圣祖实录》卷 91，第 21、22 页；郝玉麟：《广东通志》卷 62；吴兴柞：《议除藩下苛政疏》。
⑥ 吴兴柞：《议除藩下苛政疏》。

喇嘛，奏互市茶马于北胜州，于是西番蒙古之马由西藏入滇者，岁千万匹。假浚渠筑城为名，广征关市，榷盐井，开矿鼓铸，潜积硝、磺诸禁物，重敛土司金币，厚自封殖。散财给士，人人得其死力。专制滇中十余年，日练士马，利器械，水陆冲要遍置私人，各省提镇多其心腹"。尚可喜年事已高，委任其长子尚之信理事。此人"以酗酒虐横于粤"，"耿精忠以税敛暴于闽"，"皆为三方患"。三藩兵多饷巨，云南每年耗饷最多时达 900 余万两，平时亦数百万，以致形成"天下财赋，半耗于三藩"。① 若不除掉三藩，则国无宁日，民难安居，更谈不上国库充盈了。

其三，沙俄入侵。俄国殖民军从明朝末年起，入侵我国黑龙江流域，烧杀掳掠，勒索贡赋，并不断扩大其霸占的殖民辖区，欲图霸占我国更多的领土。顺治帝曾先后派遣固山额真明安达礼、沙尔虎达，率兵猛烈反击，连战连捷，消灭了大部分侵略者，把殖民军全部逐出黑龙江中下游。但是，上游的尼布楚等地还被俄军侵占，而且俄国殖民军还未死心，又欲图卷土重来，并建立雅克萨等城镇，作侵略军的据点。到 17 世纪 60 年代，俄军在中国的贝加尔湖到黑龙江流域，建立了它的殖民统治，对我国索伦部，赫哲、费牙喀等民族进行残酷剥削和野蛮统治，并不断扩大其侵略范围，东北地区边患严重。

与此同时，漠西厄鲁特蒙古四部不断发展，尤其是准噶尔部势力迅速扩展，并在沙俄支持下，企图统一漠西四部并漠北喀尔喀蒙古三部，窥视西藏、青海，不仅危及西北安宁，还想把矛头指向中原地区。

其四，辅臣专权。顺治帝遗命索尼、苏克萨哈、遏必隆、鳌拜四人为辅政大臣，佐治国政。从幼主玄烨即位的那一天起，到康熙八年（1669 年）五月十六日以前，军政要务皆由辅政大臣鳌拜等人主持，康熙六年九月索尼病逝以后，鳌拜更加骄横跋扈，把持朝政，结党专权，藐视幼君。他"内外用伊奸党"，其兄弟穆里玛，侄子塞木特、讷漠及亲信济世等 20 余人分居要职，如大学士、辅国公班布尔善，吏部

---

① 魏源：《圣武记》卷 2。

尚书阿思哈，侍郎泰必图，兵部尚书噶褚哈，侍郎迈音达，工部尚书济世，已故工部尚书马尔赛，内院学士吴格塞，山陕总督莫洛，陕西巡抚白清额，山西巡抚阿塔，等等，这一大批要员皆鳌拜党羽。鳌拜操纵用人之权，"文武各官尽出伊门下"。他独专朝政，"凡事在家议定，然后施行，且将部院衙门各官于启奏后带往相议"。他不把"天子"放在眼里，竟敢在"天子"面前将位列一、二品的部院尚书、侍郎等大臣视为下人，大声呵斥，并在业已亲政的康熙皇帝面前"攘臂"强奏累日，逼迫年幼的君主同意杀死另一辅政大臣苏克萨哈及其家人，籍没其资产。鳌拜不仅专权横行，而且擅自改变先皇顺治帝争取、重用、倚任贤能汉官辅理国政的正确政策，将先帝亲手选拔，精心培养、任用的一批忠直干练之士贬职罢官或闲置，严重影响了朝政的清明，加剧了满汉矛盾的发展。

此外，幼帝玄烨还遇到一个相当严重的问题，那就是满洲的人丁太少。顺治元年（1644 年），清军入关之时，满洲八旗只有 310 个牛录，按每牛录 200 丁计算，不过 6 万余丁。经过几年的南征北战，伤亡很大，顺治五年满洲壮丁只有 5.5 万余丁，加上蒙古八旗、汉军八旗壮丁，才有 10 万余丁。到了顺治十四年（1657 年）满洲男丁不仅没有增加，反而下降为 4.9 万余丁，减少了 11%。这样少的满洲壮丁，即使人人皆兵，也不过四五万名，怎能镇住三藩数十万军队？怎能驱逐沙俄殖民军？怎能抵敌漠西蒙古准噶尔部南下？

内忧外患，国贫民困，这就是少年天子康熙皇帝即位以后，面临的严峻形势。

（二）平定三藩，三征噶尔丹

康熙皇帝即位后，尽管是困难重重，但他并未退缩不前，而是继承祖先勇于进取的优良传统，在多谋善断的祖母孝庄太皇太后指点和一批满汉能臣辅佐下，知难而进。他清楚，要治理好国家，关键是要亲自主持国政。康熙八年五月十六日，玄烨巧施妙计，把鳌拜诱入宫中，拿获下狱，革职剥爵幽禁籍没，对其党羽，或斩或罢，按罪行轻重分别进行惩处，一举夺回军国大权，当上真正能够"乾纲独断"的皇帝。① 此时，玄烨才 15 岁。

紧接着，玄烨以三藩割据，尾大不掉，巨饷难支，祸国殃民，"撤亦反，不撤亦反"，不如先撤，毅然决定撤藩。康熙十二年（1673 年）五月、八月，分别派遣钦差大臣前往云南、广东、福建，经办撤藩之事。吴三桂盘踞云南多年，听到撤藩消息，勃然大怒，于十一月起兵反叛，尚之信、耿精忠相继叛乱。吴三桂在各地的党羽纷起响应，云南、贵州、四川、广西、福建、广东、湖南七省，以及湖北、陕西、江西大部分州县，皆脱离了清朝的控制，一时，"天下骚动，伪檄一传，四方响应""各省兵民，相率背叛"，"东西南北，在在鼎沸"。② 成吉思汗的嫡系后裔蒙古察哈尔部布尔尼亲王，乘三藩叛乱之机起兵反清，给北京造成很大威胁。

面对"三藩之乱"的惊涛骇浪，一些王公大臣惊慌失措，大学士索额图请诛建议撤藩之臣，统军平叛的宁南靖寇大将军顺承郡王勒尔锦、扬威大将军简亲王喇布、安远靖寇大将军贝勒尚善等人，惧敌怯战，屯兵不前。在清朝统治出现严重危机的时刻，年方十九的康熙皇帝玄烨镇静自若，继续发扬勇擒鳌拜的大无畏精神，调兵遣将，严厉斥责和撤换、惩治贻误军机的勒尔锦等宗室王、贝勒，重用图海等满洲、汉军和汉人能臣武将。

康熙皇帝在关系着清朝统治存亡的关键时刻，任用的人有：图海，满洲正黄旗人，由笔帖式任至大学士兼礼部尚书。察哈尔部布尔尼起兵危及畿辅时，康熙帝命信郡王鄂扎为抚远大将军、图海为将军往征。此时，北京的八旗将士大都调往前线，拱卫京城的人员很少，图海奏准，调八旗骁勇包衣人丁，迅速前行，"士卒奋勇，无不以一当百"，很快削平布尔尼之乱。随即进军关陇，大败叛将陕西提督王辅臣，平定陕甘叛

---

① 《清圣祖实录》卷 23，第 18 页；卷 29，第 3、4、5 页；昭梿：《啸亭杂录》，卷 1，《圣祖拿鳌拜》。
② 《清圣祖实录》卷 99，第 8、10 页；赵翼：《皇朝武功纪盛》卷 1《平定三藩述略》；《清史稿》卷 269《明珠传》。

乱。赖塔，满洲正白旗人，早年征战，康熙十三年以都统授平南将军，破叛藩耿精忠，逼其投降，平定了福建等地。康熙十九年又任平南大将军，统兵由广西进取云南，会合定远平寇大将军贝子彰泰、勇略将军赵良栋，于康熙二十年（1681年）攻克吴氏统治多年的昆明。莽果图，满洲镶白旗人，由协领擢至护军统领、镇南将军，屡建功勋，病卒于军。号称河西四将之一的汉军正白旗人凉州提督孙思克，同旗之湖广总督蔡毓荣、江西总督董卫国，在平定三藩的斗争中都做出了贡献。① 八旗将士为征讨叛藩而奋勇冲杀，血洒沙场，战死军前者很多，满旗人在维护统一的多民族国家的斗争中，起了很大的作用。

康熙皇帝调动满汉大军40万，厚赏将士，并且不辞辛劳，亲自指挥作战。史称其"每日军报三四百疏，手批口谕，发踪指示，洞中机窾，遵命者罔不摧敌，违机者罔不钝衄，用能指麾臂使于数千里之外"。② 在康熙皇帝的正确指挥和满、蒙、汉将士奋勇反击下，冲破叛藩一个又一个据点，历经八年艰苦斗争，终于平定了"三藩之乱"，消灭了割据势力。

平定三藩之后，玄烨又任汉军镶红旗人姚启圣为福建总督，汉军正红旗人吴兴祚为福建巡抚，汉军镶黄旗人施琅为福建水师提督，于康熙二十二年（1683年）进军，降服了南明延平郡王郑克塽，统一了台湾。③

玄烨随即着手解决沙俄军队侵我东北边疆的问题，于康熙二十四年（1685年）四月，命满洲正红旗人一等公副都统彭春、满洲正白旗人副都统郎坦，率乌拉、宁古塔兵1500名、索伦、达斡尔兵500名，京营八旗兵500余名及汉兵420名，进攻雅克萨，逼迫俄军投降或撤走。不久，俄军复回。第二年，满洲镶黄旗人黑龙江将军萨布素，奉命率宁古塔兵2000名围城，大败俄军，终于迫使沙皇俄国政府遣使谈判，于康熙二十八年（1689年）签订了《尼布楚条约》，保卫了中国神圣领土，解除了北边威胁。④

---

① 《满洲名臣传》卷13《穆占传》、卷20《蔡毓荣传》；《清史列传》卷6《图海传》、卷7《董卫国传、赖塔传》。
② 魏源：《圣武记》卷2。
③ 《清史列传》卷8《姚启圣传》；卷9《施琅、吴兴祚传》。
④ 《清史列传》卷10《萨布素、郎坦传》；《清史稿》卷280《彭春传》。

在此前后，漠西厄鲁特蒙古准噶尔部噶尔丹汗猛烈扩展势力。康熙二十七年噶尔丹竟领兵 3 万，大举进攻漠北喀尔喀蒙古三部，尽占其地，逼迫喀尔喀三部汗、贝勒率部投奔清朝，玄烨予以收留，安置于漠南蒙古苏尼特等部。二十九年，准噶尔部噶尔丹汗借口索要喀尔喀土谢图汗和哲布尊丹巴，领军两万余名南下，深入漠南蒙古乌兰布通，距北京只有 700 里，京师为之戒严。

玄烨为了确保西北及北部地区安全，使喀尔喀三部数十万蒙古人能重返故乡，摆脱准噶尔汗噶尔丹的侵袭劫掠，毫不畏惧善战的强大的准噶尔军，于康熙二十九年率军亲征，授皇兄裕亲王福全为抚远大将军，皇长子允禔为副将军，出古北口，皇弟恭亲王长宁为安北大将军，简亲王雅布、信郡王鄂扎为副将军，出喜峰口，满洲大臣国舅佟国纲、佟国维及索额图、明珠等一大批文臣武将随驾出征。福全统军大败噶尔丹于乌兰布通，准噶尔军逃走。康熙三十五年（1696 年），玄烨第二次亲征，率领满、蒙、汉将士 8 万余名，兵分三路。噶尔丹见"天兵"降临，畏惧撤走，至昭莫多被清朝的西路主帅满洲正白旗人抚远大将军费扬古截住去路，遭致命打击，主力被歼。第二年，玄烨率军第三次亲征，途中闻听噶尔丹四处逃窜，暴卒途中，乃班师回京。喀尔喀三部喜还故地。至此，阿尔泰山以东，尽隶清朝版图。青海蒙古诸台吉入京朝贡，分别被封为王、贝勒、贝子，"青海始为边藩"。之后，玄烨派兵入藏，赶走侵占藏地的准噶尔兵，册立六世达赖，将西藏纳入大清国土。

（三）蠲免钱粮，大兴河工

随着军事方面取得辉煌胜利，康熙皇帝又大力进行恢复经济、发展生产、改善旗民处境、扭转财政危机的繁重工作。胸怀"惟愿天下治安，民生乐业，共享太平之福"大志的康熙皇帝玄烨，在经济上不是竭泽而渔、增赋加税，而是实行抚恤黎民、轻徭薄赋的正确政策。他采取的主要措施是大量蠲免钱粮。他认为："蠲租乃古今第一仁政，下至穷谷荒陬，皆沾实惠""民富国才能强。"蠲免钱粮又分为三类：灾荒蠲免、通欠蠲免和大规模的普免。

灾荒蠲免次数最多，地区很广，是清廷赈灾恤民的重要措施。凡地方遭遇水、旱、火、虫、风、雹、地震等自然灾害，除发放银、米赈济灾民外，还根据受灾程度，分等蠲免田赋。政府规定，"被灾九分、十分者，全免本年额赋"，被灾七分、八分者，免五分额赋。受灾太重，田地不能耕种者，免赋时间可以延长，或免三年，或免五年，有的甚至长期免除。另外，水冲沙压地及汭江地之额赋，皆永远免除。

逋欠蠲免，是蠲免多年积欠的田赋丁银，康熙年间多次施行。自顺治元年到十七年，各省共积累拖欠赋银2700多万两，米700万石，超过康熙初全年的额赋。康熙三年（1664年），蠲免顺治十五年以前各省民间逋欠，第二年又免顺治十六、十七、十八年各项积欠钱粮。① 大规模蠲免是免去大批府州县田赋丁银。康熙二十四年，免直隶地丁钱粮110余万两，免河南、湖北二十四年未完钱粮及二十五年应征钱粮的一半。康熙二十八年，免江苏省二十六年未完钱粮及二十七年应征钱粮共600万余两。康熙四十二年免山东、河南、云南、贵州、广西、四川六省明年田赋。四十七年免江南、浙江丁银田赋800万两。据康熙四十八年户部的统计，自康熙元年以来所免钱粮，已达1亿多两。②

康熙四十九年（1710年）十月初三日，帝谕：三年之内依次普免天下一年钱粮。这一很长的谕旨讲得很清楚：

> 方朕八龄践祚之初，太皇太后问朕何欲？朕对无他欲，惟愿天下治安，民生乐业，共享太平之福而已。迄今五十年矣，惓惓此心，未尝一日少释。每思民为邦本，勤恤为先，政在养民，蠲租为急，数十年以来，除水旱灾伤，例应豁免外，其直省钱粮次第通蠲一年，屡经举行，更有一年蠲及数省，一省连蠲数年者。……而民生所以未尽殷富者，良由承平既久，户口日蕃，地不加增，产不加益，食用不给，理有必然。朕洞瞩此隐，时深轸念，爰不靳敷仁，用苏民

① 《清圣祖实录》卷14，第30页。
② 《清圣祖实录》卷244，第3页。

力，明年为康熙五十年，思再沛大恩，以及吾民，将天下钱粮一概蠲免。……自明年始，于三年以内，通免一周，俾远近均霑德泽。①

康熙皇帝这样大量蠲免钱粮，受到广大兵民拥戴，当时不少有识之士认为，"惟蠲免钱粮，率土均沾实惠"。②康熙在位的61年里，先后蠲免钱粮多达545次，总共蠲免钱粮超过1.4亿多两，数量之多，亘古未有，这对恢复经济、发展生产、改善人民生活，都起了重大作用。

康熙五十一年（1712年）二月二十九日，帝谕实行"滋生人丁永不加赋"制度，规定从当年起，对新生人丁，不再征收丁银，这也是利民利国的政策，为以后的"摊丁入亩"创造了条件。

康熙皇帝还考虑到佃农的利益，制定了蠲赋之时，田主亦须减免佃农田租。康熙四十九年（1710年）十一月初一日，兵科给事中高遐昌奏请减免佃租说："凡遇蠲免之年，请将佃户田租，亦酌量减免，著为例。"玄烨赞同此议，谕告大学士：

> 蠲免钱粮，但及业主，而佃户不得沾恩，伊等田租亦应稍宽。但山东、江南田亩，多令佃户耕种，牛种皆出自业主，若免租过多，又亏业主，必均平无偏，乃为有益。此本著交部议。

户部遵旨议奏："嗣后凡遇蠲免钱粮，合计分数，业主蠲免七分，佃户蠲免三分，永著为例。"康熙皇帝批准了这一拟议。③这一对业主、佃农免钱粮的具体规定，在漫长的封建社会时期，是罕有的，对减轻佃农遭遇灾害时的损失，鼓励农业生产，发展农业经济等，都是很有益处的。

康熙皇帝十分重视赈济灾民之事，一遇灾荒，除了蠲免钱粮外，还多次遣官发放银米，赈济灾民。康熙二十八年（1689年），直隶旱灾，发

---

① 《清圣祖实录》卷244，第2、3、4页。
② 《清史稿》卷264，《郝维讷传》。
③ 《清圣祖实录》卷244，第13、14页。

银 35 万两赈济灾民，又发银、米数十万（两、石）赐予八旗兵丁及种田的包衣人丁，因怕官吏克扣中饱，特遣侍郎索诺和、李光地等八人，分成四路，视察赈灾之情。诸臣巡查以后回奏："赈过饥民万万，均荷天恩。"

史载：

> 时频年赈恤，发帑数十万或百万，遣部院堂司官往司其事。至被灾地广，惟恐恩泽或遗，则分命大臣往赈，如康熙四十二年赈山东，四十九年赈陕、甘，皆分三路并赈。①

康熙皇帝注意到要发展生产，达到民富国强，水利建设是不能忽视的、十分重要的工作，必须抓紧治理黄河、淮河。

黄河全长 5464 公里，经常泛滥、改道成灾，从元朝起，黄河与运河交汇，更增加了泛滥成灾的危险。明末清初长时期战争频繁，河道失修，致使河患十分严重。治河名臣靳辅概述清初河患情形说：

> 自顺治十六年归仁堤冲溃之后，睢、湖诸水悉由决口侵淮，不复入黄刷沙，以致黄水反从小河口、白洋河二处逆灌，停沙积渐，淤成陆地，至康熙六、七年闻，各处大水，黄、淮并涨。……淮之水由高、宝诸湖直射运河，冲决清水潭，下淹高、江等七州县之田者多。②

康熙十五年（1676 年），黄河再涨，灾情更重。黄、淮泛滥，千千万万黎民流离失所，田房淹没，而且危及每年通过运河输送 400 万石漕粮供应北京帝王臣僚兵民的大事，所以，以治国安民为己任的康熙皇帝，在 14 岁时，就"以三藩及河务、漕运为三大事，书宫中柱上"③，待财政略

---

① 王庆云：《石渠余记》卷 1。
② 靳辅：《治河方略》卷 6。
③ 《清史稿》卷 279《靳辅传》。

为好转之时，就大拨帑银，委派能臣，治理河道。康熙十五年十月十三日谕吏部：

> 今年淮扬等处，堤岸溃决，淹没四地，关系运道民生，甚为重大，其令工部尚书冀如锡、户部尚书伊桑阿前往省视。

几天之后，帝谕：

> 告冀如锡、伊桑阿二人，河工经费浩繁，迄无成效，沿河百姓皆受其困，今特命尔等前往，须实心相视，将河上利害情形，体勘详明，各处堤岸应如何修筑，备为一劳永逸之计，勿得苟且塞责。如勘视不审，后复有事，尔等亦难辞咎。①

第二年，他授安徽巡抚汉军镶黄旗人靳辅为河道总督，并在财政比较困难的情况下，批准了靳辅大规模治河方案所需之经费数目，拨银250万两。此后，又多次调拨大量帑银以进行大规模的全局治河工程。

康熙帝亲自披览治河书稿、地图、奏疏，六次巡视河工，调查研究，指授方略，确定重大施工方案。康熙二十三年十月，帝以黄河屡次冲决，久为民害，"欲亲至其地，相度形势，察视河工"，遂命驾南巡。② 他巡视了肖家渡、九里岗等险要工程之后，谕靳辅：

> 朕向来留心河务，每在宫中细览河防诸书及尔屡年所进河图与险口决口诸地名，时加探讨，虽知险工修筑之难，未曾身历河上，其河势之汹涌患浸，堤岸之远近高下，不能了然。今详勘地势，相度情形，细察肖家渡……一带，皆吃紧迎溜之处，甚为险要，所筑长堤与逼水坝，须时加防护。③

---

① 《清圣祖实录》卷63，第14、17、18页。
② 《康熙起居注》康熙二十三年十月十八日。
③ 《康熙起居注》康熙二十三年十月二十一日。

康熙二十三年（1684年）十月二十二日，帝乘船经过江苏省高邮、宝应诸县时，“见民间田庐多在水中，恻然念之”“因登岸亲行堤畔十余里，察其形势，召集生员耆老，问其致灾之故，细与讲求”。复写诗一首：

淮扬罹水灾，流波常浩浩。龙舰偶经过，一望类洲岛。
田亩尽沉沦，舍庐半倾倒。茕茕赤子民，栖栖卧深潦。
对之心惕然，无策施襁褓。夹岸罗黔黎，跽陈进耆老。
谘诹不厌烦，利弊细探讨。饥寒或有由，良惭主仓颢。
古人念一夫，何况睹枯槁。凛凛夜不寐，忧勤怒如捣。
亟图浚治功，拯济须及早。会当复故业，咸令乐怀保。[①]

这首诗表达了他同情黎民疾苦，决心治河，保证百姓安居乐业的良好意愿。

康熙皇帝亲自实地考察，调查研究，反复思考，总结成功经验与失败的教训，改正自己某些欠妥指示，终于形成了一套新的治河理论、思想认识和方案。在理论方面，他反对“人顺水性”的主张，坚持要让“水顺人意”。在治河思想上，他既考虑保证漕运，又考虑沿河黎民利益，尽量不设减水坝，以免淹没民间田房，以百姓是否“尽安畎亩”作为河工是否告成的标志。他对河工中最棘手的上河、下河关系问题，提出了新的认识，即“上流既理，则下流自治”。上流的关键是解决黄河倒灌运河的问题。他指出：

夫洪泽湖实黄河之障。洪水强盛，力可敌黄，则黄水不得灌入运河。今淮水势弱，不能制黄，全注运河，黄水又复灌入。……惟淮水三分入运，七分归黄，运道始安。[②]

① 《圣祖御制文一集》卷4。
② 《清圣祖实录》卷191，第14页。

据此他概括自己的治河思想是:"闭六坝以束淮敌黄,通海口以引黄归海。"① 他制定了"深浚河底"、修改清口、拆毁拦河坝、引水归江的治河方案,并坚决贯彻执行,还断然关闭高家堰的唐埂六坝,以"蓄清敌黄",解决黄河水倒灌、积沙淤塞清口问题。在康熙皇帝的正确领导下,治河工作取得了很大的成效。

(四) 优抚旗人

康熙皇帝领导全国军民艰苦奋斗,使国家由贫逐渐转富,社会稳定,经济有所发展。"英明天子"考虑到一些政策性的问题和旗人生计问题应该改善,便下谕"永停圈地",禁止投充,修订"逃人法"等。清初"逃人法"规定惩治窝主、处理逃人(旗下包衣),都是很严的。修订后的"逃人法"减轻对藏匿逃人的窝主的处罚,废除窝主刺字的旧例,"停给旗下为奴",改为流徙尚阳堡,对两邻、十家长及地方官的处罚也相应减轻,放松了对逃人的督捕。曾在康熙二十九年、三十年担任兵部督捕侍郎的王士禛,后来叙述当时的情况说:"终岁不劾一失察之官,不治一窝隐之罪。"② 这些政策大大地缓和了民族矛盾,实际上是减轻了汉族官民的痛苦。

康熙皇帝是中国各族人民的"共主",被尊称"大皇帝",是汉、满、蒙古、回、藏、苗、维吾尔等几十个民族上亿人口的"万岁爷",但他又是满族人之"主",而且爱新觉罗氏的建立、巩固和发展,离不开几万满洲兵和几万蒙古八旗、汉军八旗将士的浴血奋战,因此,他当然要坚决执行"八旗为国家根本"的基本国策,以巩固其统治基础。过去由于长期征战,八旗兵丁"事先用命,效死疆场",伤亡惨重,以致"丁口稀少",兼之,军队作战装备,用费浩繁,广大兵丁典卖田、房,生计艰难,这个问题不解决好,必将带来严重危害。于是,康熙采取两项措施,一是编组"新满洲"和满洲佐领,以增加满洲人口。自康熙十二年起,世居松花江下游的诺罗河、乌苏里江和穆棱河等地累世输贡的赫哲族墨

---

① 《清圣祖实录》卷209,第17页。
② 王士禛:《香祖笔记》卷4。

尔折勒氏，请求内迁。宁古塔将军巴海遵照皇上"善布教化"的谕旨，将其内迁至宁古塔附近，编制 40 个佐领，号"新满洲"，并任其族长扎鲁克为副都统。从康熙十年到十六年，由赫哲人与库雅拉人编组的"新满洲"共 78 个佐领，此后，又陆续编组，共编 85 个佐领，约有 1 万男丁。同时，又将索伦部（鄂温克、达斡尔、鄂伦春人）陆续编设佐领，称"布特哈八旗"，有 4000 多丁。康熙皇帝又劝谕漠南蒙古科尔沁等部王、贝勒、台吉，将其属下锡伯、卦尔察、达斡尔献出，蒙古王、贝勒、台吉等遵谕，到康熙三十一年，共献出 1.4 万多丁，除年老、幼之丁及奴仆以外，可披甲者共 1.1 万多名，清廷重赏其主，每名赏其主人白银 80 两。帝命将这批人丁皆编入上三旗，每 150 丁编一牛录，共编 84 个牛录。此外，他采取了归并余丁成立新佐领的办法，规定每一现有的满洲、蒙古佐领，只留一百三四十丁，其余男丁另行合编为新佐领。通过这些措施，康熙朝共新编了满洲佐领 356 个，超过了原有佐领一倍。

二是增加钱粮，改善八旗兵丁生活。早在康熙九年（1670 年）三月，帝谕户部、兵部：

> 满洲甲兵，系国家根本，虽天下平定，不可不加意爱养。近闻八旗甲兵，牧养马匹，整办器械，费用繁多，除月饷外，别无生理，不足养赡妻子家口（应增加月饷）。

户部、兵部议奏，"甲兵每人月增银一两，岁增米二斛"，帝准其议，并"永著为例"。① 平定"三藩之乱"后，国家财政逐渐好转，但八旗兵丁的欠债却日益增多。康熙三十年二月，帝谕户部：

> 八旗甲兵，国家根本，当使生计充裕，匮乏无虞。向因剿除三逆，久历行间，制办军器，购送马匹，兼之户口日增，费用益广，以致物力渐绌，称贷滋多。朕每念及，深为轸恻，若不大沛恩施，

---

① 《清圣祖实录》卷 32，第 21 页。

清完夙逋，将愈至困迫，难以资生。今八旗满洲、蒙古护军校、骁骑校，及另户护军、拨什库、马甲并幼子，或无嗣寡妇、老弱病残、告退人等家下马甲，所有积欠，尔部动库银给还。汉军每佐领各给银五千两，令其偿完负债外，余者各该旗都统收贮，以备公用。①

这次共赐八旗人丁银 540 余万两。

康熙三十六年（1697 年），免去三征噶尔丹时八旗兵丁所借官库银两。四十二年，贷给八旗兵丁银 650 余万两，后因贷款很难还清，会影响旗兵生计，命令免除欠交的 395 万两贷款。五十六年，再免八旗兵丁借欠官库银 196 万两。② 这些措施对改善八旗兵丁的生活，起了相当大的作用。

（五）八旗能臣辈出，政绩卓著

康熙皇帝虽是英明君主，也需一批贤能大臣来贯彻正确的方针政策，不然，吏治败坏，很难让正确政策得到执行。因此，他十分重视吏治问题，尤其是在长期以来吏治败坏、贪污盛行的情况下，更加重视整顿吏治，提倡廉吏，注意培养、奖励"清官廉吏"。他对吏治的指导思想是"端本澄源""源清流洁"，尤其重视内外大臣的品德。他谕告大臣：

> 朝廷致治，惟在端本澄源。臣子服官，首宜奉公杜弊，大臣为小臣之表率，京官乃吏之观型，大法则小廉，源清则流洁，此从来不易之理。如大臣果能精白乃心，恪遵法纪，勤修职业，公而忘私，小臣自有所顾畏，不敢妄行，在外督抚各官，自应慎守功令，洁己爱民，乃大臣等，每自谓清正无私，粉饰空言，至其所行，往往营私作弊，有玷官方。③

---

① 《清圣祖实录》卷 150，第 8 页。
② 《清圣祖实录》卷 150，第 14 页；卷 184，第 18 页；卷 227，第 20 页；卷 275，第 19 页。
③ 《清圣祖实录》卷 90，第 6、7 页。

他还明确指出廉洁与黎民祸福的关系说："大吏以操守为要，大法则小廉，百姓蒙福。"①

康熙二十年（1681 年），帝得知直隶巡抚于成龙洁己爱民事迹后，亲自召见并表彰于成龙说："尔为当今清官第一，殊属难得。"提升为江南江西总督。成龙为官清廉，"革加派，剔积弊，治事尝至达旦"，好微行，察知民间疾苦，"自奉简陋，日惟以粗粝蔬食自给"。两年后，成龙卒于任，将军、都统入视，"惟笥中绨袍一袭，床头盐豉数器而已"。康熙皇帝南巡江宁，谕大学士等："朕博采舆评，咸称于成龙实天下廉吏第一。"加赠太子太保，又写诗褒奖。②

在康熙皇帝的倡导、鼓励和扶植之下，引导了一批官员洁己勤政、爱民革弊，涌现出一批满汉清官。如格尔古德，满洲镶蓝旗人，清介恤民，"布衣蔬食，却馈遗，纤毫不以自污"。当时畿辅皇庄和八旗王公大臣庄园的庄头及投充入旗之奸民，仗主威势，鱼肉百姓，州县司道甚至巡抚，皆不能制。帝深知其弊，乃于康熙二十一年（1682 年），授格尔古德为直隶巡抚，并谕告格尔古德：

> 直隶旗下庄头与民杂处，倚恃声势，每为民害，尔其严察惩创即皇庄亦毋宽宥。

格尔古德上直隶巡抚任之后，厉行帝旨，惩治豪猾庄头及投充奸民，并上疏提出处理办法：

> 自鬻投旗之人，或作奸犯科，冀逃法网，或游手好闲，规避差徭，本主听其仍居本籍，放债牟利，则讳旗而称民，窝逃构讼，遇官长访闻，又舍民而称旗，诈害良善，官不敢问，应责成本主，止留农户在庄，余俱收回服役。有徇纵者议处。③

---

① 《清史稿》卷 274 《王陟传》。
② 《清史稿》卷 277 《于成龙传》。
③ 《清史稿》卷 275，第 10058 页。

帝准其奏，下所司饬禁，并谕户部："凡鬻身之人，先经犯罪，投旗冀幸免者，与知情之本主，并从重治罪。"当时，有大学士明珠所属佐领下人户，指圈民间垅地，民上诉户部，事下巡抚，令宛平县勘察，知县王养濂偏袒明珠所属佐领下人员，声称"无碍民垅"。格尔古德不畏明珠权势，上疏弹劾其人，坚称圈占垅地属实，知县王养濂应议处。康熙皇帝不仅批准格尔古德奏请，而且下诏："嗣后有如此者，严惩不贷。"格尔古德为官清廉，耿直爱民，百姓拥戴，群臣钦佩。当廷臣奉诏公举清廉官员时，首推格尔古德上奏。①

满洲镶黄旗人傅腊塔，自笔帖式历任御史、侍郎。康熙二十七年（1688年）授为两江总督，廷见之日，帝谕其效法于成龙："尔当洁己奉公，督两江无如于成龙者，尔效之可也。"傅腊塔上任后，"清弊政，斥贪墨，谳狱尤明慎"。"赣民诉知县刘瀚芳私征银米十余万，蠹役不法，鱼肉乡民，傅腊塔因劾布政使多弘安、按察使吴延贵、赣南道钟有德于役吏婪赃不速勘，复从轻拟，曲为庇护"，弘安、延贵、有德三人被劾，罢官为民。康熙二十九年（1690年），傅腊塔又上疏弹劾大学士徐元文及其兄原刑部尚书徐乾学"纵子弟招权罔利，巡抚洪之杰徇私袒护"，徐元文被劾罢官回籍。沐阳民周廷鑑千里迢迢上京告状，控告降调侍郎胡简敬"居乡不法"，巡抚洪之杰徇情庇护。傅腊塔奉旨前往，查出实情，上疏奏劾。帝命将胡简敬及其子弟治罪，罢革洪之杰官职。傅腊塔还尽力设法减轻百姓的赋税负担。他奏请蠲免江宁市民捐税说：江宁房屋税苦累市民，民既"内输房税，外输廊钞，更外输棚租，请予蠲免"，帝皆从其请。芦州丈量，例委佐贰，"民苦需索"。傅腊塔定五年一行，悉以印官理其事。历年逋赋，量为带征，由是积困顿苏。康熙三十三年（1694年），傅腊塔又奏：淮、扬所属田地多荒，巡抚宋荦曾请缓征，格于部议未行。今履亩详勘，盐城、高邮等州县因遇水灾，"业户逃亡者众，今田有涸出之名，人无耕种之实，小民积困，熟田额粮尚多悬欠，何能代偿盈万之荒赋。请恩赐蠲除，庶逃户怀归，安居乐业"。② 户部反对其议，

---

① 《清史稿》卷275《格尔古德传》。
② 《清史稿》卷275，第10063页。

帝特命免征。傅腊塔不畏权贵，实心为民，忠心为国，积劳成疾，卒于任上。康熙帝闻知，谕告廷臣曰：

> 傅腊塔和而不流，不畏权势，爱惜军民，两江总督居官善者，于成龙而后，惟傅腊塔。

遣官赴江宁致祭，赠太子太保，谥清端，予骑都尉世职。士民怀念傅腊塔，为之建祠江宁。康熙四十四年（1705 年），帝南巡江宁，经雨花台，赐祠额曰："两江遗爱。"①

满洲正红旗人觉罗华显，初授宗人府主事，迁户部理事官，康熙三十七年（1698 年），授翰林院侍讲学士，累迁内阁学士，三十九年，授甘肃巡抚，后调任陕西，四十年，擢川陕总督。甘肃流民数千就赈西安，华显与巡抚鄂海出俸以为倡导，州县等官员亦集资，计口授粮，并拨荒地与民耕种为业。当陕民困于重敛时，华显"饬有司禁私征，屏绝馈遗，军民称颂"。② 康熙四十二年，卒于任。加太子太保，谥文襄，祀陕西名宦。

汉军正白旗人石琳，康熙十五年（1676 年）任河南按察使时，北京八旗劲旅南下征讨叛藩吴三桂，路过河南，牧马开封，正当麦秋季节，很有可能糟蹋麦子。石琳与统兵诸将议定禁约，"令兵毋驿骚"，驻四十余日，大军前行后，"民得获麦"。康熙二十年（1681 年）升迁浙江布政使，时三藩初平，"衢州被兵尤甚，户口逃亡，丁赋皆责之里甲"。石琳考察以后，核实确是真实情况，奏准免去逃丁之赋。大军征战之时，"供亿浩繁，民多逋赋"，石琳"悉为厘定，裁革陋规，禁加耗尤严"。他着重指出："革一分火耗，可增一分正供。"二十五年（1686 年），调任云南巡抚。石琳到云南后考察民情，详细核实《赋役全书》后，上疏奏称：《赋役全书》有八件事应予更改。其一，云南自明初置镇，设立卫所，以田养军，为屯田，以田给指挥使等官作俸，听其招佃者为官田，"其租人

---

① 《清史稿》卷 275，第 10064 页。
② 《清史稿》卷 276，第 10074 页。

较民赋十数倍，犹佃民之纳租于田主"。国初，吴三桂留滇镇守，"以租额为赋额，相沿至今，积逋愈多，官民交困"，宜改依民赋上则起科。其二，云南有九个盐井，各井征收课银数量不一，琅井盐一斤征课六厘，白井八厘，黑井加倍，明末又加征，"较明初原额不啻数倍"，应减白井、黑井之课银。其三，开化设府以后，民田每亩"科粮二斗六升三合"，较未设府以前加至十倍，应减半。其四，元江由土改流，吴三桂"于额粮外另立田地讲银、茶商税银、普洱无耗秋米、浪妈等六寨地租"，等等名目，"加赋倍征，民不堪命"，应各减其半。其五，通海六寨地粮，比民赋"重几三倍"，当改依新定民赋科则。其六，碍嘉每粮一石，"征条编银四两有奇"，亦为偏重。今碍嘉既归南安州附征，应与州赋一律，每一石粮，征银一两四分。其七，丽江界连"土番"，古称荒服。吴三桂叛乱后，"割金沙江以内喇普地与蒙番，地去而粮存，当删除"。建水自明时设参将，岁派"村寨陋规银三百两有奇、粮八十余石"，吴三桂遂编入正额，也应予裁革。其八，新平之银场，易门之铜厂，矿断山空，应尽免除课税。康熙皇帝见石琳奏疏之后，命有关部门详议，除屯田外，余皆列入《赋役全书》颁行。①

汉军镶黄旗人施世纶，康熙二十四年（1685 年）授江南泰州知州，"世纶廉惠勤民，州大治"。二十七年，淮安遭水灾，帝遣使臣督修河工，使者之随从仗势横行，扰害百姓，世纶不畏权势，惩治不法之人。官军出征，路经泰州，世纶既供应粮草，又令役吏执梃列队而待，见有兵痞欺凌百姓，立即捕捉惩治，兵士畏惧其威，"皆敛手去"，百姓得以安宁。二十八年以承修京口沙船迟误，部议给其降调处分。两江总督傅腊塔上疏奏称："世纶公直"，应留任，康熙皇帝不仅允其所请，仍命留任，且擢世纶为扬州知府，后移任江宁知府。康熙四十年（1701 年），九卿保世纶为湖南按察使，帝谕：

朕深知世纶廉，但遇事偏执，民与诸生讼，彼必袒民，诸生与

---

① 《清史稿》卷 276，第 10068 页。

缙绅讼，彼必袒诸生。处事惟求得中，岂可偏执？如世纶者委以钱谷之事，则相宜耳。①

随即授世纶为湖南布政使，当时，湖南的额外盘剥名目繁多，"田赋丁银有徭费，漕米有京费"，世纶上任后，"尽革徭费"，减1/4京费，民皆喜悦，"立石颂之"。四十五年，任顺天府府尹，他细察风俗民情后，上疏奏请"禁司坊擅理词讼、奸徒包揽捐纳、牙行霸占货物、流娼歌舞饮宴"，帝从其议，"定为令"。五十四年，世纶任漕运总督，"察运漕积弊，革羡金，劾贪弁，除蠹役，以严明为治"，漕运畅通无阻。康熙五十九年，因陕西连年大旱，百姓饥馑，帝发帑银50万两及常平仓谷赈灾，命世纶总管其事。他奉命办理赈灾事，即令属员"分十二路察贫民，按口分给，远近皆遍"，不久，病逝。帝特别下诏，嘉奖其"清慎勤劳"，予祭葬。

施世纶的清廉刚直，官民赞颂。史称：

> 世纶当官，聪强果决，摧抑豪猾，禁戢胥吏，所至有惠政，民号曰"青天"。在江宁以忧归，民乞留者逾万，既不得请，人出一钱建两亭府署前，号一文亭。

督赈陕西时，陕西积储多虚耗，世纶欲上疏弹劾。陕西巡抚鄂海竭力阻挠，并暗示世纶说：你之子廷训是会宁知州。世纶知其用意，毅然回答说："吾自入官，身且不顾，何有于子？"即上疏弹劾，鄂海因此被罢官。②

汉军镶黄旗人靳辅，是建树功勋的治河大臣。顺治九年（1652年），他以官学生考授国史院编修，历任兵部员外郎、内学士，康熙七年（1668年），授安徽巡抚。部议裁减驿站经费，靳辅奏准禁革差员横索，骚扰驿递，岁终节存驿站、扛脚等项白银24万余两，帝嘉其实

---

① 《清史稿》卷277，第10096页。
② 《清史列传》卷11《施世纶传》；《清史稿》卷277《施世纶传》。

心任事，命加兵部尚书衔。康熙十六年授靳辅为河道总督，治理黄河，并称"务为一劳永逸之计"。黄河泛滥，历史上有名，加上河道长期失修，归仁堤、王家营、邢家口、古沟、翟家坝等处先后溃溢，高家堰决口30多处，淮水全入运河，黄水逆上至清水潭，四处漫延。砀山以东两岸决口数十处，下河七州县淹为大泽，清口涸为陆地，水患极其严重。

靳辅上任以后，聘请治河奇才陈潢为幕宾，同时"遍布河干，广谘博询"，实地考察，又研究了历代治河利弊得失，吸取了历代一些治河经验，主张继承明代治河名臣潘季驯"筑堤束水，以水攻沙"的理论，加以灵活运用，批驳只知保证漕运不求治理黄河的错误做法。他于康熙十六年（1677年）呈上治河方案《经理河工八疏》，要求兴办挑挖清江浦以下至海口一带河身泥土等五项工程，采取设置巡河官兵、裁革冗员等三项保证措施，各项工程需银250万两。康熙皇帝支持这一工程，批准了这个治河方案。靳辅督率官民，大力进行几项重要工程。一是导黄入海工程，即于河身两旁各挖引河一道以所挑之土加筑两岸之堤，共长12万余丈，四年完成，大见成效，使"海口大辟，下流疏通，腹心之害已除"。二是清口工程，修整清口工程后，"运船扬帆直上，如历坦途"。三是高家堰工程，历时一年多，使山阳、宝应、高邮、江都四州县河西涸出诸湖沃地，可以设置招垦。四是清水潭工程，此工程历时半年竣工后，"七州县田亩尽行涸出，运艘民船永可安澜矣"。五是中河工程，此工程自骆马湖，沿黄河北岸，于遥、缕二堤之间开渠，历经宿迁、桃源，至清河仲家庄出口，目的是使粮船出清口后，行黄河数里，即入中河，"以避黄河百八十里之险"，竣工后，其成效十分显著，"中河内商贾船行不绝"。

靳辅治河虽然取得很大成绩，但河患过于严重，不能在短短几年之内全部根治，而且在康熙十九年、二十年两年内，又遇到特大水灾，杨家庄、徐家湾、肖家渡三处相继决口，这就遭到一些不谙治河、不明事理甚至别有用心之臣一再弹劾。兼之，康熙帝不忍心看到高邮、宝应一带田房被淹没水中，决定疏浚下河海口，以排积水，免淹民田。

但是，靳辅认为下河最洼处低于海面 5 尺，如挖通海口，则不仅不能排出积水，反会引起海水倒灌。他主张新建长堤，"束水以注海"，这一建议，不符合皇帝之意，引起"圣心不悦"。此时，反对靳辅的臣僚乘机大肆参劾靳辅治河无效，浪费国家的粮、银，苦累了百姓，阻挠疏浚下河。而靳辅继续坚持自己的主张，反对开挖海口，惹怒了圣上。康熙二十七年（1688 年）三月，靳辅被革职，助其治河的佥事道衔幕宾陈潢削衔解京监候，"未入狱以病卒"，一批支持靳辅的官员被罢官。

康熙皇帝经过调查，很快认识到靳辅治河成效甚大，开挖海口实属无益，于康熙二十八年（1689 年）三月二十一日，下谕恢复靳辅的职衔，说：

> 朕南巡阅河，闻江、淮诸处百姓及行船夫役，俱称颂原任总河靳辅，感念不忘，且见靳辅疏理河道及修筑上河一带堤岸，于河工似有成效，实心任事，克著勤劳，前革职属过，可照原品致仕官例，复其从前衔级。①

过了两年，委靳辅复任河道总督。帝对大学士说：

> 倘河务不得其人，一时漕运有误，礙系非轻，靳辅熟练河务，及其未甚老而用之，亦得舒朕数年之忧，其令仍为河道总督。②

靳辅以老病辞谢，帝允之。靳辅自知年老病多，在世时日不长，接连上疏陈奏两河善后之策及河工事宜，长达万言，如黄河两岸植柳种草，多设涵洞，重视黄河险工，加强中河遥堤，塞张庄旧运口，修骆马湖石闸，占用民地要豁免钱粮，涸出腴地应查出升科，等等建议，俱被帝采纳，并逐项落实。靳辅积劳成疾，于康熙三十一年十一月去世。帝闻之

---

① 《康熙起居注》，康熙二十八年三月二十一日。
② 《满洲名臣传》卷 26 《靳辅传》。

感伤,赐祭葬,予骑都尉世职,追赠太子太保,并允江南士民请,"建祠河干",春秋祭祀者不绝。①

康熙皇帝提倡"奉公杜弊",清廉克己,鼓励"清官廉吏",在他的倡导、培养下,才出现一批利国利民、精明干练的好官,其中有满人,也有汉人,上述清官(大多是满人),仅仅是能臣廉吏中之部分而已。

(六)国家强盛,文化发达

由于康熙皇帝勇于进取,励精图治,一大批满汉能臣勇将革弊兴利,统军征战,满、蒙、汉等各族兵民奋勇卫国,辛勤劳动,局面发生了根本变化。

第一,军威大振,国家强盛,疆域辽阔,已形成稳定的统一的局面。康熙皇帝当政期间,削平"三藩之乱",统一台湾,重创沙俄殖民军,划定中俄东段边界,三征噶尔丹,安定西藏,统一漠北和新疆东部地区,大清朝辖地,东起库页岛,西跨葱岭,迄巴尔喀什湖,北连西伯利亚,南达南沙群岛,多民族的中国,到清朝康熙年间得到了进一步的统一和稳定。

第二,耕地数量增加,人口不断增长,生产发展,经济繁荣。雍正二年(1724年),全国田地多达760万余顷,比康熙初年增加了134万余顷。人口也增加很多,就以满族人口来说,从顺治年间陆续减少的恶劣趋势,一变而为迅速增长。顺治十四年(1657年),八旗满洲有4.9万余丁,蒙古2.6万余丁,汉军、抚西拜唐阿、台尼堪7.8万余丁,满洲、蒙古包衣尼堪23.7万余丁,八旗共有男丁39.1万余丁。康熙六十年(1721年),满洲男丁增至15.4万余丁,比顺治十四年(1657年)增加了两倍,蒙古6.1万余丁,也比顺治十四年增加了一倍多。八旗满洲、蒙古、汉军、台尼堪、满洲、蒙古包衣尼堪,共69.6万余丁,超过顺治十四年近一倍。不管内地,还是边疆地区,农业、手工业都有了发展,城市经济

---

① 《清史稿》卷279《靳辅传》;孟昭信:《康熙大帝全传》,康熙《南巡与治河》。

普遍呈现繁荣景象。

第三，国库充盈，存银数千万两。康熙帝即位之时，国库如洗，岁缺兵饷 400 余万两，王公贵族、官员的俸银、部院用费、赈灾治河等费用数百万两，毫无着落。经过一段时间的恢复，国库存银增加。康熙十一年（1672 年），户部银库存银 1800 余万两，十二年，2100 余万两。由于"三藩之乱"，军费浩繁，存银剧减，到了康熙十六年，国库存银只有 530 万两，十七年又减为 333 万余两。康熙二十年平定"三藩之乱"以后，库银又迅速增加，二十五年，存银 2605 万余两，三十年，突破 3000 万两大关，从三十三年起，又突破 4000 万两大关，四十五年，更增至 5000 余万两，直至康熙五十八年（1719 年），每年存银基本上超过 4000 万两。持续三十年存银多达 4000 万两，这在历代王朝是罕见的，充分显示了国家之富强。

第四，文化发达，名家辈出。康熙皇帝博学多识，诗文皆优，著有《圣祖仁皇帝御制诗文集》176 卷。他非常喜爱古代传统文化，"留意典籍、编定群书"。他委任文臣主持编纂了《清文鉴》《康熙字典》《古今图书集成》《古文渊鉴》《历代诗宗》等书，尤其是《古今图书集成》，共 1 万卷，分 6 编 36 典 6109 部，总字数达 1 亿，是仅次于明《永乐大典》之巨著。在自然科学方面，康熙帝亲自主持编修的《数理精蕴》《历象考成》《皇舆全览图》等书，都具有很高的科学价值。康熙时期出现了一批文人学士，如王士祯、朱彝尊、纳兰性德、方苞、蒲松龄、李渔、孔尚任、明安图等，他们为丰富祖国文化宝库，做出了重大贡献。

综上所述，康熙年间，尤其是康熙二十年以后，一个空前统一、稳定、强大的中国屹立于东方，人们通常赞誉的"康乾盛世"的前期出现了。

二 雍正时期的改革

（一）摊丁入地，耗羡归公

康熙六十一年（1722 年）十一月十三日，一代名君玄烨逝世，皇四子雍亲王胤禛继位，年号雍正。此时国家总的局势很好，但也存在一些问题，主要是由于康熙末年皇子争位，使年岁已高的康熙皇帝心力交瘁，政务有些松弛，致使贪风复起，钱粮、赋银拖欠，又加上用兵西北，军费浩繁，国库存银锐减。

清廷的户部，历年库银亏空数百万两。地方上也很严重，"藩库钱粮亏空，近来或多至数十万"。① 赋税拖欠很多，山东一省欠银200余万两。江苏更多，从康熙五十一年至雍正元年的12年里，拖欠赋银881万多两，加上历年积欠353万多两，共欠1234万多两。②兼之，康熙末年进军西藏，驱逐准噶尔军，并派遣两路大军屯驻西北，花费了巨量银米，从而动用库银，使国库存银从最多时的5000万两，大大下降。

与此同时，国家承平日久，吏治松弛，贪污之风复起，豪横缙绅乘机盘剥百姓，官吏重征火耗，以致"竭小民衣食之资，供官司奴隶之用"。③ 官吏偏袒缙绅势豪，火耗征收愈益不均，"往往乡愚多输，而缙绅士大夫以及胥吏豪强听其自便，谕纳之数较少于齐民"，"任其减轻，而取偿于百姓"，豪横绅衿还"武断乡曲，欺压平民"，凌虐佃农，以致主、佃矛盾激化，官民矛盾尖锐。

西北边境也不安宁，准噶尔汗策妄阿拉布坦势力强大，窥视青海、西藏，青海和硕特蒙古部罗卜藏丹津亲王，力图恢复其祖父固始汗时统治西藏的地位，准备起兵叛清。

雍正帝（胤禛）即位后，采取强有力的措施，革弊兴利。设立会考府，委任怡亲王允祥等人负责，清理一切衙门"出入之数"，查出了一批亏空大案，分别处理。户部库银亏空250万两，责令历任堂官、司官、部吏赔偿150万两，另外100万两由户部逐年弥补。内务府官员李英伙同他人，冒支正项钱粮100余万两，抄没其家。④ 湖广布政使张圣弼、粮储道

① 《上谕内阁》康熙六十一年十二月十三日谕、雍正二年十一月十三日谕。
② 《清文献通考》卷3《田赋》。
③ 《清世宗实录》卷1《谕布政司》。
④ 《雍正起居注》，雍正五年六月二十九日。

许大完、湖南按察使张安世、江苏巡抚吴存礼等官员，因亏空钱粮，抄没家产。山西巡抚苏克济贪婪不法，竟敢在 12 年任职期间，勒索各府、州、县银 450 万两，① 被人告发后，籍没家财。凡属亏空粮银的官员，一律革职。湖南全省官员因此被参劾大半，直隶通省府厅州县官，任满三年者寥寥无几。② 这样一来，追回了相当多的亏空银两，惩处了一大批贪赃枉法的官员。

雍正帝又抓紧进行清理积欠的工作，重点是清理江南地区，一直查了好几年，最后做了结论：从康熙五十年到雍正四年，江苏积欠赋银 1000 多万两，其中官侵、吏蚀、豪民包揽者 472 万两，民欠 539 万两，侵蚀者分十年带征，民欠者分二十年带征。③ 他还在一些地区实行清丈田亩，查出隐瞒不报偷漏赋税的田地。这些措施对增加国家收入、充实国库，起了相当大的作用。

雍正帝又实行耗羡归公和养廉银制度。由于"火耗"不断增加，差役滥征滥派，压得百姓喘不过气来，帝命加以限制，并将火耗用以弥补亏空、官员养廉和地方办公费用。他指出：

> 今州县火耗，日渐加增，重者每两加至四五钱，民脂民膏，朘削何堪。至州县差徭，巧立名爵，恣其苛派，竭小民衣食之资，供官司奴隶之用。④

但是，他也深知地方官府的办公费用，没有正式来源，官俸又低，总督年俸才 180 两，巡抚 150 两，知府 105 两，知州 80 两，县令 45 两，若不收火耗，官员焉能枵腹从事，完全革除耗羡银（火耗），是办不到的，因此，雍正帝在思考解决的办法。这时，汉军正白旗人湖广总督杨宗仁奏请将部分耗羡银归公，他说：

---

① 《永宪录》卷 2，第 124 页。
② 《上谕内阁》雍正十年十月初八谕。
③ 《上谕内阁》雍正十年二月初二谕。
④ 《清世宗诗文集》卷 1。

从前有公事，令州县分捐实皆转派于民。令州县于加一耗羡内节省二分，交藩库充用，此外丝毫不得派捐。①

满洲正蓝旗人山西巡抚诺敏奏请将全省一岁所得耗银提存司库，"以二十万两留补无着亏空，余分给各官养廉"。② 雍正皇帝赞同两人意见，令于山西、河南先行实施，要求州县官将耗羡银全部上交藩库，各省耗羡银数量，原来各自不相同，但只准减少，不许增加，"倘地方官员于应取之外，稍有加重者"，必"重治其罪"。③ 从雍正元年开始到雍正九年，山西、河南、直隶、湖南、江苏、浙江、山东、四川、广东等省，相继实行了耗羡归公制度，在大多数地区，耗羡率有了不同程度的下降，扭转了康熙末年地方官滥派滥征的局面。

耗羡银归公后，分作三部分开支，一是付给官员养廉银，二是弥补地方亏空，三是留作地方办公开支。雍正元年（1723 年），山西收了耗羡银 43 万两，以 20 万两弥补亏空，11 万两作各官养廉，9 万多两作公费，还剩下 2 万多两。④ 后来在全国统一规定了地方官员的养廉银数额，视不同地区和职衔而有所差别，如直隶总督每年养廉银 1.5 万多两，而江南总督却是 3 万两。各省巡抚在 1 万~1.5 万两之间，多数布政使为 8000 两，知府 2000~4000 两，知县是 500~1500 两，养廉银比正俸多出十几倍以至上百倍，保证了地方官员的中等或高等生活水平。

耗羡归公和养廉银制度实行，在一段时间内，使恣意加派、收受规礼、贪婪勒索的恶习有所改变，有利于吏治整顿，减轻百姓的负担，保证国赋收入。有的官员称赞此制说：

初定耗羡，视从前听州县自征之数，有减无增，奉行以来，吏治肃清，民亦安业。⑤

---

① 《朱批谕旨》，雍正元年五月十二日；《清史稿》卷 292《杨宗仁传》。
② 《清史稿》卷 294《诺敏传》。
③ 《雍正起居注》雍正四年十月十四日。
④ 《朱批谕旨》，雍正三年二月初八日。
⑤ 钱陈群：《香树斋文集》。

　　雍正皇帝又改革赋税制度，实行摊丁入地制度。以往差徭和田赋是分别征收的。徭役很重，无田之人无力负担，绅衿势豪又规避丁役，差徭严重不均，迫使百姓隐匿人口，逃避丁役，苦累不堪，四处逃亡，政府的差徭也得不到保证。康熙年间，一些有识官员建议改革旧的赋税制度，实行丁银摊入田粮，认为这样做的好处是：买田之人既然随田而增加田赋丁银，则卖田之人便没有田粮丁银负担，不会遭受田去丁银存的包赔之苦；以粮派丁，官吏不能放富差贫，有利于澄清吏治；无田之人可以不再因缴纳丁银而被迫逃亡，能够安心在乡从业；丁随粮行，国课有了保证。① 但是，很多官员反对改革，认为这样一改，使无田穷人免去丁役，让有田之富人代赔穷人之田粮，是不公平的。② 双方争论不休，朝廷未作决断。

　　雍正元年（1723 年）六月，山东巡抚黄柄因丁粮分征，使贫民逃亡，奏请按地摊丁，以解民困。他说：有地则纳丁银，无地则去丁银，使贫富均平负担，才是善政。直隶巡抚李维钧亦奏请丁归田地。九月，户部议复，同意了李维钧等的建议。帝从其议。③

　　雍正二年（1724 年）十二月，云南巡抚杨名时奏请摊丁入地时说：

　　　　云南民多无寸椽尺土，而册载丁名，至有一人而当十余丁者，累代相仍，名曰子孙丁，虽老病故绝，编审时从不除减。贫人转卖田产，丁银仍留本户。请将通省人丁额银，照直隶之例，摊入田粮完纳，俾丁从粮办，均其偏累。④

　　雍正帝批准其请。雍正四年（1726 年），汉军正黄旗人河南巡抚田文镜奏请："将豫省各邑丁粮均派地粮内，绅衿富户不分等则，一例输将。"⑤ 帝从其请。

---

① 《清经世文编》卷30，曾天孙：《堪明沔县丁银宜随粮行疏》；盛枫：《江北均丁议》。
② 《清经世文编》卷30，邱家穗：《丁役议》。
③ 《清世宗实录》卷11、15、28、30。
④ 《清史列传》卷14《杨名时传》。
⑤ 《清史列传》卷13《田文镜传》。

一些官员和田多之富户反对摊丁入地。浙江巡抚法海本来准备在原先部分州县丁随粮办的基础上，于雍正二年在全省实行，但田多的富人反对，聚集起来到巡抚衙门叫喊阻拦，巡抚惊恐，只好表示暂不实行。无田穷人十分不满，也聚众到巡抚衙门请愿，矛盾十分尖锐。雍正四年七月乡试之时，绅衿聚集上千人来到钱塘县衙，不准推行丁入粮田，还勒令商人罢市。浙江巡抚李卫大怒，强行赶走了不法绅衿，严惩聚众闹事者，并将十几年来争执不定的摊丁入地制度在全省推行。①

摊丁入地制度使有田地者增加了赋税，而"贫者免役""贫民无厘毫之费""于穷黎有益"，对富人不利，使贫民获益。② 雍正皇帝对此非常清楚。他谕告内阁说："丁银摊入地亩一事，于穷民有益，而于绅衿富户不便。"③ 他为了保证政府丁银收入，减少贫民逃亡，缓和阶级矛盾，毅然改革赋役制度，有意识地压抑富户，扶植贫民，改变过去丁役不均、放富差贫的局面，坚决实行新的摊丁入地制度。从雍正元年（1723年）起，九年之内，除奉天和山西部分州县仍是丁粮分开之外，全国绝大多数州县均实行了摊丁入地这一损富益贫、利国利民的新制度。这对减轻贫民痛苦、削弱人民对政府的封建人身依附、促进社会的发展，起了积极的作用。

（二）禁压佃为奴和改贱民为良

雍正皇帝还对不法绅衿进行了一定的限制，惩创仗势欺人的豪横绅衿。他下谕旨，对豪横乡里的绅衿严厉斥责说：一些绅衿"荡检逾闲，不顾名节"，"或出入官署，包揽词讼，或武断乡曲，欺压平民；或抗违钱粮，藐视国法；或代民纳课，私润身家。种种卑污下贱之事，难以悉数"。④ 这样一来，既侵吞了国赋，拖欠了国赋，侵犯了政府的司法权力，又进一步造成赋役不均，将本身乃至家族姻亲的赋役负担摊派在平民身

① 《朱批谕旨》李卫奏折，雍正四年八月初二日。
② 乾隆《苏州府志》卷8《田赋》；同治《建昌府志》卷3《田赋》；《上谕内阁》，雍正四年七月十三日。
③ 《上谕内阁》，雍正四年七月初二。
④ 《上谕内阁》，雍正四年九月二十七日。

上，加重了百姓的负担，从而激化了黎民与政府的矛盾，不利于社会的稳定。对此，雍正皇帝采取了强有力的措施，下令革除"儒户""宦户"名目，不许生监拖欠钱粮、包揽国赋。若敢违抗者，即行重惩。如果地方官员瞻徇袒护，查出必治以重罪。

雍正二年（1724 年）二月十四日，他谕告各省总督、巡抚：

> 不肖生员、监生，本身田产无多，辄恃一衿，包揽同姓钱粮，自称儒户、宦户，每当地丁漕米征收之时，迟延拖欠，有误国课，通都大邑固多，而山僻小县尤甚，著即严查晓谕，革除儒户、宦户名目，如再有抗顽生员，即行重处。①

雍正四年（1726 年）四月二十六日，四川巡抚罗殷泰奏称："川省州县，多属以粮载丁，绅衿贡监等尽皆优免差徭，请将优免之名永行禁革，与民一例当差。"帝即下谕："向来征收钱粮，每私立儒户、宦户名色，偏累小民，已经降旨严禁，而丁粮差徭，或借绅衿贡监之名，包揽巧脱，情弊多端"，著九卿议奏。九卿随即奏称："照例优免本身一丁，其子孙族户滥冒及私立儒户、宦户，包揽诡寄者，查出治罪。"② 帝从其议。

雍正时期，在中国封建社会历史阶段，还第一次制定了明确的主、佃关系法例。在封建制度下，地主，尤其是豪横缙绅地主，对佃户百般欺凌，辱其妇女，甚至欺压为奴，佃农苦累不堪，万分愤怒，主佃之间的矛盾非常尖锐。一些有识官员也想解决这一严重社会问题。顺治十七年（1660 年），江宁巡抚卫贞元上奏，请禁止将佃户欺压为奴，严禁"将佃户随田转卖，勒令服役"。清朝中央政府也曾采取了一些措施，康熙二十年（1681 年），户部奉旨通令，禁止绅衿大户将佃户"欺压为奴""随田转卖，勒令服役"，"如有将佃户欺压为奴等情，各该督抚即行参

---

① 《清世宗实录》卷 16，第 22 页。
② 《清世宗实录》卷 43，第 23、24 页。

劲"。① 但是,许多豪横绅衿地主仍然野蛮凌辱佃农,甚至将佃农毒打致死。雍正二年(1724年),广西生员陈为翰打死佃农何状深,帝得知此事后下谕说:佃农必定不敢先动手殴打生员,陈为翰一定是凶横劣衿,命令巡抚严审此案。他还认为,士子打死佃农,实与身份不合,不应该照常人案例论处,遂命刑部与九卿重议,生员"欺凌百姓殴人致死",如何加倍治罪的法令。②

雍正五年(1727年),河南总督田文镜奏称:豫省绅衿地主横行不法,压佃为奴,私刑拷打,奸淫妇女,地方官员徇私舞弊,包庇绅衿,请以重惩治,"定例严行禁止"。吏部等衙门议复:"嗣后不法绅衿,如有苛虐佃户者,地方官详报题参,乡绅照违制例议处,衿监吏员革去职衔。"雍正皇帝命将佃户欺慢田主拖欠租课之事一并议奏。吏部等衙门随即议复奏准:不法绅衿私置板棍,擅自拷打佃户者,乡绅照违制律议处,杖一百,衿监吏员革去衣顶职衔,杖八十。地方官吏失察,交部议处。地主将佃户的妇女强占为婢妾,该犯绞监候。地方官失察或包庇,该上级不行揭参,均交部分别议处。佃户拖欠地租欺慢田地,亦杖八十,所欠之租照数追交,给予田主。③ 这是清朝政府第一个明确规定主佃关系的法例,是通行全国的法例,影响很大。这一法例固然保证了地主的地租收入,不许佃户欠租,但它毕竟明文规定不准地主设刑拷打佃户,不许地主欺压佃户和奸污佃户妇女,从法律上一定程度地限制了地主对佃农的人身压迫,为佃农减少对地主的封建人身依附提供了一定的条件。

改贱民为良民,这也是雍正皇帝的德政之一。他能革除几百年来的前朝弊制,使山西、陕西乐户等"贱民"除籍为良。山西、陕西乐户的祖先,是明朝初年拥护建文帝的官员,明永乐皇帝朱棣夺位以后,斩杀了这些官员,把他们的妻子罚入教坊司,充当官妓,从此世代相传,沿袭贱业,惨遭豪横绅衿、流氓恶霸蹂躏。雍正元年(1723年)三月,汉军镶黄旗人抚远大将军一等公年羹尧的长子监察御史年熙奏称:乐户

① 《大清律例通考》卷27。
② 《雍正起居注》,雍正二年六月十二日。
③ 《清世宗实录》卷61,第26、27页;《清文献通考》197《刑考》。

是忠义之士的后代，沉沦至今，无由自新，请求皇上开豁他们的贱籍，准许他们改业从良。雍正皇帝批示说：此议很好，令礼部议行。王公大臣们遵循帝意，奏称："压良为贱，前朝弊政。我国家化民成俗，以礼义廉耻为先，似此有伤风化之事，亟宜革除。"雍正帝下谕批准山西、陕西乐户改业从良，并命各省检查，若有类似贱民，一律准许出籍为良。①

两江巡盐御史噶尔泰见乐户削籍，便奏请废除浙江绍兴府惰民丐籍说：惰民相传是宋朝罪人之后裔，人们对其蔑视，所以叫惰民，不得列于士、农、工、商四民之民籍，成为贱籍，不许改变，男子只许从事捕蛙、吹鼓手、演戏、抬轿子等贱业，女子当媒婆、伴娘、收生婆，卖珠花，为人髻冠梳发，官府不许他们读书应试为官，不得充当吏员、里长，不准与官民通婚和平等相处，遭受人们歧视，"辱贱已极，实与乐籍无二"，请照山西、陕西籍例开豁丐籍，转为民户。礼部不同意此议。雍正皇帝却批准噶尔泰奏请说：除籍"亦系好事"，礼部不要反对。于是令惰民放弃原来的职业，改习新职，脱离丐籍，转为民户，按良民纳税服役。

雍正五年（1727年）四月二十七日，雍正皇帝提出安徽宁国府"世仆"、徽州府"伴当"开豁为良民的问题。帝谕内阁：

> 朕以移风易俗为心，凡习俗相沿不能振拔者，咸与以自新之路，如山西之乐户，浙江之惰民，皆除其贱籍，使为良民，所以励廉耻而广风化也。近闻江南徽州府则有伴当，宁国府则有世仆，本地呼为细民，几与乐户、惰民相同。又其甚者，如二姓丁户村庄相等，而此姓乃系彼姓之伴当世仆，凡彼姓有婚丧之事，此姓即往服役，稍有不合，加以棰楚，及讯其仆役起自何时，皆茫然无考，非实有上下之分，不过相沿恶习耳。此朕得诸传阅者，若果有之，应予开豁为良，俾得奋兴向上，免至污贱终身，累及后裔。著该抚查明定议具奏。②

---

① 阮葵生：《茶余客话》卷2《乐户惰民丐户之世袭》；《永宪录》卷2上。
② 《清世宗实录》卷56，第27、28页。

安庆巡抚魏廷珍遵旨议奏：

> 江南徽宁等处，向有伴当世仆名色，请嗣后绅衿之家，典买奴仆有文契可考未经赎身者，本身及其子孙俱应听从伊主役使，即已赎身，其本身及在主家所生子孙，仍应存主仆名分，其不在主家所生者，应照旗人开户之例豁免为良。至年代久远文契无存不受主家豢养者，概不得以世仆名之，永行严禁。

礼部议复赞同其议，雍正皇帝予以批准执行。[1]

雍正皇帝又下谕旨，将与浙江惰民一样籍属和社会地位低下的江南苏州府常熟、昭文二县之“丐户”，除其丐籍，列入编户，成为平民。他还下谕旨改变广东旦民的卑贱地位，于雍正七年五月二十八日谕告广东督抚，“闻听粤东地方四民之外，另有一种名为旦户，即徭蛮之类”，以船为家，以捕鱼为业，通省河路，俱有旦船，“生齿繁多，不可数计。粤民视旦户为卑贱之流，不容登岸居住，旦户亦不敢与平民抗衡，畏威隐忍”，深可侧悯。“旦户本属良民，无可轻贱摈弃之处，且彼输纳鱼课，与齐民一体，安得因地方积习，强为区别，而使之飘荡靡宁乎”！着该督抚转饬有司，通行晓谕，凡无力之旦户，听其在船自便，不必强令登岸。如有力量，能建造房屋棚舍者，“准其于近水村庄居住，与齐民一同编列里甲”，不准势豪土棍驱逐。“并令有司劝谕旦户，开垦荒地，播种力田，共为务本之人。”[2]

尽管由于封建势力的阻挠和绅衿势豪的反对，有些“贱民”在实际生活中还受到歧视，一些“贱民”未能真正除籍为“良”，但总算是在法律上革除了长期以来束缚他们的禁令，有了离开贱籍的可能性。不少“贱民”也确实摆脱了贱籍，成为良民，雍正皇帝的这些改革起了很好的作用。

雍正年间对清初严厉推行的“逃人法”，也做了一些修改。康熙时期

---

[1] 《清世宗实录》卷56，第27、28页。
[2] 《清世宗实录》卷81，第38页；冯尔康：《雍正传》。

对"逃人法"有所放宽,"窝主"减为流徙尚阳堡、两邻、十家长,枷号一至二月,责四十板释放。雍正皇帝对逃人的政策有些放松,修改后的"逃人法"规定,逃奴在该地居住超过一年的,窝主、十家长、邻佑、里长俱照"不应重律",责三十板完结,停宿不及一年的,俱各免罪,停住过了两年者,才照从前定例治罪。逃亡的单丁男奴,年六十,免照逃人例治罪。这就进一步减少了"逃人法"弊政的危害。

雍正皇帝既是全国臣民之君,也是旗人之主,他着手改革旗务,削弱正红、镶红、正蓝、镶蓝、镶白下五旗王公旗主对本旗旗下官员的统治,彻底结束了下五旗王公对旗下官员的君臣关系和主仆关系。

(三) 改土归流

雍正皇帝大力增强对边疆民族地区的管辖,推行"改土归流"制度。青海地区的居民有蒙古、藏两个民族,也有汉族,由漠西厄鲁特蒙古和硕特部固始汗的子孙统辖,他们于康熙三十六年(1697年)始封授爵位,成为"近藩"。雍正元年(1723年),固始汗之孙罗卜藏丹津亲王,威胁各部台吉,迫使他们尊奉自己为达赖浑台吉,不许各台吉使用清政府封授的王公爵位称号,并诱使大喇嘛察罕诺门汗扇动藏、蒙古两族20多万人叛清,企图独霸青海,控制西藏。在此重大问题的决策时刻,察罕丹津亲王、额尔德尼郡王等人拒不从叛,率部入边。雍正皇帝得悉青海罗卜藏丹津叛乱的消息,授汉军旗人川陕总督年羹尧为抚远大将军,四川提督岳钟琪为奋威将军,参赞军务,统兵进攻,大获全胜。罗卜藏丹津带领少数人逃往准噶尔部。雍正皇帝批准了年羹尧呈上的处理青海"善后事宜"奏折,将蒙古各部编设佐领,实行扎萨克制,把一部分藏人编为民户,另一部分是土司制,归道、厅、卫所官员管辖,在西宁等地增设驻军,改西宁为府,下辖西宁县、碾伯县、大通卫,从此,青海正式直接隶属于清朝朝廷。

雍正五年(1727年)六月,西藏噶伦阿尔布巴等人击杀忠于清廷的西藏总管康济鼐贝子。噶伦颇罗鼐奏请清廷派兵进藏平叛,雍正皇帝派遣满洲镶白旗人左都御史查郎阿率满、汉兵入藏。第二年五月,颇罗鼐率藏地军民擒获了叛逆主犯。查郎阿办理善后事宜，奏准授颇罗鼐为贝子，总管藏务，留大臣两人为驻藏办事大臣，领兵驻藏。从此，西藏正式设立了办事大臣，加强了西藏地方与中央当局的关系。

云南、贵州、广西、四川、湖南、湖北居住着很多少数民族，他们惨遭本族土司的奴役，有的土司经常抢掠汉民和其他族人员，互相厮杀的情况常常发生。土司制度严重地妨碍了国家的进一步统一，影响本地区本民族经济文化的发展，也影响各族人民之间友好互利关系。雍正皇帝深知其害，决心改革土司制度。满洲镶蓝旗人云南巡抚治总督事的鄂尔泰，经过实地考察，于雍正四年（1726 年）奏请改土归流，说明这些地区土司制度之危害，土民生活之穷困，地方经济之落后，有地无人耕种等，"必须改土归流"。雍正皇帝赞同鄂尔泰的主张，提升他为云贵总督，委之以改土归流的重任。鄂尔泰以汉军镶红旗人黎平知府张广泗佐理，并奏准提升其为贵州巡抚。经过 5 年的招抚和对一些土司的进剿，终于在云南、贵州、广西、四川、湖南、湖北等大部分土司统治地区，基本上废除了土司制度，委任流官管辖其地。这对增强国家的统一、促进各民族经济文化交流和民族地区的发展，起了重要作用。

雍正年间进行的一系列改革和重大军政措施，使广大人民的赋役负担有所平均和减轻，吏治也有改变，促进了社会经济发展，增加了国库收入。雍正二年（1724 年）由于多方面原因，库存银只有 3000 余万两，三年就达到 4000 万两，四年增加到了 4740 万两，五年突破 5000 万两大关，六年为 5823 万两，七年增长到 6000 余万两，八年库存银达到 6218 万两。真是"国用充足""仓廪亦皆充实，积贮可供二十余年之用"。①这一切，对"康乾盛世"的形成和延续，提供了十分有利的条件。

雍正皇帝还派大军进攻准噶尔，欲图彻底消除西北隐患，安定西北边疆，不料遭到和通泊大败，他这个愿望只有由其子乾隆皇帝弘历来实现了。

---

① 昭梿：《啸亭杂录》卷 1《足理国帑》；《皇朝经世文编》卷 26《论增兵筹饷疏》。

三 "全盛之世"出现

（一） 乾隆新政

雍正十三年（1735年）八月，雍正帝病逝，由皇四子宝亲王弘历继位，改次年为乾隆元年。如果是对于一个胸无大志的平庸之君来说，他面临的形势非常之好。此时，尽管西北还在屯兵备边，防止准噶尔部入掠，贵州古州等地"苗变"继起，国库存银因西北用兵"动支大半"，但因准噶尔几次遣使求和，双方基本上已达成停战和好修贡协议，这将使军费开支大为减少，西北烽火熄灭；如果在贵州停止改土归流，让土司"自王其他"，"苗变"会自行消失；全国便是一片太平景象。而且经过康熙、雍正两代皇帝70多年的努力，财政基础雄厚，新君即位，国库充盈，他完全可以做一个坐享祖宗遗泽、无忧无虑、无所建树、承平之世的君主。但是，如果乾隆皇帝要想做一番事业，在皇祖皇父的基础上奋发图强，继续前进，做一个文治武功兼有、创建和巩固"大清全盛之世"的英明君主，就会遇到许多棘手的问题，而且他已觉察到国家还存在不少严重的弱点。

在众多问题之中，很难解决的根本问题是，承平日久，因而百弊丛生。从1616年满族领袖人物清太祖努尔哈赤创立后金国起，到乾隆皇帝弘历继位算，是当君主的第六代皇帝，登上了已有120多年江山的宝座，如从曾祖顺治皇帝算起，弘历是第四位"君临天下"的皇帝，继位之时，大清朝的江山已经过了92年，这是名副其实的守成之时。历代王朝在这个阶段，一般都是帝君享乐，百官怠惰，大多习惯安逸，因循苟且，唯知保位保爵，不肯奋发图强，革弊兴利，兵备松弛，吏治败坏，贪婪之辈更是滥征滥派，竭力搜刮，侵吞官银，兼并民田，鱼肉百姓，大发横财，从而使国贫民穷，激化社会矛盾，国家也就急剧衰落。这就是雍正皇帝所说的"人心玩愒日久，百弊丛生"。① 雍正九年，清军之所以大败

---

① 《上谕内阁》，雍正七年五月初五日谕。

于和通泊，除去准噶尔部强盛及远在几千里以外作战的不利条件外，主要是决策失误，用人不当，朝中没有能人，八旗军高级将官多系庸懦无能，怯战畏敌，曾经横行天下所向无敌的八旗劲旅，已是"武备废弛"，士气不振，战斗力大为削弱了。当乾隆皇帝后来欲乘准部内乱之机会遣兵进攻时，除大学士傅恒赞同帝议、主张"用间出征"外，满洲王公大臣"尽皆畏怯退缩，恐生事端"，不思"效法前人报国立功，而惟守妻孥以求安逸，临战怯阵而甘退缩"①，竭力反对出征。这样一批文臣武将，不痛加训斥，严格要求，哪能建树文治武功伟大业绩？

与此同时，承平日久，国内人丁大量增加，贪风复起，土地兼并激烈，灾害不断，黎民日益贫困，加上周边国家入侵，缅甸、廓尔喀正在对外扩张，英国殖民势力东侵，假如国家不强盛，难以抵御外敌。

年方 25 岁的乾隆皇帝弘历，就是在这样的情况下当政的，他不像历代守成之时的平庸之君，只知因循苟且，醉生梦死，而是"以皇祖之心为心""法皇祖之事为事"，继承先祖优良传统，勇于进取，励精图治，擢用能臣，革弊兴利，使国家富强，人民安居乐业。他即位初期，巧作安排，达成了与准噶尔汗息兵、议和、定界的协议，使西北边境得到安定。撤回远驻塞外的 10 万大军，每年减少了大量军费。他乾纲独断，撤换主张放弃苗疆贻误军机的钦差大臣张照，委任汉军镶红旗人湖广总督张广泗为经略，大举进攻，兼行招抚，很快就平定了古州等处的"苗变"，并免赋税，设屯田，贵州改土归流得以坚持执行，贵州安定，生产发展，苗汉均利。

乾隆皇帝"政尚宽大"，纠错纠偏，对先帝残酷处治同胞骨肉和宗室王公的一些案子，做了修改，释放被圈禁的皇十四叔原"大将军王"、郡王允禵，先复封辅国公，后又连升四级，晋封恂郡王。释放皇十叔原敦郡王允䄉，封辅国公，死时用贝子品级祭葬。对被削除宗籍的原廉亲王允禩、贝子允禟、贝勒苏努、辅国公延信等人的子孙，赏给红带子，恢复宗籍，收入玉牒。对年羹尧一案的株连人员又予以宽待。年羹尧在西藏、

---

① 《清高宗实录》卷 494，第 14～19 页。

青海问题上功勋卓著，任至川陕总督、抚远大将军，封一等公，对雍正皇帝继位起过特殊的作用，后被雍正帝定上 92 条罪状，革职籍没削爵赐死，亲属给宁古塔披甲为奴，一批对清廷有功之臣被处死或革职，乾隆皇帝命吏部兵部复查，将革职官员，酌量录用，其受株连者悉予宽免。这样一来，很快就稳定了政局，朝野气氛相应缓和。

（二）赈灾治河

乾隆皇帝重视赈灾，他认为"国家之正供，原出于闾阎，今地方被灾，应行赈恤，以取之于民者，用之于民，是属理之当然，虽多何所吝惜"。① 他又禁止地方官员匿灾不报，并强调：

> 水旱灾荒，尤关百姓之生命，更属朕心之所急欲闻知而速为经理补救者。……嗣后督抚等若有匿灾不报，或删减分数，不据实在情形者，经朕访闻，或被科道纠参，必严加议处，不少宽贷。②

他不仅这样说，也是这样做的，纵观封建王朝的历史，赈灾次数之多，范围之广，发放银米数量之大，乾隆皇帝可谓历代帝君之魁。乾隆三十年（1765 年）以前，灾情最重、费银最多的，是乾隆七年江苏、安徽两省的水灾，此时黄河、淮河并涨，江宁等府 50 余州县灾情严重，扬州"民间中人之家，以及极贫之户，皆流离四散"，安徽凤阳府、泗州、颍州所属州县，灾民多达 220 余万人，江苏倍于此数。乾隆皇帝闻报，先后下达数十道谕旨，谕令大学士、江南督抚和漕运总督、河道总督等立即拨银、米，以赈济灾民，排泄洪水，兴修水利。八月，发银 250 万两赈济灾民，此后，又陆续调拨银米，江苏、安徽 53 个州县共用银 738 万余两，米 240 余万石。③ 这时，江苏在册民田为 68 万余顷，征赋银 330 余万两，粮 210 余万石，安徽民田 30 余万顷，征赋银 160 余万两，粮 80 余

---

① 《清高宗实录》卷 175，第 2、3 页。
② 《清高宗实录》卷 90，第 10、12 页。
③ 《清高宗实录》卷 174，第 1、2 页；卷 175，第 1，2、29 页；《清文献通考》卷 46。

万石，赈灾银米为两省额赋的一倍半。可见其所说"取之于民，用之于民"，并非空谈。

乾隆皇帝一再严惩匿灾不报、救灾不力的官员，嘉奖敢于任事为民着想的贤能之臣。山东省平度州知州颜希深，因该州大水为患，城几尽没，"灾民嗷嗷，流移载道"，遵奉慈母之意，尽发仓粟赈灾，"民赖以苏"。上司以颜希深擅动仓谷，奏劾其过，欲革其职。乾隆皇帝阅奏后大怒说："有此贤母好官，为国为民，宜保反劾，何以示劝。"不仅没有革掉颜希深的官职，反而提拔他为知府，赐其母三品封号。颜希深由爱民而升官，并不断晋升，官至巡抚，其子颜检任至直隶总督。史称乾隆皇帝擢用颜希深，"天下翕然，颂圣天子如天如神焉"。①

乾隆二十一年（1756 年）正月十九日，他下谕讲述历年大发银米赈济灾民的情况：

> 朕自即位以来，刻以爱民为念，偶遇地方荒歉，多方赈恤，惟恐一夫失所，此实上可以质之天，而下可以对之黎庶者。即如上年命户部查奏，雍正十三年之间，江南赈项凡用 143 万，已不为不多。

而乾隆元年至十八年，用至 2480 余万两，还有相等数量的米。②

此外，乾隆皇帝对佃农的利益，也有一定的关注，一再下达"劝减佃租"的谕旨，并保护甘肃佃民的"永佃权"。乾隆七年九月，汉军镶红旗人甘肃巡抚黄廷桂上疏呈请维护甘肃佃户的永佃权说：

> 甘省地处边徼，从前土旷人稀，我朝定鼎以来，流亡渐集。然开垦之始，小民畏惧差徭，必藉绅衿出名，报垦承种，自居佃户，比岁交租，又恐地亩开熟，日后无凭，一朝见夺，复立永远承耕不许夺佃团约为据。

---

① 陈康祺：《郎潜纪闻初笔》卷 7，《颜中承母发仓粟赈饥》。
② 《清高宗实录》卷 505，第 3 页。

适相传数世，业主子孙竟夺田换佃，告官驱逐，佃民抗争。"查各省业主之田，出资财而认买，招力作以承耕，佃户之去留，凭于业主，非若甘省佃户，其祖父则芟刈草莱，辟治荒芜，筑土建庄，辛勤百倍，而子孙求为佃户而不可得，实于情理未协。应请将当日垦荒之原佃子孙，止令业主收租，果有拖欠，告官押追，不许夺佃"。若业主将田转卖，"契内注明，佃户系原垦人之子孙，照旧承种，不许易佃"。佃户抗欠粮租至三年者，始许易佃。乾隆皇帝批准了这个建议。① 这对老佃户是有利的，保障了老佃户的永佃权，对改善老佃户子孙的处境，促进农业生产发展，起了积极的作用。

乾隆皇帝效法皇祖，重视兴修水利，防治水灾，将"河工海防"视为"民生之最要"，每岁拨银300多万两，委任治河能臣稽璜、高斌等人为河道总督，大力兴修直隶、山东、江苏、安徽、浙江、河南等省河工海防，成效显著。

乾隆皇帝还在六下江南时，每次都要阅视河工，指授方略，亲自处理重大问题。比如，乾隆十六年（1751年），帝至江南，满洲镶黄旗人河道总督高斌奏称：高堰汛内大坝、里坝等处石工，因上年连日风雨倒卸四段，长73丈5尺，请拨银兴修。帝批准了他的请求，并下达谕旨命修建淮安石堤说：

> 朕经过淮安，见城北一带内外皆水，虽有土堤为之防，而人烟凑集之区，设经异涨，其何以堪，甚觉怵然，亟应改建石工，以资保障，著总河高斌等，会同总督黄廷桂，确勘详估，及时建筑毋忽。②

他又阅视蒋家坝堤工，并降旨筹定洪泽湖五坝水志，畅开清口，指出洪泽湖上承清、淮、汝、颍诸水，汇为巨漫，所恃以保障者，唯高堰一堤，天然坝乃其尾闾，伏秋盛涨，辄开此坝泄之，而下游诸州县胥被

---

① 《清高宗实录》卷175，第19、20页。
② 《清高宗实录》卷382，第16页。

其患。下游居民深以开坝为惧，而河臣转借为防险秘钥，两者恒相对持。乾隆皇帝南巡亲临高堰，循堤而南，越三滚坝、至蒋家闸，周览形势，乃知天然坝断不可开，天然坝当立石永禁开放，以杜绝妄见。高堰石堤至南滚坝以南，旧用土工石堤，应自新建信坝北雁翅以北，一律改建石工。此后，乾隆皇帝对河工更加重视，多次下旨，尽力讲求治河之法，投入巨量帑银，兴办了几项大工程，收效很大。正如乾隆帝晚年所述：

> 六巡江浙，计民生之最要，莫如河工海防，凡一切补偏救弊因时制宜之方，为亿兆生灵永远安全之计。兹幸南北河工，自开放新河之后，化险为夷，海塘石工，依限告蒇。①

（三）五次普免钱粮

在乾隆初年新政大见成效的基础上，帝决意推行富民强国的方针政策，力创"全盛之世"。他的主要措施是，效法皇祖，大量蠲免钱粮，以"爱养黎元"，达到"本固邦宁"。他在即位之后的23天，下达了一道类似施政纲领的谕旨，着重讲了两个问题。一是当前形势："国家承平日久，生齿日繁，在京八旗及各省人民，滋生繁衍，而地不加广，此民用所以难充，民产所以难制也。"二是"本固邦宁"。他说："盖恒产恒心，相为联系，仓廪实而知礼义。"故"朕日夜兢兢，时廑本固邦宁之至虑"，"爰赖中外诸臣，共体朕心，以成朕志，于民生日用所由阜成，民生利欲所由丰豫之处，在在求其实际，事事谋其久远。"②

他认为使民能有恒产，对民最为有利的事，是轻徭薄赋，谕告王公大臣，"诚以民为邦本，治天下之道，莫先于爱民。爱民之道，以减赋蠲租为首务也"。③乾隆朝蠲免钱粮次数之多，数量之大，在历代封建王朝中，可以说是空前绝后的。他一登基就降旨，"将雍正十二年以前各省钱

---

① 《万寿重宁寺碑记》，见《重修扬州府志》卷3《巡幸三》。
② 《清高宗实录》卷3，第30~33页。
③ 《清高宗实录》卷99，第20页。

粮实在民欠者，一并宽免"，总数为 1000 多万两。① 史称从乾隆元年到十八年，"灾蠲"共免银 2490 多万两和相同数量的粮米。这还不包括登基恩诏所蠲 1000 多万两积欠田赋和乾隆十年普免全国钱粮的 3000 万两，可见数量之大。

乾隆皇帝不仅以灾蠲、恩蠲、事蠲、逋蠲等方式，多次大规模地按地区蠲减各处正额田赋丁银，而且还在乾隆十年（1745 年）、三十五年、四十三年、五十五年及嘉庆元年（1796 年），五次下达普免全国一年钱粮的谕旨，而且三次全免南方漕粮（一次为 400 石米），累计蠲免赋银两亿多两，相当于 5 年的全国财政收入，数量之多，真是空前绝后的。

普免全国一年的钱粮，不是轻而易举的小事，没有一定的物质条件，没有很大的勇气，是不能施此仁政的。乾隆皇帝即位之时，国库存银 2400 万两，经过 10 年经营，国家财政进一步好转，国库存银增加了不少，乾隆十年户部尚书梁诗正奏报财政情况说：

> 每年天下租赋，以供官兵俸饷各项经费，惟余二百余万，实不足备水旱兵戈之用。今虽府库充盈，皇上宜以节俭为要，勿兴土木之工、黩武之师，应以持盈保泰。

从乾隆元年到十年，除乾隆八年是 2912 万余两外，其余 9 年户部银库存银皆为 3000 余万两。存银数量不为不多，但要普免全国一年钱粮，总数约 3000 万两，则库中就只剩下几百万两，一遇灾荒，或遇到大的军事行动，就很难保证供应，财政就要出现大问题。何况康熙皇帝是当了49 年皇帝之后，才降普免一年钱粮的谕旨，乾隆皇帝弘历刚执政 10 年，就行此殊恩，未免有些冒险。

但是，乾隆皇帝认准了只有普免钱粮，才有利于促进实现民有恒产、"本固邦宁"的目标，因此，他以大无畏的气概，于乾隆十年正月初六，下达第一次普免全国一年钱粮的谕旨：

---

① 《清高宗实录》，卷 196，第 13 页；卷 205，第 22 页；《清文献通考》卷 4；王庆云：《石渠余记》卷 1《纪蠲免》。

朕临天下，十年于兹，抚育蒸黎，民依念切，躬行俭约，薄赋轻徭。……朕思海宇乂安，民乞和乐，持盈保泰，莫先于足民。况天下之财，上有此数，不聚于上，即散天下。……欲使海澨山陬，一民一物，无不均沾大泽，为是特降谕旨，将丙寅年（十一年）直省应征钱粮，通行蠲免。①

据此，将全国地丁钱粮额银 2824 万多两，于三年之内依地区普免，原来不在蠲免之列的甘肃"番粮草束"，福建、台湾的"粟米"，四川的"夷赋"，陕西、青海的"马贡"，河南官庄义田，广东官租学租，浙江沿海租谷租银，直隶固安、霸州旗户屯粮，奉天米豆等，亦予蠲免。②

普免"天下钱粮"的诏一下，万民欢欣。江苏省昆山县雅士龚炜赞颂此举说：

乾隆十年上谕，本年各省地丁钱粮按次全蠲，与民休息。诏下之时，万方忭舞，自上嗣服以来，大赦积逋，再减浮赋，岁收稍薄，辄费天庾，水患偶乘，动支国帑，天地犹有憾，皇仁蔑以加矣。我侪小人，惟视丰年急公税，稍申媚兹之忱，乃更沐非常溥溥之泽于望外，苍生何福以当之。自惟草茅，无以报效，衢歌不足颂扬，只有清香一柱（炷），祷祝上苍，惟皇子子孙孙永保民。③

可见普免钱粮之深得人心。普免钱粮对促进农业生产发展、繁荣社会经济、改善中小地主和自耕农的处境，均起了积极作用。

此外，乾隆皇帝根据形势的变化，变更祖制，释放大量旗下包衣和皇庄壮丁为民，改定"逃人法"，大大减轻了对窝藏的窝主、邻里的惩罚。这对缓和社会矛盾、改善旗人生计都是有利的。

---

① 《清高宗实录》卷 242，第 9、10 页。
② 《清高宗实录》卷 243，第 14 页。
③ 龚炜：《巢林笔谈》卷 4《乾隆十年全蠲丁粮》。

（四）察吏安民，严惩贪官污吏

乾隆六年（1741 年）三月，乾隆帝觉察到几桩案件必须详查、审实、严处。山西学政喀尔钦贿卖生员；布政使萨哈谅"收兑钱粮，加平入己""宣淫部民"；浙江巡抚卢焯受贿 3 万两；兵部尚书鄂善纳贿千两。出现这些贪污案件，使皇帝大发雷霆，下谕强调，"人臣之所尚者惟廉"，贪官乃衣冠禽兽，"遇有贪官污吏，朕亦断不肯姑容"，痛斥官官相护积弊，批准法司拟议，斩喀尔钦，令鄂善自尽，萨哈谅、卢焯绞监候。①

乾隆年间，皇帝亲自审理、裁处 100 多起文武大臣的贪污案件，被革职、抄家和被诛杀者上百名，有总督、巡抚、尚书、侍郎、布政使、按察使，也有道员、知府、知州、知县因贪污纳贿被处死的，其数亦不少。满洲正黄旗人恒文，雍正初以生员授笔帖式，不断升迁，到十年已任至贵州布政使，官阶从二品，后又奏上调兵之法，疏劾属员贪婪等，蒙帝嘉奖。乾隆二十一年（1756 年），他是官运亨通，由山西巡抚提拔为云贵总督。这样一位深受皇帝恩宠的能臣，一旦被人告发其贪污受贿之罪，如勒令属员购买黄金短发金价，纵容家人收受属员"门礼"等，一经审核属实，乾隆皇帝毫不犹豫，立即下谕将恒文革职籍没，令其自尽，"以饬官方而肃吏治"。②

山西巡抚蒋洲出生于官宦之家，伯父蒋陈锡任至云贵总督，父蒋廷锡历任户部、兵部尚书，拜文华殿大学士，深受雍正帝之赏识和倚任，兄蒋溥历任巡抚、户部、礼部、吏部尚书、协办大学士、军机大臣、大学士，身任要职 30 年。蒋洲就是凭借父兄之势及皇上对其父兄的恩宠，由小小的主事很快就升至山西布政使，乾隆二十年（1755 年），又提升为山西巡抚，移山东巡抚。正当蒋洲飞黄腾达之时，被人参劾他勒派属员银两，以弥补侵用之两万余两帑银。乾隆皇帝立即派刑部尚书刘统勋前往查核，审实后，连下谕旨将案犯蒋洲革职籍没正法。帝谕中着重指出：

① 《清高宗实录》卷 140，第 18、19、30 页；卷 143，第 5、6 页；卷 165，第 23 页。
② 《清高宗实录》卷 566，第 22～24 页。

蒋洲乃原任大学士蒋廷锡之子，由部属擢至巡抚，不思洁己奉公，乃恣意侵吞亏空巨万帑银，又复勒派通省属员，以为弥补之计，"其贪黩狼藉，玷辱家门，实出情理之外"。"山西一省，巡抚藩臬朋比为奸，毫无顾忌，吏治之坏，至于此极"，"若不大加惩创，国法安在"。①

只要是贪婪营私，哪怕曾是杰出能臣的大学士和开国功臣之裔，乾隆皇帝也要严加惩办。汉军镶黄旗人李侍尧，其四世祖李永芳，乃闻名关内外的清开国之大臣，娶清太祖努尔哈赤之孙女，尊称"抚顺额驸"，授三等总兵官世职（后之三等子爵），总管汉人事务，其第五子巴颜以功晋封一等伯，后追增"昭信"名号。李侍尧之父李元亮，官至户部尚书。乾隆初年，李侍尧以荫生授印务章京，帝见其人，即夸奖为"天下奇才"，授副都统。部臣以违例谏阻，帝谕："李永芳孙，安可与其他汉军可比。"李侍尧"短小精敏，机警过人，几案籍目，终身不忘"，才华出众，为众所公认。这样一个为皇帝赞赏，才干超群之能臣，当然在仕途上是一帆风顺，迅速高升。李侍尧历任侍郎、尚书、将军、都统、两广总督，袭二等昭信伯，乾隆三十八年升任大学士，仍留两广总督任，四十二年调云贵总督，政绩显著，被帝誉为"老成能事"之督抚中佼佼者，不少大臣亦赞其"历任封疆，实心体国，认真办事，为督抚中罕见"。②尽管乾隆皇帝非常赏识、重用李侍尧，但一经访闻其有贪婪之罪，立即派钦差大臣前往云南查审，最后，落实李侍尧纳受属员白银3万两。乾隆皇帝立即下谕痛斥其过，予以结论说："因其才具尚优，办事明于"，"历任封疆，在总督中最为出色，是以简用大学士"，"乃不料其贪黩营私，婪索财物"，"各督抚顽痛自猛省，毋谓查办不及，幸逃法网，辄自以为得计"。"李侍尧著即定为斩监候，秋后处决"。③

皇亲国戚犯下贪污罪，乾隆皇帝亦不曲法以宥之。满洲镶黄旗人高恒，其姐高佳氏在乾隆皇帝为皇子之时，已封为侧福晋，深受宠爱，乾

① 《清高宗实录》卷550，第7、8、9页。
② 《清高宗实录》卷1116，第5页；卷1126，第4页；昭梿：《啸亭杂录》卷4《李昭信相公》。
③ 《清高宗实录》卷1106，第12、13页；卷1116，第4~5页。

隆初封贵妃，卒后，帝很悲伤，谥号慧贤皇贵妃。高恒之父高斌，历任布政使，两淮盐政，江南河道总督，直隶、两江总督，吏部尚书，军机大臣，大学士，乾隆皇帝赞其治河成绩显著，"功在民生"。高恒有这样好的父亲、姐姐，自然是春风得意，于乾隆初年以荫生授户部主事起，步步高升，二十二年任两淮盐政，三十年授内务府总管大臣，眼看就要更加大用了。因有人提出两淮运司预提盐引之"余利银"问题，涉及高恒，乾隆皇帝先后下达数十道谕旨，严厉审理此案，最后查出高恒纳贿银3万余两，遂将其依法斩首籍没。① 过了10年以后，高恒之子高朴在叶尔羌办事大臣任上，私役回民采玉盗卖，扰乱回疆，也被乾隆皇帝谕令处死抄家。②

乾隆皇帝长期亲自审断重大贪污案件，重惩贪婪纳贿窃取帑银的部院大臣和督抚藩臬，对整顿吏治，创建和延续"盛世"，起了积极作用。

（五）国库充盈，疆域辽阔

乾隆皇帝弘历学识渊博，诗文兼长，深知文化的重要性，因而亲自主持编纂了许多大型书籍，其中尤以《四库全书》最为著名。他特派皇六子质郡王永瑢、皇八子仪郡王永璇、皇十一子成亲王永瑆及大学士舒赫德、刘统勋等满汉大臣学士，分为总裁、总纂、纂修、分校，确定编纂方针体制，广收全国各地藏书，历时20年，终于编成了中国历史上最大的一部丛书，共收图书3461种，多达7.9309万卷，计3.6万册，分写正本七部，副本一部，对中国文化发展起了重要作用。

在民族、疆域、国土这一至关重要问题上，乾隆皇帝继承了祖宗传统，勇于进取，增进全国统一，加强对边疆民族地区的有效管辖。他先后委派傅恒、兆惠、明瑞、阿桂、福康安、明亮、阿里衮、舒赫德、海兰察、丰升额等满洲大臣为将军、大将军、参赞大臣，统率满、蒙、汉、

---

① 昭梿：《啸亭杂录》卷1《杀高恒》；《清高宗实录》卷814，第17~20页；卷821，第21~22页。

② 《清高宗实录》卷1067，第36、37页。

藏、回等族将士,统一回部,两征准噶尔,进军缅甸、安南,反击廓尔喀入侵等,完成了"十全武功"。

综上所述,由于乾隆皇帝弘历的勇于进取,励精图治,轻徭薄赋,整顿吏治,提倡文化,由于满、汉、蒙古、维、藏、回等各族文臣武将兵民的努力,在康、雍两朝奠定的基础上,形成了"大清全盛之势"的"盛世",亦即人们常说的"康乾盛世"的高峰。

在"康乾盛世"之时,全国人口激增,由乾隆六年的"一亿四千万",到乾隆末年增加到"三亿人口"。耕种的田地增加了将近五十万顷,农业发展,城市繁荣,百业兴旺,文化发达,国库充盈。乾隆皇帝之初,国库存银"不过三千万两",此后尽管五次普免全国钱粮,三免漕粮,共蠲赋银两万万两,赈灾、治河之银亦逾一万万两,"十全武功"耗银"一亿三千多万两",然而乾隆年间库存帑银仍在不断增加。乾隆元年至十九年,除了十三年、十四年是 2700 多万两外,其余的 17 年户部银库存银,均在 3000 万两以上,乾隆二十年增至 4000 万两,二十九年就到 5000 万两,三十年 6000 万两。乾隆三十六年底"部库所积,多至八千余万两"。此后,金川用兵耗银 7000 万两,但四十一年十月,"部库尚存六千余万",第二年下谕普免全国钱粮时,"部库帑项又积至七千余万两",四十六年仍有 7000 余万两。到四十九年亦为 7000 余万两。五十一年闰七月十八日,乾隆皇帝下谕:

> 朕即位初年,户部银库计不过三千余万两,今五十余年以来,仰蒙上苍嘉佑,年谷顺成,财赋充足,中间普免天下地丁钱粮三次,蠲免漕粮两次,又各有偏灾赈济,及新疆、两金川军需所费何啻亿万万,即去年江南等处赈费,亦至千余万,然现在户部存库银尚存七千余万。①

国库存银长期保持在 6000 余万两和 7000 余万两之间,这不仅在清

---

① 《清高宗实录》卷 1261,第 10 页。

朝，就是在以往的汉、唐盛世，也是绝无仅有的，就是与当时世界各国相比，中国也是国库存银最多之国。

与此同时，清朝当局统一了准部、回部，使西北、北方得到安定，西藏地方直隶中央，四川、青海宁谧，贵州改土归流得以坚持，云南南部民族地区牢固内附，从而最后奠定了近代中国版图。"康乾盛世"时期的中国，是一个屹立于东方的强盛大国。

清朝的民族政策

一　清政府对民族问题的总方针

　　清政府是以满族贵族为主，联合汉族上层人士和蒙古贵族而组成的。这与明朝政府显然不同，从而决定了它关于民族问题的方针、政策具有新的特点。

　　明朝末年，满族是一个新兴起的积极向上的民族，善于学习，富有强烈的进取精神。作为这个民族的杰出领袖清太祖努尔哈赤、太宗皇太极、摄政王多尔衮、圣祖玄烨、高宗弘历等人，不仅有正确指挥战争的军事天才和卓越的政治领导能力，而且勇于进取，习于思索，善于利用其他民族的力量，以达到自己的目的。他们在民族及与此紧密相联的疆域问题上，制定了与明王朝不同的总方针，即"勇于进取"。使用"恩威并行，顺者以德服，逆者以兵临"的手段，不断扩大版图，增进全国的统一，加强对边疆民族的有效管辖。这个总方针有力地促进了多民族国家的统一和发展。

　　清太祖努尔哈赤原是女真几百个部落之一的小酋长，受尽周围女真大部和明朝"天皇帝"的蔑视和欺凌，明万历十一年（1583 年）初，努尔哈赤的祖父觉昌安，父亲塔克世被明军误杀。明边境官将还蛮横指责努尔哈赤，并宣称要帮助图伦城主尼堪外郎筑城于甲板，使其为建州女真之主。尼堪外郎又胁迫努尔哈赤降服于彼。因此，建州女真人欲归于尼堪外郎，就是觉昌安的五位弟兄之子孙也"对神立誓，欲杀太祖以归之"。

面临父祖惨死、部众逃散、亲族背离、仇敌相逼、明将威胁的险境，努尔哈赤面前摆着两条路：前一条是屈服于明臣的压力，俯首投降，认敌为父，以免杀身之祸与灭门之灾，苟延残喘，当一个被后人耻笑的庸人。走这一条路，不冒什么风险，只要厚颜无耻，唾面自干，即可顺利通过。后一条路是大义凛然，誓死报仇雪恨，冒着灭族的危险，高举大旗，率领尚未离去的几十名部众和亲友，直向号称有百万明军支持的图伦城主杀去。此路陡峭崎岖，陷阱密布，难关重重，稍有失误，就会死于刀剑之下，基本上是死路一条。一般庸夫俗子对此望而生畏，不敢前行。但年方二十五的努尔哈赤，却以大无畏的精神，毅然决定走后一条路，兴兵报仇，以父遗甲13副，联合沾河寨主常书等，共有甲30副和近百名部众，于当年5月一举攻下图伦城，打响了建立后金国——大清国的第一仗。此后，他大战玛尔墩，于界凡以四骑击败敌兵800，在鄂勒珲城只身遇敌40人，虽身负重伤30处，仍奋勇击败敌军，古垎山前以寡敌众，大破九部联军3万。30余年内，努尔哈赤率领八旗兵丁，取哈达，并辉发，灭乌拉，亡叶赫，征讨东海女真，尽有建州，完成了统一女真各部的伟大事业，并乘胜前进，以"七大恨"誓师讨伐腐朽的明王朝，取抚顺，夺清河，大败明兵于萨尔浒，克沈阳，下辽阳，进据辽东，建立了一个辖地数千里、臣民上百万的后金国。

后金天命十一年（明天启六年，1626年）正月，努尔哈赤率军13万，进攻宁远受挫，败于领兵不到2万的明宁前道袁崇焕手下，伤病气愤交加，于8月11日去世，皇八子四贝勒皇太极被八和硕贝勒推立即位为汗。

清太宗皇太极即位后的金国，在军事上处于明、蒙古和朝鲜的包围之中，曾经百战百胜所向无敌的八旗劲旅，竟因败于宁远，挫于锦州，因而士气低落，"怯于攻城"。在政治上，八旗贵族官员大量掠夺人、畜、财帛、田宅，逼民为奴，努尔哈赤晚年又采取了疏远汉官、屠杀汉民、编丁立庄等错误政策，导致辽民强烈反抗，抗金斗争如火如荼，遍及全辽，原已降金的汉官亦大多改变主意，还有不少人私通明朝，密谋反正，伺机内应。金国经济萧条，百业凋敝，田园荒芜，灾荒频仍，物价飞涨，

"国中大饥，斗粮价银八两，人有相食者"。① 金国的统治出现了严重危机。

金国的前景如何？是因循苟安，待不下去就退回建州旧地，或者是维持现状，不进不退，与明朝长期对峙于辽东，还是振奋精神，革除弊政，重整旗鼓，不断前进。在关系到金国兴衰存亡的根本问题上，35 岁的皇太极不愧为"天聪汗"，他选择了最艰难而且带有很大危险性的道路，但又是比较明智的道路，即坚决纠正父汗努尔哈赤的错误，推行新政，增强国力，继续向腐朽的明王朝进攻，不断扩展金国——大清国辖区。他三次统军征明，两次派亲王领兵进逼明都，屡败明军，并进行了松锦战役，大败明兵 13 万，皇太极还降服了朝鲜，消灭明将毛文龙建立的东江军镇，三次征剿察哈尔，迫使林丹汗走死青海大草滩，降其部众，其子额哲奉母归顺，献上元顺帝带至大漠的传国玉玺，至此，漠南蒙古各部悉附于清，黑龙江中上游的女真部落也纷纷归顺。使得"远远诸国，在在臣服，蒙古大元……悉入版图"。② 这一切，为清军问鼎中原提供了极为有利的条件。

清崇德八年（明崇祯十六年，1643 年）皇太极去世后，其弟和硕睿亲王多尔衮摄政，刚及而立之年的多尔衮也是一个胸怀大志、勇往直前的创业之主。他摄政期间，满洲八旗只有男丁约 6 万名，加上蒙古八旗、汉军八旗，总共十来万丁。他竟敢以此十来万丁与拥军百万之众的大顺农民政权争夺江山，于清顺治元年（明崇祯十七年，1644 年）败李自成于山海关，并挥军西进，占据北京，分遣诸王统军出征，打败了拥军两三百万的大顺、大西农民军和南明政权，基本上建立起清政府对全国的统治。

康熙帝玄烨乃顺治帝之第三子，顺治十八年父逝子承，即位时年仅 8 岁，第二年改元康熙，国家政务由索尼、遏必隆、苏克萨哈、鳌拜四大辅臣掌管，康熙六年（1667 年）亲政，年仅 14 岁。他果断地拘捕鳌拜，革弊兴利，施行新政，为社会生产的发展创造了有利条件。十二年

① 《清太宗实录》卷三。
② 《清太宗实录》卷六十一。

十二月，平西王吴三桂据云南反清，靖南王耿精忠响应，占据广西和福建，平南王尚可喜之子尚之信据广东反清，陕西提督王辅臣及川、楚、湘等省一些州县汉官也随之叛乱。清政府不仅丢掉了半壁江山，而且危及它的根本统治。年仅 20 岁的康熙皇帝，面对危局，泰然自若，聪睿机智，调兵遣将，兵分三线阻击叛军，经过 8 年的艰苦战争，在康熙二十年（1681 年）平定了"三藩"之乱，避免了国家陷于分裂混乱局面。

康熙二十九年（1690 年），厄鲁特蒙古准噶尔部博硕克图汗噶尔丹，借口追击喀尔喀蒙古，大军进逼乌兰布通（内蒙古昭乌达盟克什克腾旗的南境），距北京仅 700 余里，"京城震动，人心惊慌"。康熙帝急调大军，分兵合击，于乌兰布通一战打败噶尔丹，迫使他带领残兵潜逃到科布多。康熙三十四年（1695 年），噶尔丹得到沙俄的支持，又向东进攻。第二年，清军进剿，于昭莫多一战，彻底打垮了噶尔丹的主力军。噶尔丹走投无路，"饮药自尽"。至此，漠北得到安宁，也解除了对北京的威胁，清朝统治得到巩固。

乾隆帝弘历亦继承先祖不断进取的总方针，多次用兵，兼行招抚，不断扩大和巩固大清国版图，使周边许多原在"王化之外"的"蛮荒"地带的少数民族地区，归隶清朝中央政府的管辖。

乾隆十二年（1747 年）五月十六日，高宗弘历下谕阐述征金川的原因时，讲了这样一段话：

> 朕思此等苗蛮，虽属化外，而叛服靡常，端由办理不善。如但谓得其人而不足臣，得其地而不足守，比之禽兽虺蛇，亦何防听其涵孕卵育并生宇宙之间，而此等蜂屯蚁聚之众，果可置之度外乎！……若但来则应之，去则弗追，试思十至而十应，何如以十应之劳用之于一举，毁穴焚巢，芟除荡涤之为愈也。

> 稽之前事，如汉之马援、诸葛亮，蛮中至今凛其遗烈，即前明韩雍、王守仁辈，亦能震之兵威，群蛮胆落，坐收一劳永逸之利。近日滇黔古州等境，悉成乐土，具有明效，川省诸番，亦当加意经画。况我朝天威，无远弗届，即蒙古四十八旗，自古所不臣，何尝

不在五服要荒之外，而奉令守藩，输诚内向，守辑至今。可见含齿断发之伦，断无不可化诲，惟在德足绥怀，威足临制，得柔远之道耳！可传谕庆复、张广泗悉心区画。此番用兵，将全蜀情形通盘计度，如何可令蛮众弭耳帖服，永为不侵不叛之臣，使丛篁密菁，息警消烽，共安至治，熟筹长策。[①]

上面的谕旨固然是歧视边疆民族的语言，但它对从清开国到乾隆这六朝皇帝，关于民族问题的总方针及其实施情形，做了很好的总结。太祖、太宗特别是圣祖、世宗和乾隆皇帝，在民族及其相联的疆域问题上，大力执行"勇于进取"的方针，不断增强国家的统一，促进中华民族发展壮大，不管是自古以来不臣服于中央王朝的蒙古各部，还是云南、贵州、四川、湖广等省一些州县"向在王化之外"的"西南诸夷"，都要隶属于清政府的统治之下，成为清帝的"赤子"和臣民，或者是改土归流之后"悉成乐土"，或"奉令守藩，输诚向内"。只要是"德足绥怀，威足临制"，以"无远弗届之天威"为基础，恩威并用，就能对"含齿断发之伦"予以"化诲"，收到"一劳永逸之利"。清朝前期的几个皇帝对民族问题采取"勇于进取"的总方针，自然要体现在各项具体的民族政策上。

二 满汉政策

清太祖努尔哈赤能够从一个偏僻山区的小部酋长，一跃而为进据辽东的金国英明汗，其子孙入主中原，成为君临天下的"大皇帝"，与八旗人员尤其是满洲八旗的拼死厮杀、为国效力是分不开的。清世祖福临曾就此专门谕告满洲兵丁说："嗟尔将士等，披坚执锐，露宿风餐，汗马血战，出百死一生，以开拓天下。"[②]

打天下，保江山，皆依赖于满洲八旗。满洲官兵是清朝建国、卫国

---

① 《清高宗实录》卷二九一。
② 《清世祖宗录》卷八十八。

的重要支柱，满族是统治民族，所以清朝皇帝制定"满洲根本"这一基本国策，一贯强调"满洲为国家之根本""满洲甲兵系国家根本""八旗满洲乃我朝之根本"。①

"满洲根本"这一国策包含了两个部分。首先，是优遇满洲王公大臣官员。清政府对宗室、功臣、皇亲和八旗文武大臣，实行了"笃厚懿亲""崇功尚德"的政策，在政治、军事、经济等方面给予他们很大的特权和优厚待遇。顺治元年（1644 年）十月世祖福临于北京颁布的"恩诏"中，从第一条到第四条，都是讲晋封宗室、功臣的问题：第一，"亲王佐命开国，济世安民，有大勋劳者，宜加殊礼，以笃亲贤，应行典仪，部院大臣集议具奏"。第二，"亲郡王子孙弟侄应得封爵，该部通察往例，损益折衷具奏"。第三，"满洲开国诸臣，或运筹帷幄，决胜庙堂，或汗马著功，开疆展土，俱应加封公侯伯世爵，锡之诰券，与国休戚，永世无穷"。第四，"开国以来，满洲将领等官，应得叙荫，该部通察往例，奏请实行"。② 顺治年间（1644～1661 年），清帝对宗室共封了 18 个王、13 个贝勒、18 个贝子，加上镇国公、辅国公共有 96 个宗室王公。对八旗满洲将领，共封公、侯、伯、子、男爵 94 人。

八旗满洲贵族受帝恩宠，世袭爵位，身任要职，统军治政，是清政府中最高的统治集团。从建国至康熙中叶，议处军机要务的"议政王大臣会议"的成员，主要是宗室王公和满洲勋贵大臣。顺治、康熙时期，议处政务的内阁，设殿阁大学士满、汉各 2 人，兼各部尚书衔，"掌赞理庶政，奉宣纶音。内外诸司题疏到阁，票拟进呈，得报转下六科，钞发各部院施行，以副本录旨送皇史宬存贮"。内阁地位崇高，大学士官阶正一品，位列文臣之首。雍正七年（1729 年）设立军机处以后，除亲王以外，其位列第一的领班军机大臣必须是大学士。因此，序列第一的首席大学士，常被人称为首辅，领衔的军机大臣实为宰相。从雍正元年到乾隆六十年（1723～1795 年）的 73 年里，担任首辅的有满洲二等伯马齐、一等公讷亲、一等公傅恒、一等公阿桂、慧贤皇贵妃之弟高晋、汉军二

---

① 《清圣祖实录》卷三十二、四十四。
② 《清世祖实录》卷九。

等伯李侍尧，以及汉人三等伯张廷玉和刘统勋等 8 人，其中满洲马齐等 5 人共担任首辅 54 年。自雍正七年到乾隆六十年（1729～1795 年）的 67 年里，满洲怡亲王允祥、一等公马尔赛、一等公讷亲、一等公傅恒、一等公阿桂、三等伯鄂尔泰、大臣尹继善 7 人担任了 58 年的领衔军机大臣。这就清楚地表现了满洲八旗贵族大臣，基本上占据了内阁首辅与军机处领班军机大臣的职位。

满洲八旗贵族在经济上也享有很大的特权，占有大量庄园、人丁。康熙六年（1667 年）规定，皇子分封，各按爵秩拨给庄园、人丁，亲王分封庄园 42 所、壮丁 1775 丁，另外还有 23 个佐领，计有 4000 丁。宗室王公各按爵位领取俸禄，亲王岁领俸银 1 万两、米 1 万斛。郡王、贝勒、贝子、公等依次减少。满洲八旗勋贵大臣亦占有大量庄园人丁，领取岁俸。这就是清政府对满洲贵族"笃厚懿亲"与"崇功尚德"的真正含义。

其次是抚恤八旗兵丁。清帝由于八旗兵丁披坚执锐，转战四方，"出百死一生，以开拓天下"，拱卫京师，"绥靖疆域"，故宣称"满洲甲兵系国家根本"，对满洲八旗兵丁给予一定的优遇和抚恤，以保证兵源，维护八旗军队的战斗力。顺治初，规定计丁授田，每丁给地 30 亩，披甲当差的另有饷银。顺治元年，八旗前锋、护军、领催、马甲，每名月给饷银 2 两，后增前锋、护军、领催月给银 4 两，马甲月给银 3 两，年支米 48 斛，出征时另给行粮，每人月银 2 两，日支米 8 合 3 勺。八旗壮丁尽免差徭、粮草、布匹。满洲前锋、护军等兵的收入，应当说是比较高的。清朝的知县年俸银 45 两、薪银 36 两，一名前锋或护军每年都有兵饷 48 两、米 48 斛（每斛 5 斗），比知县俸禄还高，并且还要计丁领地 30 亩，不纳国赋。

在"满洲根本"这一国策的指导之下，清廷竭力扩大八旗满洲的编制，将东北地区的索伦、达斡尔、鄂伦春、锡伯等部人员，不断编入满洲八旗，称为"新满洲"。乾隆四十一年（1776 年），北京满洲八旗共有 676 个佐领，比入关前夕增加了一倍多。[1] 与此同时，清廷不断派遣八旗军驻防各地，以巩固清王朝的统制，这些旗人被称为"驻防八旗"。乾隆

---

[1] 光绪《大清会典事例》卷一一一一。

时期，驻防八旗约有 840 个佐领，兵 107000 万余名。① 北京八旗和驻防八旗佐领的增加，标志着人丁的增加。嘉庆十七年（1812 年），京旗和驻防八旗满洲男丁有 20 多万名。②

为了巩固和壮大满族，使满洲八旗官兵成为清王朝的军事支柱，清帝规定"国语骑射"是满洲的根本。国语又称清语，就是满语。清文亦称清书，即是满文，骑射是骑马射箭，这是满洲的特长。清朝皇帝提倡"国语骑射"的根本目的，是要满洲八旗人员保持本民族的特长、习俗，防止浸染汉民习俗而全盘汉化。

清朝前期，规定满洲官兵必须讲满语，对汉军八旗人员的满语、骑射，要求也很严格。汉军官员以满语奏对履历，能骑马射箭，才能任用。地方各省和中央六部的官员奏皇帝的题本，必须满汉合璧。本内满文如有错讹，则常遭到皇帝的训斥。顺治帝谕令翰林院中的汉人进士，学习满书，"以备将来大用"。他还两次亲临面试，选"通满洲文义者"，晋升官职，不能成文的，则降级调用。他赞扬庶吉士王熙"精通满书""学问皆优"，特赐御服貂褂，4 年之内，连续升迁侍讲学士、弘文院学士、礼部右侍郎兼翰林院掌院学士、礼部尚书。顺治帝的遗诏也是王熙起草的。这些都反映了清初的皇帝对满文的重视程度。③

清朝前期几代皇帝，都强调骑射的重要。顺治七年（1650 年），皇父摄政王多尔衮谕告礼部："我朝以武功开国，所向无敌，皆资骑射"，必须"习弓马"。满洲人员不准"沉湎嬉戏"，违者即拿送法司治罪。雍正、乾隆两朝皇帝也多次下达谕旨强调"骑射国语，乃国家之根本，旗人之要务"。④ 早在顺治年间，即已制定八旗士卒操练制度，每月骁骑、前锋、护军，必须较射 6 次，春秋二季还要披挂甲胄，马、步射各 2 次，每三年大阅 1 次，康熙帝多次举行"大阅"，检查八旗士卒的操练演习。它不仅亲自骑马开弓、步行放箭，还命皇子和八旗官将披甲骑射，并令大学士、

① 魏源：《圣武记》卷十一。
② 《石渠余纪》卷四。
③ 《清世祖实录》卷九十八，一〇一；《清史列传》卷八。
④ 《清文献通考卷》一九二。

起居注等文官擐甲骑射。康熙帝出巡杭州、西安等地时，检阅驻防八旗官员的骑射。他还派遣满洲、蒙古八旗官将任汉军八旗的都统，以"训练骑射"。[①]

清廷为了保证"满洲根本"，又实行了"骑民有别"的政策，使八旗人员尽可能地和民人分区居住。顺治初年，北京的汉官及商贾民人，尽徙南城居住，让八旗各住一方，以"拱卫皇居"。镶黄旗居安定门内，正黄旗住德胜门内，正白旗在东直门内，阜成门内是镶红旗，崇文门内是正蓝旗，宣武门内是镶蓝旗，正红旗居西直门内，镶白旗居朝阳门内。各省驻防八旗官员兵丁，多系单独圈地建房，筑城而居，称为满城或满营。

"旗民有别"固然是体现了"满洲根本"的重要措施，但仅限于此，就太露骨了，容易引起汉民的反感，招致他们对清政府的不满，汉民又是全国几十个民族中人数最多，历史最久，文化、经济最先进的民族。清政府的统治能否持续下去，很大程度上取决于它对汉民的政策和汉民对政府的态度。

顺治元年（1644 年）满洲贵族入主中原后，首先遇到的困难是满洲人丁稀少，语言不通，地理生疏、情况不明。假如清廷只靠几万满洲兵丁来统治版图辽阔、人口上亿的汉族和其他民族，是十分困难的。满族又是一个比较后进的民族，如果故步自封，强以本族旧制加在汉族和其他民族身上，改变汉族的生产方式、政治制度和生活习惯，也是办不到的。这就是说，他们可以"马上得天下"，却不可能"马上治天下"，必须适应新的形势。他们既要承认、延续汉区原有的政治、经济、文化等方面的主要制度，但又不能完全放弃本民族旧习，不能全盘汉化。其次，在满汉政策上，清朝基本国策是"满洲根本"辅之以"旗民有别"和"满汉一家"，就是既仿明制，任用汉官，安抚汉民，又下令剃发易服，厉行"国语骑射"，优待满洲，区别旗民，反对八旗人员完全汉化。

清朝诸帝所谓"满汉一家"，除官制方面满汉并用外，还曾提倡满汉

---

① 《杭州志》卷七。

通婚。顺治五年（1648年）八月二十一日，帝谕礼部："方今天下一家，满汉官民皆朕赤子，欲其各相亲睦，莫若使之缔结婚姻。自后满汉官民，有欲联姻者，听之。"① 过了8天以后，又具体规定：满官之女欲与汉人通婚，汉官之女欲与满人通婚的，呈报户部。无职满人、汉人之女，听其自办，不需报部。顺治十二年（1655年），靖南王耿仲明奏称，其子精忠、昭忠"年已长成，应缔结婚姻"。顺治帝以和硕显亲王富绶之姐和硕公主下嫁耿精忠，以固山贝子苏布图之女固山公主嫁耿昭忠。② "满汉一家""满汉通婚"都是从另一侧面维护"满洲根本"的。

三 降服蒙古，安定西北边疆

（一）优遇蒙古，"恪守藩卫"

明清之际，蒙古族大体分为漠南蒙古、漠北蒙古、漠西蒙古三大系统。漠南蒙古包括科尔沁、察哈尔、苏尼特等16部，漠北蒙古为喀尔喀3部，漠西蒙古为准噶尔、杜尔伯特、土尔扈特、和硕特4部，亦称厄鲁特蒙古。

蒙古各部人数众多，兵精马壮，长于骑射，剽悍善战，兼之各部首领追忆先祖元太祖成吉思汗、世祖忽必烈驰骋三大洲，纵横数万里，君临四海，入主中原，"威震华夏"，而顺帝却被朱元璋赶出了大都，逐回漠北。他们要复祖业的思想，促使蒙古强部之主在明代经常发动战争，进掠明境，图谋夺取辽东霸权，甚至进逼明都。明末，漠南蒙古林丹汗就曾积极进行统一蒙古各部、恢复大元可汗的活动。明王朝为抵挡金——清的进攻，每年以银数十万两给予林丹汗及其他蒙古贝勒，欲以蒙制清。清太祖努尔哈赤及其子皇太极，深知明政府对蒙古的政策关系到金——清的盛衰，果断地制定了联蒙抗明国策，采取以武力为后盾，

---

① 《清世祖实录》卷四十。
② 《清世祖实录》卷九十二。

招抚为主，征剿为辅，大力争取蒙古的方针。对主动来归、睦邻友好的蒙古贝勒、台吉额外优待，对战败降顺或求修好的蒙古人员也给以优厚待遇，对一些领兵来攻、坚决为敌者，则迎头痛击，并三征察哈尔，从而争取了许多贝勒、台吉率众来归，漠南蒙古尽归顺于清。这为清朝的壮大和问鼎中原提供了有利条件。

顺治元年（1644年）清军入关以后，清政府在军事上面临两大难题：一是控制全国一千多个县的汉民，二是要守住纵横数万里的领土，防止外国入侵和未归顺的少数民族袭掠。解决这两个问题，除依靠满兵之外，必须充分利用蒙古的力量，因此，清朝前期诸帝都牢记太祖、太宗圣训，坚决地执行先祖制定的争取、优待和依靠蒙古贵族的基本国策，并在新的形势下不断予以发展。他们遵循先祖不畏艰险、勇于进取和"恩威并用"的总方针，对入掠与叛逃的蒙古汗、王、贝勒坚决征剿，不断巩固边境，加强蒙古各部与中央政府的隶属关系，使更多的蒙古部归隶于清。摄政王多尔衮派遣大军追剿离清出走的漠南苏尼特部腾机思郡王，打败唆使苏尼特部叛清的喀尔喀蒙古军。圣祖玄烨平定察哈尔布尔尼亲王叛乱，并三征准噶尔汗噶尔丹。世宗胤禛遣军削平青海罗布藏丹津亲王的叛乱，高宗弘历两征准部，统一新疆。经过他们的努力和满、蒙、汉官兵长期斗争，漠南、漠北、漠西蒙古尽隶于清。

清政府对管辖蒙古的问题十分重视，制定了一系列的政策、制度和规定。归纳起来，大体可分为以下六个方面。

第一，封授爵职。对率部来归的蒙古汗、王、贝勒、台吉、宰桑，清帝按其部落大小、人口多少和势力强弱，一一封赐爵位、授予官职。其爵位世职，依仿八旗爵职而有所变动，分为和硕亲王，多罗郡王，多罗贝勒，固山贝子，镇国公，辅国公，一、二、三、四等台吉。另有五个汗，即喀尔喀部的土谢图汗、车臣汗和扎萨克图汗，杜尔伯特部的特古斯库鲁克达赖汗，土尔扈特部的卓哩克图汗，这五个汗，其始封者系皆亲率大部来归、立有大功的首领。

第二，建立盟旗制度。清太宗皇太极参考八旗制度，对最早来归的漠南蒙古科尔沁等部分别改编为扎萨克旗。后来这一制度推广到其他蒙古部，沿袭下来，逐步发展，扎萨克旗之上设盟，形成"盟旗制度"。盟旗制度是根据清政府对蒙古族"归附以增其威""众建以分其力"的"分而治之"的政策，在原有各部的基础之上逐步建立起来的，从清太宗皇太极开始，到乾隆年间为止，经过一个半世纪，"外藩蒙古"共编为18个盟，201个旗。清政府从蒙古王公、台吉中决定人选，任命旗长，给以土地、牧丁、爵位、俸禄，仍然安置在原来的牧区。各旗长统率部属，俨然若"君国子民"，政治权力世袭。旗与旗之间不相统属，甚至禁止相互交往。旗之上设盟，盟有盟长、副盟长，但他们不能直接管理旗内事务。盟旗之间无统属之权，军政大事一律由清朝中央政府裁决。盟长只有权按清政府的规定，定期在固定地点召集会盟。会盟时，必须由清政府的理藩院派官员检阅。正如《乾隆会典》记载："会盟，简稽军实，巡阅边防，清理刑名，编审丁册。"

　　清政府在蒙古地区实行"盟旗制度"，目的是把蒙古族分散编制，使他们服从清朝中央政府的统治。实行的结果，一方面限制了蒙古族的发展，使势力强大的蒙古各部成为若干互不统属的单位，并直接受清政府的严格控制，一旗之长又安于"君国子民"的地位，这就很难使蒙古各部形成一个政治整体。另一方面，改变了清政府和蒙古族的关系，使统一的多民族国家更加巩固和壮大。盟旗制度的建立，让蒙古族分散地固定在一定的地域或范围之内，安居、放牧和生产，减少了蒙古各部之间的矛盾，也减少了清政府和蒙古各部之间的斗争，有利于民族团结。不能不说盟旗制度曾经起过一定的积极作用。康熙皇帝对此讲过一段话："蒙古人欲各为扎萨克，不相统属。朕意伊等若各自管辖，愈善。昔太祖、太宗时，招徕蒙古，随即分旗佐领，封为扎萨克，各自所统，是以至今安辑。"[1] 当然，盟旗制度之所以形成，并不能全归诸清廷之功，而是历史发展的产物，满、汉民族特别是蒙古人民为此作出了一定的牺牲。

　　第三，互市、赈济和岁禄。康熙三十八年正月，清帝因西藏第巴桑

---

① 《清圣祖实录》卷一八五。

结嘉措遣人前来贸易事下谕："彼所属之人，皆赖贸易为生，联为天下主"，不会"泥于小见，禁其贸易，绝其生计"。康熙五十八年二月，都统法喇奏称："蒙古地方及西藏人民，皆藉茶养生"。其实，不单是指茶为蒙古、西藏人所需，其他货物就无关紧要，也不是只说西藏人靠贸易为生，而是说明蒙古族、藏族与内地满、汉等民族之间的经济联系十分紧密，互为依靠，互助互利。究其原因，蒙古以牧业为主，间有耕牧兼重之外，他们需要从内地买进棉布、绸缎、衣、帽、盐、茶、纸、锅、铁铧、粮食等生产工具和生活用品，也希望将马、牛、羊和皮张等土特产品卖与内地其他民族，得到银两购买所需货物。双方之间必然要进行贸易，互通有无，以货换银。这种经济交流有着长久的历史渊源，到了清代更为密切。蒙古地区生产水平低下，抗灾能力很弱，灾荒频仍，农田歉收，草枯水竭，牲畜倒毙，急需得到内地的支援。因此，清政府沿袭明制加以补充，制定了有关贡市、互市、赈济和年俸的政策与规定。

蒙古各部王公皆可按期遣使进京朝贡，领取清帝的赐物，还可以按照规定在北京出卖马、驼。顺治七年（1650年）二月，世祖福临谕告户部、兵部，规定喀尔喀、厄鲁特从外带来马、驼，进入居庸关以后，不许官吏军民"沿途迎买"。到达京城，章京以下，披甲以上，无驼、马而愿购买者，每次只买一匹，违例多买者，所买之马入官。买马之人申请批准后，于指定"买马处所，依次入内照章购买"。① 顺治十二年重申禁例，规定"蒙古卖马，止许各旗兵丁人役买用"，如有马贩私行买卖，严行禁止。蒙古各部皆有指定的互市地点。顺治二年规定，张家口、古北口设满洲章京各一员，在其驻防地方，"外藩蒙古来贸易者，俱令驻于边口，照常贸易，勿得阻抑"②。遇有大的战争，政府特派官员到蒙古地区购买马匹，一次就买几万匹。蒙古王公也常贡献大批马、驼，供清帝使用，一般是要给予相应的银两。顺治十二年（1655年）十一月，清政府开始制定蒙古入贡领赏的条例。喀尔喀部土谢图汗、车臣

---

① 《清世祖实录》卷四十七。
② 《清世祖实录》卷十三。

汗、丹津喇嘛、墨尔根诺颜、毕席勒尔图汗、鲁卜藏诺颜、车臣济农、坤都伦陀音,此八扎萨克每岁进贡白驼各一,白马各八,谓之"九白年贡"。① 清朝皇帝收到蒙古的"九白年贡"之后,赐给每扎萨克银茶筒各一,重 30 两,银盆各一,缎各三十,青布各七十,表示回赠。自此,喀尔喀蒙古各扎萨克遵例进贡。乾隆年间蒙古各进贡驼马的,也一一赏赐银两、布匹等物。

赈济受灾的蒙古部,也是清政府对蒙古地区的一项经常的工作。蒙古地区若遇灾害,牧民衣食艰难,清政府必发给米、棉布等物赈济。康熙二十四年(1685 年)七月,蒿齐忒蒙古受灾,牧民"皆以荒野草根为食"。清帝遣官往蒙古地区赈济,牧民俱"环跪举手加额曰:我等残喘,自分旦夕就死,今天使至,我属得生矣"。② 第二年,宣府、大同及边外蒙古,连年灾荒,饥馑频仍,康熙帝下谕旨:发宣府、大同二府存储粮石,尽用赈济。而边关贮粮所关重要,不能使宣、府、大同仓贮空虚,"可发京仓食米二十万石",运往宣、大二府备用。二十七年八月,康熙帝谕理藩院尚书阿喇尼说:今闻"蒿齐忒贫苦实甚,应赈济米粮,且赐以银两,买牲畜养,庶有裨于生理",令即运米 500 石,发银 1000 两,前往发给。③ 过了三年以后,蒙古地区又发生灾害,理藩院决定发给米粮以赈济贫户,时值冬季,运送艰难,改折银两发给,使贫苦蒙古人众及时得沾实惠。④ 清政府对蒙古族的赈济工作是经常的,有时赈济的范围很大,如乾隆十二年对蒙古的赈济,仅一次,即"赡贫富二万余"。⑤

俸禄亦是清政府给予蒙古王公的固定收入。政府对蒙古王公、台吉,除遇逢喜事(立功、婚娶),赏赐银、米、衣、帛等物以外,每年还给以固定的俸禄。喀尔喀部土谢图汗、扎萨克图汗、车臣汗,科尔沁部的土谢图亲王、达尔汗亲王、卓哩克图亲王,岁俸高于其他各部,每年各给银 2500 两、缎 25 匹。世子及科尔沁部郡王,各给银 1500 两、缎 20 匹,

---

① 《清世祖实录》卷九十五。
② 《清圣祖实录》卷一二一。
③ 《清世祖实录》卷一三六。
④ 《清史稿》卷五一九。
⑤ 《清史稿》卷五二〇。

贝子给银 500 两、缎 10 匹，镇国公给银 300 两、缎 9 匹，辅国公给银 200 两、缎 7 匹。扎萨克一等台吉给银 100 两、缎 4 匹，二等台吉给银 80 两，三等台吉给银 60 两，四等台吉给银 40 两。一等子爵年俸 205 两，一等男爵 155 两，二、三等子及男爵的俸银略减。王、贝勒、公之女及女婿亦各岁领俸银 40～100 两。①

　　蒙古各部王公的俸禄确是很高的，这从两个方面比较可看得很清楚。一方面与八旗勋贵相比。从 1583 年清太祖起兵以来，一大批"开国元勋"和"佐命功臣"统兵出征，转战四方，血染战袍，甚至丧生沙场，为大清王朝的建立和巩固立下了丰功伟绩。清帝酬劳其功，封授他们为王、公、侯、伯、子、男等爵位，世代沿袭。这样的军功勋贵以及皇后的父史子侄，身为一等公的每年也只有 700 两俸银，二等公 685 两，三等公 660 两。一等侯 610 两，一等子 410 两，一等男 310 两。他们的岁俸不低，但仅相当于科尔沁亲王的三分之一。另一方面，蒙古上层王公与清朝的文武大臣俸禄相比，辅助皇帝治理国政的大学士，主管部院的尚书，年俸仅 180 两银和 180 斛米，仅为蒙古亲王岁俸的八分之一。由此可见，清政府对蒙古各部王公贵族，确实是从优对待，"格外施恩"。

　　第四，下嫁公主，册封后妃，互为婚娶。满蒙上层人员联姻，是有清一代的基本政策之一，也是清朝政治的特点之一。清太祖努尔哈赤就娶了两个蒙古格格，一个是科尔沁明安贝勒之女，另一个是科尔沁孔果尔贝勒之女。清太宗皇太极的后妃中，有 6 个来自蒙古部，即孝端文皇后、孝庄文皇后、敏惠恭和元妃、懿靖大贵妃、康惠淑妃及一侧妃。顺治帝之孝惠章皇后、静妃、淑惠妃、恭靖妃、端顺妃，都是蒙古女子。清太宗有 9 个外藩蒙古女婿，即敖汉郡王班第、察哈尔亲王额哲和阿布鼐、科尔沁郡王奇塔特、科尔卓哩克图亲王弼尔塔哈尔、巴林郡王色布腾、图伦额附坚吉尔格、科尔沁土谢图亲王巴雅斯护朗、科尔沁达尔汉亲王曼珠习礼、科尔沁土谢图汗奥巴。康熙帝之女固伦荣宪公主、和硕端静公主、固伦恪靖公主、固伦纯懿公主、和硕温恪公主、和硕敦恪公

①　《清文献通考》卷四十二。

主、固伦纯禧公主，她们的额附都是科尔沁等蒙古部的亲王、郡王。类似之例很多。所以有的清朝史学家称：清帝与科尔沁蒙古王公有"甥舅之谊"。宗室王公之女也有不少是嫁给蒙古首领的。如安郡王玛尔珲之女，于康熙三十年（1691年）六月封为郡主，嫁与土默特多罗达尔汉贝勒厄尔达木图，和硕额附色布腾旺多在康熙五十年（1721年）九月娶了固山贝子允禟之女。这种互为婚娶的政策，对加强满蒙贵族联盟、增进蒙古各部与清朝中央政府的联系，起了一定的作用。

第五，利用黄教，借助达赖。蒙古各部笃信黄教，达赖、班禅在蒙古人民心目中有崇高的威望。哲卜尊丹巴胡图克图为喀尔喀蒙古尊奉，地位很高。清政府注意到蒙古人民的信仰，深知要加强对蒙古各部的管辖，促使他们效忠于清朝中央政府，需借助这一因素，所以大力推崇黄教，给予达赖、班禅以及哲卜尊丹巴胡图克图以很大的宗教特权和很高的政治待遇。早在入关之前，清太宗皇太极为了招服喀尔喀，"以外藩蒙古惟喇嘛之言是听，因往召达赖喇嘛"。以后的摄政王多尔衮及顺治帝福临，分别遣使往迎达赖。顺治九年（1652年）九月，五世达赖率从者3000人入朝，行至边外，福临认为若不亲自往迎，则达赖将会不满，"中途而返"，这样，"恐喀尔喀亦因之不来归顺"，此事关系重大，特召集诸王、贝勒、大臣、九卿科道集议。满洲王公大臣认为，"上若亲迎之，喀尔喀亦从之来归，大有裨益也"。汉官则从传统立场出发，反对皇帝亲迎，建议派一王公代之。① 顺治十年（1653年）正月，达赖喇嘛借口水土不宜、要求返回西藏时，议政大臣等认为帝宜专询于彼，否则，"喇嘛含愠而去，则喀尔喀、厄鲁特必叛"。② 顺治帝接见达赖于太和殿，临行时，又"饯之南苑德寿寺"。四月，清帝以金册金印封五世达赖罗桑嘉措为"西天大善自在佛，所领天下释教"的宗教领袖。③ 康熙帝对达赖也是很重视的。他在亲征噶尔丹的过程中，一再要求达赖喇嘛派遣胡图克图劝告噶尔丹停兵议和。就连对达赖仓央嘉措的问题，他也是采取既坚决

---

① 《清世祖实录》卷六十八。
② 《清世祖实录》卷七十一。
③ 《清世祖实录》卷七十四。

又慎重的态度，指出达赖喇嘛之名，"众蒙古皆服之"，若处理不当，被旺阿拉布坦迎去，"则西域蒙古皆向策旺阿拉布坦矣"。① 他曾派使臣入藏会晤达赖喇嘛，颁赐礼物。

雍正帝胤禛本人就崇信佛教，又想利用达赖喇嘛、哲卜尊丹巴等人的影响，增强对蒙古的统辖。康熙皇帝去世之后，年已九十高龄的哲卜尊丹巴不顾路途遥远和车马劳顿，从库伦来到北京，叩谒康熙帝灵柩，虔诚祭奠，不久在北京去世。理藩院奏称：哲卜尊丹巴胡图克图，"原系法教内之第一人"，数世行善，且系喀尔喀汗之子土谢图汗之弟，在噶尔丹叛乱时，他"身率七旗之喀尔喀等来归，最为有功"，应予优遇。雍正帝认为哲卜尊丹巴确有大功，亲临祭奠，"悬帕供茶"。又"特命敦郡王允、世子弘晟，赍赐印册奠仪"，遣派大臣护送哲卜尊丹巴胡图克图龛座返回库伦。②

雍正五年（1727年）十一月，喀尔喀部奏称：哲卜尊丹巴胡图克图呼毕勒罕转生于库伦，请于加封。雍正帝降旨：哲卜尊丹巴胡图克图"乃与达赖喇嘛、班禅额尔德尼相等之大喇嘛也，故众喀尔喀俱尊供奉之"。③ 且其所居库伦地方"弟子甚众"，命动用帑银10万两，修建大刹，"封伊后身，俾令住持"。他又下谕旨：多伦诺尔乃众喀尔喀归顺时期觐会盟之地，应造寺宇"以表彰之"，让业已去世的章嘉呼图克图后身居住。④ 清政府采取这些措施，提高了中央政府的威望，对"绥服"蒙古各部王公、台吉和部众，起了很大的作用。

第六，朝贡、从征和守法。清政府对蒙古王公、台吉及一般人员的"优遇"和赈济，有其深远的目的，那就是要他们忠于"天皇帝"，为巩固、保卫大清王朝而奔走效力。具体要求很多，但主要是按时朝贡、领兵出征、戍守边疆和遵守"王法"。蒙古各部王公、台吉，都必须按期朝贡，或至京师，或赴热河避暑山庄，逾期不至，久违不贡，则视为欺君

① 《清圣祖实录》卷二二七。
② 《清世宗实录》卷三。
③ 《清圣祖实录》卷六十三。
④ 《清圣祖实录》卷六十三。

之罪，轻则罚俸降职，重则革爵严惩，必要时，清政府还要调遣兵马，兴师问罪。所有蒙古人员都是清帝的臣民，都得遵守朝廷的法度，各部之间发生纠纷，听从中央裁处，不得擅动干戈、互相仇杀，也不许行动盗掠，如果违犯"王法"，即按律惩治。各部王公必须为帝之"屏藩"，听从朝廷调遣，统兵从征。清太宗几次攻打明国，多尔衮领兵入关，逐鹿中原，统一全国，康熙帝平定"三藩"，亲征噶尔丹，雍正帝进军青海讨伐罗卜藏丹津，乾隆帝两次用兵准部等大的战争，蒙古各部王公多数是奉命出征，率领本部士兵随从八旗军作战，起了很大的作用。科尔沁部的贡献更大，史称其"从龙佐命，世为肺腑，与国休戚"。孝端、孝庄文皇后，孝惠章皇后都是科尔沁蒙古之女，"故世祖当草创始，冲龄践阼，中外帖然，系蒙古外戚扈藏之力"。从清朝开国到乾隆初年，有大征伐，辄为前驱，"劳在王室"。

根据上述几个方面的事实，可以用清世祖福临的一道敕谕，来对清廷与蒙古各部王公之间的关系作一归纳。顺治十三年（1656年）八月初一日，世祖福临遣官赍敕，前往科尔沁、察哈尔、乌珠穆秦、鄂尔多斯、蒿齐忒、敖汗、奈曼、苏尼特、阿坝垓、翁牛特、巴林、扎鲁特、阿禄科尔沁、四子部、喀喇沁、扎赖特、吴喇特、喀喇车尼克、土默特、郭尔罗斯等部落，谕科尔沁圭谢图亲王巴达礼、卓礼克图亲王吴克善、乌珠穆秦车臣亲王察汉巴拜、察哈尔固伦额驸、亲王阿布鼐、苏尼特部郡王腾机特、巴林部固伦额驸郡王色布腾等50多个王公说："尔等秉资忠直，当太祖、太宗开创之时即诚心效顺，结为姻娅，请为屏藩。太祖、太宗嘉尔等勋劳，崇以爵号，赏赉有加，恩至渥焉。……尔等心怀忠直，毋忘太祖、太宗历年恩宠。我国家世世为天子，尔等亦世世为王，享富贵于无穷，垂芳名于不朽"。①

一方面是"世为天子"，厚施恩宠，另一方面是代代为王，永为"屏藩"。这就是清帝与蒙古各部王公之间的基本关系和根本要求。

---

① 《清世祖实录》卷一〇三。

（二） 安定西北边疆

清初，维吾尔族人聚居的南疆地区是叶尔羌汗国。清人称叶尔羌汗国为"回回"、"回人"或"回部"。他们崇信伊斯兰教。叶尔羌汗国从顺治十二年起，便遣使携玉石等物，到北京朝贡，清政府回赠缎绢等物，双方建立了朝贡友好关系。后来准噶尔汗噶尔丹征服了叶尔羌汗国，统治了南疆。

康熙三十五年（1696 年）五月，清军打败准噶尔后，被噶尔丹拘为人质达 14 年之久的"回部"首领阿卜都里什特及其子额尔克苏唐，乘机脱身来归，并奉帝谕入京。他于九月初一日上奏："臣被噶尔丹所擒，受辱十有四年，仗圣上天威，灭噶尔丹，臣得出降，合家蒙高厚之恩。今又使送臣回国，臣到吐鲁番探信，或诛噶尔丹，或解送噶丹，待得到确实音信后，归回旧居叶尔羌地方，再来进贡请安。"但此须经策旺阿拉布坦处，恐其袭击，敬请降旨令准噶尔部"勿得虐害"。康熙帝命檄告策旺阿拉布坦，说明阿卜都里什特等"已归降本朝"。今送归故土，"勿致虐害"，"嗣后厄鲁特与回子当永相和好"。[1] 之后，帝以阿卜都里什特"拘久困厄"，特遣后补主事杨国琳"驰驿送还伊本处"，并命领侍卫内大臣索额图、尚书马齐、一等侍卫马武送至卢沟桥。[2]

阿卜都里什特回到故地后不久去世，其子玛罕木特继位，"欲自为一部"，不愿臣属于准噶尔部。策妄阿拉布坦遣兵进袭，"执而幽之"，并将其长子大和卓木布拉呢敦（亦写作博罗尼都或布那敦）、次子小和卓木霍集占羁为人质，分别拘于阿巴噶斯和哈丹鄂托克。噶尔丹策零对南疆加紧盘剥，致使南疆"回人"皆怨"准噶尔苦累回人，多取贡赋"。[3]

乾隆二十年（1755 年）四月二十四日，大和卓木布拉呢敦、小和卓木霍集占，乘准噶尔部崩溃，率 30 余户归降清朝。乾隆帝下谕："投诚

---

① 《清圣祖实录》卷一七六。
② 《清圣祖实录》卷一七六。
③ 《清高宗实录》卷五八二、五九三。

之和卓木，原系叶尔羌、喀什噶尔部之长，羁留准噶尔为人质，未经放回，情甚可悯"，即令"护送入觐"，以后"仍令复还原部"。① 不久，送大和卓木回叶尔羌，"使其统旧部"，留小和卓木于伊犁，使"掌回务"，予以优待。②

清政府派侍卫托伦泰、副都统阿敏道分往招抚各回城，议定贡赋。大和卓木布拉呢敦听信了小和卓木霍集占抗拒清廷独立南疆的意见，二人召集所属伯克、阿浑集会，于乾隆二十二年"自立为巴图尔汗"，传檄南疆各城伯克反清。

乾隆二十三年（1758 年）正月，清政府正式出兵征讨大小和卓木。清帝命兵部尚书觉罗雅尔哈善为靖逆将军，额敏和卓、哈宁阿为参赞大臣，顺德纳、爱隆阿、玉素布为领队大臣，带兵往征大小和卓木。乾隆帝于正月二十六降旨，以"回酋霍集占罪状"，宣谕回部各城说：布拉呢敦、霍集占兄弟为噶尔丹策零拘质，我兵初定伊犁时，"释其囚絷，令为回人头目，方欲加恩赐爵，授以土田"，而布拉呢敦、霍集占二人却乘厄鲁特阿睦尔撒纳叛乱之机，"率伊犁回人逃往叶尔羌，喀什噶尔"，并杀害我前往招抚的使臣，"僭称巴图尔汗，情尤可恶"，"若不擒获正犯，则回众终不得安生"。因此，特发大军，"声罪致讨"。闻听布拉呢敦是"被迫从行"，故将对其从宽处理"此次兴师专为霍集占一人"，其他"回人"，"皆系无罪之人"，不会一体杀戮。③

乾隆二十三年五月，雅尔哈善率兵 1 万余，由吐鲁番围攻库车城。布拉呢敦、霍集占领鸟枪兵 1 万余名，从阿克苏来救库车，被清军打败后，率残部 800 人冲入库车城内。六月二十四日，霍集占弟兄乘雅尔哈善骄傲松懈，于夜间潜出，分道逃往喀什噶尔和叶尔羌。乾隆帝闻讯大怒，处死雅尔哈善，改任兆惠为定边将军。兆惠领兵 4000 人远行千里，沿途招抚阿克苏、乌什等城，于十月初六日抵达叶尔羌，被"回兵"数万围困于城东以外的黑水营。二十四年正月，援军来到，开始突围回归阿克苏

---

① 《清高宗实录》卷四七八。
② 魏源：《圣武记》卷四。
③ 《清高宗实录》卷五五五。

休整。六月，兆惠与副将军富德率兵 2 万分路出击。霍集占、布拉呢敦率部逃走，连战皆败，部众万余降顺。巴达克山首领素勒坦沙汗击毙布拉呢敦兄弟，向清政府呈霍集占首级。乾隆帝于二十四年十月二十四日以平西域，宣谕天下，大封有功官兵。大小和卓木筹逢的巴图尔汗国，如海市蜃楼，瞬息覆灭。

乾隆帝立即谕令建立军政机构，使"回疆"直接隶属于清政府的管辖之下。设参赞大臣 1 员，驻喀什噶尔，"总理回疆事务"。于叶尔羌、乌什、阿克苏、库车、和阗等 11 城各设办事大臣 1 员。各城仍沿旧制，设各级伯克管理回务，总理一城回务者为阿奇木伯克，官阶自二品至四品，皆随年班入觐，"不得专生杀"。协助阿奇木办事的为伊沙罕伯克，商伯克管理租赋，哈什伯克管刑名，密哈布伯克理水利，纳克布伯克管匠役，帕察沙布伯克查拿贼盗，茂特色布伯克承办经教，巴济格尔伯克管理税课。各给伯克皆管辖隶本城办事大臣和参赞大臣。另设伊犁将军，总管南疆北疆（统称新疆）。喀什噶尔等城，均派八旗兵驻戍。①

清朝政府直接统辖新疆之后，改定贡赋制度，比起准噶尔汗统治时期减轻了很多。比如，喀什噶尔所属共 10 城和 7 个村庄，有 1.6 万余产，人口数 10 万，准噶尔汗统治时期，额定年征贡赋 6.7 万腾格，其中有种地之鄂尔托什人年纳粮食 40898 帕特玛、棉花 1463 察喇克、红花 365 察喇克，共折钱 2.1 万余腾格。又克色克、绰克巴什人等纳钱 2.6 万余腾格，商贾牧养人等纳钱 2 万腾格，此外还有商人金铜税、园户果税。回人 1 帕特玛准折官石 4.5 石、一察喇竟准官秤 10 斤、1 腾格准银 1 两。赋税太重，每年回人皆无力交纳。现在改为岁征 4000 帕特玛、钱 6000 腾格、金 10 两、葡萄 1000 斤，棉花、红花仍照旧输纳。② 叶尔羌所属 27 城村，计 3 万户，10 万余口，准噶尔汗时期，年征贡勇 10 万腾格，此外还有金税、贸易、缎布、牲口等税，现因"回人生计甚艰"，暂改为年交杂粮 1400 帕特玛、钱 1.2 万腾格。③

---

① 《清文献通考》卷八十八、一九一。
② 《清高宗实录》卷五九三。
③ 《清高宗实录》卷五九五。

由于一些办事大臣和伯克贪婪横暴，鱼肉回人，乾隆三十年乌什"回人"起义，击杀清兵，包围衙署，"放火拆房"，逼得乌什办事大臣自尽。尽管这次起义被镇压下去了，但它迫使清政府认真考虑"安抚回疆"的政策，决定革除弊端，采取一些缓和矛盾的措施。乾隆帝认为乌什"回变"，是参赞大臣纳世通、办事大臣素诚等官"凌虐回人"，"科派苦累"致"激变而成"。谕令将纳世通、卡塔海（阿克苏办事大臣）、和阗总兵和诚处死，并命伊犁将军皇后之侄明瑞筹办善后事宜。明瑞上奏"回部善后事宜"共分8项：削弱阿奇木伯克之权；取消各城每年派纳四五千腾格的"格纳坦"陋规；回人的差役应均派；公正补用都官伯克，不许阿奇木子弟亲戚占据；裁减伯克所用"亲随"；公布赋役定额，禁止伯克违例多征；民（汉族）、回（维吾尔族）分住，不许杂居；确定伯克与大臣官员相见"仪注"。乾隆皇帝和军机大臣同意照此办理，这对安定新疆起了一定的作用。

清政府对新疆地区的经济建设也作了长远的筹划，采取了一系列具体措施，主要是促进农业，鼓励贸易，推动经济发展，解决兵民生活问题。这有利于巩固祖国西北边防。乾隆二十三年五月，清政府计划在伊犁兴办屯田，并明确提出"招募回人，屯田贸易"以期兵民两利。① 此后，又陆续采取措施，开展垦务，"因时制宜，尽地利而足兵食"。② 从事垦务的人，不仅有清朝政府的官兵，也调派维吾尔族人参加，并从内地送去"农具、籽种，于回部屯垦"。③ 清政府采取这些措施，不仅推动了新疆地区农业生产的发展，而且增进了各族人民之间的联系，促使满、汉、锡伯和维吾尔族人民相互学习，共同进步。

与此同时，也鼓励商业发展。清代的新疆地区，在商品交换频繁之处，贸易来往如梭之区，逐步形成了商业中心，如乌鲁木齐就是市衢宽敞、繁华富庶的贸易中心。

清政府对新疆地区的政策，总的看来是着眼于统一、安定、支持各

① 《清高宗实录》卷五二六。
② 《清高宗实录》卷五七三。
③ 《清高宗实录》卷五七三。

族人民建设新疆、巩固西北边防。从这一目的出发，清朝中央政府采取的各项措施，才能受到维吾尔族以其及他各族人民的支持和配合。清代以维吾尔族为主，联合其他各族人民，克服重重困难，建设新疆，对我们这个多民族国家的发展，作出了应有的贡献。

（三）"以回治回"

清代，回族同历代一样散居在全国各地，甘肃、宁夏、陕西、青海、云南等省有回族比较集居之区。清政府对聚居或散居城乡的回族，多采取歧视态度。当然，统治阶级的政策是按照他们的需要而制定的，对回族的上层人士可以科举入仕，封官晋爵，率军出征，因保卫大清江山而荣任要职。对回族广大群众则实行一套民族歧视、压迫政策，有意制造回汉隔离，并利用宗教问题制造民族矛盾。清政府的官员兵科给事中郝壁，就极力主张把"回回"安置在边远的"屯堡僻阒之地"，使之耕牧为生，以"消其犷猂之性"。他认为只有那样对回人，才是"回汉两便之道"。这就明显地反映出清朝官吏对回族人的极端仇视，也反映了清朝政府对回族的隔离政策。

回族信仰伊斯兰教，"撒拉尔回人"（撒拉族）信仰伊斯兰教，前者是教首多收布施，剥削贫苦教徒，后者反对教首"敛钱惑众"，敲诈教徒[1]，因此，新教受到回族、撒拉族广大劳动人民的拥护，很快传遍了甘肃省的安定、皋兰、固原、渭原、秦川、伏羌、盐茶厅等许多州县，形成新旧教杂居局面。清政府趁回民内部新旧教矛盾，从中挑拨，采取"赦一剿一，以分其力"[2]，"帮助旧教，清洗新教"的手段，破坏回族内部团结，也就大大地削弱和限制了回族的发展。同时，在回族聚居乡或有清真寺的地方，选择回族之"老诚者"为乡约或寺约，供以印信，令其分段管理回民，目的是从基层加强对回民的控制，就是用"以回治回"的政策以利于对回族的约束和统治。

---

① 《清高宗实录》卷一一三〇。
② 《清高宗实录》卷一一二七。

四 抚定南方诸族

（一） 西藏直隶中央

西南地区的藏族，主要居住在西藏，四川、云南以及青海、甘肃等省也有一些藏族聚居区。

藏族信仰佛教，西藏大多数藏人崇信宗喀巴创立的黄教，也有少数人信红教。明朝末年，崇信黄教的蒙古和硕特部固始汗应达赖五世阿旺罗桑嘉措的请求，自天山率兵入藏，消灭了危害黄教的卫藏第悉巴集团，建立起达赖和固始汗联合统治西藏的政权。

固始汗、达赖五世和班禅四世主动与清政权联系，顺治九年（1652年）达赖五世还亲至北京。顺治帝福临隆重接待达赖，并于十四年四月册封达赖为西天大善自在佛，"所领天下释教"，成为西藏的宗教领袖，封固始汗为"遵行文义敏慧顾实汗"，使其成为"作朕屏辅"的西藏王。西藏地区与清政府建立了直属的关系。

顺治十二年，固始汗去世，诸子争位，五世达赖乘机委任第巴管理藏区事务。康熙二十一年，五世达赖圆寂，第巴桑结嘉措匿丧不报，窃据大权，支持准噶尔部噶尔丹与清军交战。后被康熙帝玄烨发觉，降旨严责。桑结嘉措被迫认错，请求宽恕，并呈奏已推立仓央嘉措为六世达赖。康熙帝为顾全大局，稳定西藏，只好"宽宥其罪"。

第巴桑结嘉措欲图暗害固始汗后裔拉藏汗，彻底清除和硕特部在西藏的势力。阴谋败露后，拉藏汗捕杀了桑结嘉措，废除六世达赖仓央嘉措，另立意希嘉措为六世达赖。清政府对蒙藏统治阶级之间的斗争，倾向蒙古汗王，封拉藏汗为"翊法恭顺汗"，赐金印一颗，并于康熙四十八年（1709 年）派侍郎赫寿到西藏协同拉藏汗办理事务，五十二年又册封五世班禅罗桑意希为"班禅额尔德尼"，以安定人心。但在此之前，三大寺上层喇嘛与青海蒙古王公已推立了噶桑嘉措为达赖，称七世达赖，欲借此与拉藏汗争夺统治西藏之权。

准噶尔汗策妄阿拉布坦为占据西藏，乘蒙藏统治阶级争斗之际，以"保护黄教"为名，遣军入藏，杀了拉藏汗，废除意希嘉措，结束了和硕特蒙古始汗及其子孙在西藏70多年的统治。

准噶尔兵在西藏烧杀抢掠，破坏佛教寺院，给西藏僧俗带来极大的灾难。康熙帝派十四子允禵为抚远大将军，遣军进藏，击败准兵并驱逐出西藏境，又护送七世达赖噶桑嘉措到布达拉宫"坐床"。藏蒙两族人员对此热烈拥护，感激康熙帝"再造弘恩"。

康熙六十年，清政府废除了在西藏总揽大权的第巴职位，改行噶伦制度，授康济鼐、阿尔布巴、颇罗鼐、隆布鼐和扎尔鼐五人为噶伦，主管西藏地方政务。但是，噶伦之间又形成了派别斗争，阿尔布巴、隆布鼐、扎尔鼐三噶伦于雍正五年（1727年），突然袭杀忠于清帝的康济鼐，并进攻住后藏的颇罗鼐。颇罗鼐一面抵抗，一面向清帝奏报。雍正帝谕令左都御史查郎阿领兵万余入藏平叛。清军尚未出发时，颇罗鼐已领后藏兵9000人进入拉萨，拘捕了阿尔布巴三噶伦。雍正帝令大军停发，命查郎阿入藏，将阿尔布巴等三噶伦处死，于雍正六年设"驻藏办事大臣衙门"，授早已入藏的内阁学士僧格和副都统马喇为第一任驻藏办事大臣，又封颇罗鼐为贝子（后晋为郡王），命其主持西藏事务。

颇罗鼐于乾隆十二年病故，其次子珠尔默特那木扎勒袭爵，主持西藏事务。他"疑忌达赖喇嘛，无尊信恭顺之意"，阴谋背叛清朝政府，幻想独立西藏，杀死其兄珠尔默特车布登，迫害妹夫班第达，"纵恣逞威"，"虐使其下"，还下令断决塘汛，不许汉人出入西藏，欲图谋害驻藏大臣都统傅清、侍郎拉布敦。傅清、拉布敦眼见珠尔默特那木扎勒"悖逆情形渐益昭著"，将危及达赖，上奏请求朝廷除逆，并于乾隆十五年（1750年）十月十三日将珠尔默特那木扎勒诱至驻藏大臣衙门斩杀。他的党羽纠集数千人杀死拉布敦，傅清自尽。七世达赖噶桑嘉措立即命令班第达代理藏王，领兵平息了暴乱。乾隆皇帝派四川总督策楞率军入藏，处决叛乱首犯，嘉奖了七世达赖和有功人员，追赠傅清、拉布敦为一等伯，分别入贤良祠、昭忠祠。

达赖喇嘛奏请以班第达为郡王，管理西藏事务。乾隆帝从清政府和西藏地区建立朝贡隶属关系以来 100 多年历史，特别是近 30 年发生的事件中，充分认识到集权于一个大第巴或一个郡王手中的危险，决定对西藏体制进行改革。他否定了达赖的奏请，认为若将班第达立为郡王，则将来又成为另一个颇罗鼐，"日后伊子又思世袭，专据其地，转滋事端"。传谕入藏大臣，告以"藏地应多立头人，分杀其势"，藏地要"留驻官兵"，"塘汛文书往来，关系紧要，并噶隆事务，俱应归驻驻藏大臣管理"。① 又特谕达赖喇嘛和班第达，"办理噶隆之人，权势不可使太专"，不立班第达为藏王，叫达赖和策楞共选一"晓事安分"的头人为噶隆，与班第达协同办理"寻常事务"。"至具折奏事及兵备、驿递等重务，则令钦差驻藏大臣会同噶隆二人办理，钤用钦差大臣关防，永为定制"。有关驻防官兵，安设台站及"一切事宜"，着策楞、岳钟琪、班第等与达赖喇嘛、班第达"悉心筹酌妥议具奏"。②

乾隆十六年（1751 年）二月，四川总督策楞报告入藏以后了解的情况。他说："详看达赖喇嘛，意甚感悦，公班第达并各番，情形恭顺，现在实转关一大机会"。策楞提出办理藏事的三条原则："达赖喇嘛得以专主，钦差有所操纵，噶隆不致擅权"。乾隆帝赞同此议，批称："甚是"。③

乾隆十六年三月二十八日，四川总督策楞等呈奏"酌定西藏善后章程"，共 10 条。第一，遵照旧例，设噶伦四人，三俗一僧，以班第达和原任噶伦策楞旺扎勒、色裕特塞布腾及新选一黄教喇嘛担任。第二，噶伦办事，俱于噶沙公所会办，裁革自颇罗鼐以来的私放人员。第三，各处"管理地方教养百姓"的喋巴等官，由噶伦汇报达赖喇嘛和驻藏办事大臣补放，裁去珠尔默特那木扎勒委用的私人和家奴，各寺堪布喇嘛，仍由达赖喇嘛选派。第四，裁革颇罗鼐添设的卓呢尔、商卓特尔、曾本、随本各官职，只于公所设卓尼尔二人，兼领原设的仲意笔七格等办公。第五，前藏添设代奔（本）一员，与现有代本四员，于补放时，"一体颁

---

① 《清高宗实录》卷三七六～三七七。
② 《清高宗实录》卷三七七。
③ 《清高宗实录》卷三八三。

敕"。第六，遵照旧例，全藏人民的差徭，仍由达赖"均定"，取消颇罗鼐等人的私自加派和私给的"免差文书"。第七，禁止噶伦、代本私出乌拉牌票，差派沿途人员服役，遇有公事，禀明达赖喇嘛，"发给印票遵行"。第八，恢复旧例，达赖喇嘛仓库由仓诸巴专管，取消颇罗鼐等"私行擅取"之例。第九，邻近青海、准噶尔的哈拉乌苏和阿里克，应令达赖喇嘛选员驻扎，并"咨部奏给号纸"。第十，达木蒙古，每佐领各派十人"驻藏备差"，其头目八人，改称固山达，"所属择授佐领、骁骑校各八人"，归驻藏大臣统辖。[①] 乾隆皇帝批准了这一章程，付诸实行。

这个"章程"明文规定了驻藏大臣的权力，废除了"藏王"（郡王）世袭的旧制。西藏地方官员的任用，必须由达赖喇嘛和驻藏大臣商议决定。噶伦既由清政府任命，又限 4 人共管，而且仅仅处理日常事务，权力大为缩小。"章程"大大提高达赖喇嘛的行政权限，清政府授权达赖掌管西藏地方行政。各寺堪布喇嘛，亦由达赖喇嘛选派。从此，达赖喇嘛（黄教）治理西藏的"政教合一"的制度正式确立。"章程"进一步加强了西藏与清朝中央政府的直接隶属关系，密切西藏和内地的联系，对促进西藏的发展与增强祖国的统一，起了良好的作用。

乾隆五十六年（1791 年），廓尔喀制造借口入侵西藏，进逼七世班禅退居拉萨，将扎什伦布寺金、银、珠宝、粮食甚至佛塔上镶的珍珠、珊瑚等贵重物品洗劫一空。西藏人民遇到外来侵略，立即向清朝政府告急。清廷派大将军福康安和参赞、二等超勇公海兰察，率八旗军、绿营兵、金川等地藏兵和达斡尔、鄂温克兵赴藏[②]，同西藏人民在一起，驱逐了廓尔喀侵略军，保卫了西藏的安全，受到西藏人民的热烈拥护。

乾隆皇帝认为西藏私弊太多，缺乏必要的基本制度，以致祸乱频仍，无力抵抗外敌入侵，应当利用此次大军进藏击败廓尔喀、平定战乱的机会，进行彻底整顿。他对统军入藏的大将军福康安等大臣，多次下达谕旨，指示善后事宜，如严禁达赖喇嘛的左右近侍、亲族及噶伦等干预滋事，制定金奔巴瓶制、"签掣呼毕勒罕"等，目的是革去西藏"世袭嘱托

---

① 《清高宗实录》卷三八五。
② 《清高宗实录》卷一三九〇、一三九二、一三九八。

私弊""将藏中积习剪除",使"一切事权,俱归驻藏大臣管理",才能"经久无弊,永靖边隅"。① 乾隆帝对建立金奔巴瓶制,特别强调,并多次阐述。指出近年来,因指认呼毕勒罕(达赖、班禅以及其他活佛转世的"灵童")的古尔登巴等人,"法术无灵",又"徇私妄指",使呼毕勒罕多次出于他们自己的家族亲戚和"蒙古汗王公、八旗世职官袭替相似",甚至噶伦丹津班珠尔之子"亦出有呼毕勒罕",以致"众心不服",内部纷争,廓尔喀入侵抢掠扎什伦布寺,酿成大乱。因此,决定制一金奔巴瓶,设于前藏大昭寺,待藏内出达赖、班禅及大呼图克图等呼毕勒罕时,在报出参与呼毕勒罕挑选的幼童中,选择数名,将其出生年月日和姓名,各写一签,放入瓶内,交达赖喇嘛念经,会同驻藏大臣,当众掣签,"以昭公当",签出中选者,即为呼毕勒罕。蒙古各部的呼毕勒罕,在北京雍和宫内设一金奔巴瓶,亦仿照上述制度办理,革除过去"王公子弟私自作为呼毕勒罕之陋习"。②

福康安等于乾隆五十七年(1792年)春,领军入藏后,根据乾隆帝之谕旨而考虑"善后章程大意","告知达赖喇嘛",达赖十分感谢,表示决心"一切唯命是听,断不敢稍形格碍"。③ 福康安等会同西藏地方官员多次商议,共同制定了治理西藏的制度。乾隆五十七年十二月初六日,军机大臣议覆大学士、两广总督、一等嘉勇公、原大将军福康安奏上的"筹议番兵章程"。十二月二十七日,军机大臣再次议覆福康安呈上的"筹酌善后章程"。乾隆五十八年正月二十一日,军机大臣会同大学士、九卿又议覆福康安所奏"酌筹藏内善后章程",皆为乾隆皇帝批准。再加上乾隆帝关于"金奔巴瓶"、藏地与廓尔喀贸易、西藏铸钱等谕旨。几经修改定为29条,一般称为《钦定西藏善后章程》或《藏内善后章程》。④

"善后章程"虽有很多条款,涉及各个方面,内容十分丰富,但它始终是围绕着三个基本点而制定的。第一个基本点,是全面制定了西藏地

①　《清高宗实录》卷一四一七。
②　《清高宗实录》卷一四二四。
③　《清高宗实录》卷一四一七。
④　《清高宗实录》卷一四一八、一四一九、一四二一。

方的主要制度。福康安首先制定了"番兵章程",建立藏军。"章程"规定,西藏设藏兵 2000 人,前后藏各驻 1000 名,定日、江孜各 500 名。藏军各级官员有代本 6 名、如本 12 名、甲本 24 名、定本 120 名,"递相统辖"。藏兵每名一年给口粮青稞 2.5 石,代本各给庄田一份,如本给银 36 两,甲本 24 两,定本 14.8 两,禁止代本等官员"私令官兵服役"。①"善后章程"对西藏地方设立哪些官职及其职责为何,如何升补,都作了详细规定,"禁止私放和越次补放"。它规定"总司出纳"的商上孜本和商卓特巴,如有缺出,以管放口粮的业尔仓、管理刑名的协尔帮、噶厦办事的大中译、孜仲喇嘛升补。协尔帮缺出,以管理布达拉"番民"的希约第巴、管"撒拉番民朗仔辖"的密本、管达赖马厂的达本升补。希约第巴、密本、达本缺出,以大缺边缺、噶厦卓尼尔升补。前藏商上铸钱,专派铸钱孜本、孜仲喇嘛各 2 名办理。"章程"还对铸造西藏银元(其正面、背面分别以汉文、藏文铸"乾隆宝藏"四字)、征收租赋、差派乌拉、制造火药、司法、外事、贸易等方面作了具体规定。

"章程"的第二个基本点,是在肯定达赖喇嘛有很大的政治、宗教权力的前提下,对他施加约束,缩小他的权限,取消了他的"专主"地位。乾隆十六年,四川总督策楞奏准的"善后章程"三条原则,第一条就是"达赖喇嘛得以专主"。40 年来,达赖喇嘛的"专主"带来很多弊病,主要是达赖"诸事惟听左右近侍、亲族及噶伦等专擅,率意径行",以致"屡生事端"。因此,乾隆帝决定要取消达赖的"专主"之权,使其权力有所限制。这方面起了很大作用的是乾隆帝创立的"金瓶掣签"制度。达赖转世的呼毕勒罕(灵童),从此以后不再由"四大护法"(亦称"吹忠"或"垂仲")利用"降神附体"来指定,而是由清朝官员监督抽签决定,并须呈报清帝批准,才算有效。这实际上表明达赖喇嘛与清帝之间,是君臣隶属关系,达赖喇嘛与其他蒙古汗、王一样,与八旗王公一样,都是清帝的臣属。王、公的袭爵,须由皇帝封授,达赖的承袭,也由皇帝的批准。这在黄教史上还是第一次,这样做,就体现了清朝的皇

---

① 《清高宗实录》卷一四一八。

帝独主乾坤的最高权威，也对达赖的权力、威望产生了很大影响，从根本上动摇了他的"专主"地位。"章程"还在很多方面具体规定，达赖不能一人作主，必须会同驻藏大臣商议决定。"章程"又专门订了一条禁止达赖、班禅的家族担任大小地方官员，规定"大小番目及前后藏管事喇嘛，均不得以达赖喇嘛、班禅额尔德尼族属挑补"。①

"章程"第三个基本点，也是最主要基本点，是它大大提高了驻藏大臣的权力和地位，使"一切事权俱归驻藏大臣管理"。乾隆十六年四川总督策楞提出治理西藏的第二条原则是，"钦差有所操纵"，但是由于当时没订出相应的能起保证作用的规定，这条原则就落空了，驻藏大臣未能做到"有所操纵"。这次的"章程"，就吸取了过去的教训，对驻藏大臣的地位和权限，作了详细的规定。"章程"明确写上了"除上山瞻礼外，其督办事务，应与达赖喇嘛、班禅额尔德尼平等，自噶伦以下番目，及管事喇嘛等，事无大小，俱应禀知办理"。这是"章程"中最关键的一条。驻藏大臣既与达赖、班禅"平等"督办事务，所有政、教官员（喇嘛），又要"事无大小"俱向驻藏大臣禀报办理，这就为"一切事权俱归驻藏大臣管理"，奠定了牢固的基础。"章程"还具体规定，噶伦一职，关系紧要，如有缺出，由代本、商上孜本、商卓特巴内，由驻藏大臣会同达赖，"拣选正陪奏补"。代本缺出，由如本中升补，亦呈请清帝批准。其余大小地方官员，以及大寺首领堪布喇嘛，均由驻藏大臣和达赖喇嘛委任。驻藏大臣掌握了地方军政官员和大寺首领的任用权。驻藏大臣拥有军权，清廷派遣官员驻防西藏。前藏设游击、守备各1员，千总、把总5员，外委5人，后藏设游击、都司各1员，守备3员，千总、把总9员，外委7人，兵丁近千名。前藏藏兵由游击统辖，后藏、江孜、定日藏兵，由"都司统之"，总归驻藏大臣调遣。平时，驻藏大臣责令各将"督同番目训练"，定期巡查，"校阅优劣，分别赏罚"。藏兵官员如本、甲本、定本的钱粮，亦由驻藏大臣分发。驻藏大臣还握有财权。西藏银元，系经管财政的"商上"负责鼓铸工料役夫。驻藏大臣则派遣人员

---

① 《清高宗实录》卷一四一九。

"督同监造"，如有掺杂，质量恶劣，即将"该管噶布伦及仔本、孜仲等与监造人员一并治罪"。达赖、班禅所属前、后藏藏民，每年租赋除交本色以外，还有银 12.7 万余两，"所有商上用度"，"均由驻藏大臣总核"。西藏大小寺庙喇嘛和各地藏民，编造人丁册簿，驻藏大臣和达赖各存 1 份。驻藏大臣还掌管外交权和外贸权。"章程"规定："接壤藏地各番部落，差人来藏，令边界营官禀报驻藏大臣验放"。如果来者直接禀报驻藏大臣，"由驻藏大臣给谕"，如有呈告达赖的，亦须送驻藏大臣"译验，商发谕帖"。不准噶伦与外面"私通信息"。驻藏大臣 2 人，均在前藏，设立驻藏大臣衙门及有关官员。每年春秋二季，两驻藏大臣"轮流前往后藏，巡查边界"，操练士兵。①

关于驻藏大臣与达赖、班禅之间之关系，"章程"作了规定。两者之间既是"平等"商议，共同办理的关系，又有所轻重。驻藏大臣较诸达赖、班禅有更大的发言权，实际上掌握了西藏地方的军政大权。驻藏大臣的全名叫"钦差驻藏大臣"，是至高无上的皇帝派遣到西藏、代表皇帝处理西藏事务的。就此而论，达赖喇嘛、班禅额尔德尼，当然不能违背钦差大臣所传的圣旨，自然会对驻藏大臣让步三分，驻藏大臣不仅与达赖、班禅"平等"督办事务，商议地方官员的任用，共同处理各种事务，而且可以对很多方面进行独断。如军权、外交权等，主要由驻藏大臣掌握和决定。就是达赖、班禅转世的"呼毕勒罕"，也得由他监督选择和奏报朝廷批准。

以上所述三个基本点，集中表明了一个关键性的问题，即"善后章程"明确规定了西藏是清朝中央政府直接管辖的一个地区。虽然它在某些方面拥有较大的自治权，但它毕竟是中国的一个地区，这个地区的藏族官民僧俗皆清朝皇帝之"赤子"，这就极大地加强了清朝中央政府对西藏的管理和统治。正如清朝史学家魏源所说："于是事权始归统一。自唐以来，未有以郡县治卫藏如今日者""自元、明以来，未有以齐民治番僧如今日者"。②

---

① 《清高宗实录》卷一四一八、一四一九、一四二一。
② 魏源：《圣武记》卷五。

"善后章程"的议定、执行，对保卫祖国西南边疆，以御外敌入侵，增进藏族与内地各民族之间政治、经济、文化的联系和交流，加快藏族前进步伐，促进多民族国家的发展，都起了很大的作用。

（二）高山族地区"改社为厅"

台湾的土著居民是高山族。他们在漫长的岁月里披荆斩棘，翻山越岭，种地渔猎，对台湾的开发起了重大的作用。明朝天启年间（1621～1626年），台湾的高山族已有几万人，移居台湾的汉族人也有几万人。正当他们耕地渔猎的时候，西班牙、荷兰殖民地者闯了进来，建立起殖民统治，残酷的剥削高山族和汉族人民。清顺治十八年（1661年），南明延平郡王郑成功为建立抗清基地，率军入台湾，赶跑了外国殖民者。这一行动得到了台湾高山族、汉族人民的支持。康熙二十二年（1683年）清军进入台湾，郑成功之孙郑克塽率众降顺，台湾正式归入清朝中央政府的管辖。清政府设台湾府，下辖凤山、诸罗、台湾3县，隶福建省。雍正元年增设彰化县。光绪十三年（1887年）正式建立台湾省，下辖3府11县4厅1州。

清政府将高山族分为"生番"和"熟番"。官方文件常提到："内附输饷者曰熟番，未服教化者曰生番。""熟番"又称"平埔番""平埔人"，归清政府直接管辖，服从地方政府的命令，输纳"番饷"（亦称社饷）负担差役，耕种土地，与汉民族接触较早，来往频繁，受汉族文化影响很大。"生番"多居山村之中，猎捕兽禽，有的也耕种小块土地，产量很低，与汉民联系较少。早期"生番"很多，"熟番"极少。在凤山县的124个番社里，只有上淡水8社是"平埔番"，其余皆为以狩猎为生的"生番"。有清一代，总的趋势是"生番熟番化""番汉一致化"。汉、"番"两族之间的融合、发展十分迅速，这是与政府的政策和两族人民的积极努力分不开的。

清政府对高山族及其与汉民族的关系，一贯很重视，因为这是涉及台湾的安危和发展的重大问题。康熙二十二年（1683年），清政府统一台湾后，立即宣布"征赋如旧"，表示对台湾居民无科虐。之后，分别在台湾各州县设立北路、中路、基隆、南雅、噶玛兰抚民理番同知及南路理番同知，处理"番人"与"民人"关系的事务。

清政府多次减少台湾土著居民的赋税。入台之初，对台湾壮年男子征米1.7石，少丁征1.3石，妇女征1石，共有归化8社3592人，每年征米4645石，比过去有所减少。之后，又继续减征。到了乾隆二年，清帝下诏宣布："民番皆吾赤子"，现有90社，改照民丁之例，每丁征饷银2钱，年征349两，也比过去减少了。

一些勤理公务兴利除弊的循吏，如知府蒋毓英、靳汉扬，知县周钟瑄等，也很重视对高山族的招抚和教育。大量汉民移居台湾垦荒经商开矿。一些颇有见识的汉民，如王世杰、隋永和、吴沙等，大修水利，垦种荒地，向高山族运售盐、布、农具，购买土特产品，教授他们种植方法，帮助医治疾病，在生产、生活、文化等方面，都起了良好的作用，促进了高山族社会发展，"熟番"更积极地学习汉族先进文化，"生番"迅速向"熟番"转化。1661年，郑成功收复台湾时，就连高山族中较进步的台湾新港等"熟番番社"，还不知道使用铁犁、耙、锄、斧、钩、镰等农具，所用工具简陋，土地产量很低。但自汉族的生产工具、耕作技术传入台湾，高山族和汉族互相帮助，一起开发，在短短几十年中，情况就发生了很大的变化。高山族学会了使用铁制农具，而且种果木，植荆竹，修廪囷，盖牛棚，几乎样样都向汉人学习。如台湾县新港社、目加瑠湾社、肖垄社、麻豆社，"四社番亦知勤稼穑，务畜积，比户殷富"。① "耕种如牛、车、犁、耙，与汉人同"。② "诸番饶裕者，中为室，四旁列种果木，廪囷圈围，次第井井。环植荆竹，广至数十亩"。③ 淡水县的"熟番"也是"淡南耕种犁耙诸器，均如汉人"。④ 凤山县上淡水等8社"平埔熟番"，"村居错落，环植荆竹，周围数亩至数十亩不等，中为番厝，旁植梁木，积贮廪囷，牛豕圈栏，井井有条。社之前后左

---

① 郁永和：《稗海纪游》。
② 黄叔璥：《番熟六考》。
③ 周钟瑄：雍正《诸罗县志》卷八。
④ 陈培桂：同治《淡水厅志》卷十一。

右，即其田园，与汉人乡井无异也"。他们积贮稻米的仓房，三五间、十余间毗连，每间可容 300 余石。① 这些"熟番"与汉族农民没有多大区别。

台湾的"生番"也迅速向"熟番"转化。"生番社"的数目急剧减少。在汉民和"熟番"的影响之下，许多"生番"逐步归入清朝统一管理，由狩猎为生，改为农耕为主，接受和使用先进农耕技术，变成了"熟番"。如凤山县原有 116 个"生番番社"，到乾隆初年，大部分转化为"熟番"。有很多地区的高山族也像汉民一样，垦地耕种。他们之间互通有无，杂居共处，同隶府州县官的管辖。

另有些没有设州县的"生番"，亦希望能归清政府所属的府州县管辖。噶玛兰、埔里等番社即是明证。噶玛兰在淡水的东北，三面环山，东临大海，平原宽广，膏腴万顷，早期全是"生番番社"，不知农耕，只会捕鱼猎鹿为生。后来汉民大量移入，垦荒种地、经商、建筑房屋，土著居民亦逐渐仿效，学会了农田耕作技术。他们从亲身经历和祖辈遗训中受到教育，迫切要求改变贫穷落后的处境，采用汉民生产、生活方式，希望直接隶属清政府的管辖，化"生番"为"熟番"，进而为民。嘉庆十五年（1810 年），闽浙总督方维甸遵照谕旨，进入噶玛兰考察设官置厅等事，刚到猛舺，噶玛兰"番目"包阿里便率"各社番丁叩辕求见"，"呈送户口清册，遵旨剃发，请入版图，亦请设立通事，以免熟番欺凌"。汉民垦户何翰等亦呈请已垦田地照则升科，设官弹压，分定地界。方维甸见此情境，向清政府奏准设噶玛兰厅，置通判，理民事，后改为宜兰县。原隶彰化之埔里地区各社高山人，亦以同样缘由，多次向到此考察的州县官员"输物献诚"，并群至道署，恳请"内附"，历经多次周折，终于在道光年间设台北府埔里社厅和卑南厅。

这些地区改社为厅，归清政府直接管辖，既促进了汉民继续到此垦种，又为当地的高山族人学习先进文化和农耕技术、改善生活条件等，创造了较好的条件。高山族和汉族一起，为开发台湾而辛勤劳动。

---

① 王英曾：乾隆《凤山县志》卷三。

（三）南方诸族"改土归流"

清朝初年，政局不稳，经济凋敝，政府无为顾及对南方民族的直接管理，便继承"明制而略有新规"，在用流官的同时，有些地区仍是土司制度。经顺、康两代的调整，清朝封建政权得到巩固，才有力量对南方一些民族地区，采取措施，进行有效管辖。

雍正三年（1725 年）四月，云贵总督高其倬疏奏苗疆情形时指出，南方民族地区在土司统治之下，各据一方，不仅促使民苗互相仇杀抢劫，而且土司"往往将有粮之田，作为无粮这土，卖与绅衿商民，以致完纳无资，每至派累苗户"，加重苗民负担。他建议增兵驻扎苗区，清查有粮之地，解决苗民之争。① 雍正四年（1726 年），云贵总督鄂尔泰，领会了雍正皇帝对南方民族地区将实行"改土归流"的意图，用将近半年时间，对云贵边区的土司统治区进行考查。他向雍正皇帝上疏：从贵阳至东川府土司统治的地区，"三百六十里内，人烟俱寂，鸡犬无闻"，既无村寨，又无居民，只有"隔三十里之处，有塘兵二三名，茅屋数间，而入山处古木参天，远山处平畴万顷，取用尽良材，垦治为美产"，但是"田皆蒿莱，地尽荆棘，耕种不施，渔樵绝迹"。考其原因，在土司统治之下，"民不肯为，官不敢问"，以致"近城数十里内，肥饶之土亦半抛荒"。② 东川土府"风俗仍旧，贡赋不增"。乌蒙土府，原定所纳钱粮，银 3000 余两，而取下属者，高达百倍，一年四小派，三年一大派，小派计钱，大派计两。③ 高其倬、鄂尔泰和奏疏，从不同的角度反映出共同的问题：在封建领主土司统治下，生产遭到破坏，人民生活非常困难，国家的政令难以推行。清政府要加强对南方民族地区的管辖，必须"改土归流"。雍正帝亦知土司对人民"生杀任情"，土民"受其鱼肉，敢怒而不敢言"④，阻碍当地生产的发展，也直接危及清政府的统治，所以对鄂尔泰

① 《清世宗实录》卷三十一。《宫中档》雍正朝第四辑一〇二、一〇四。
② 《宫中档》雍正朝第七辑，《朱批谕旨》第九函第七册。
③ 《清史稿》卷五一二；魏源：《圣武记》卷七。
④ 《清世宗实录》卷二十。

的主张表示应允，下诏将原属四川土府的东川、乌蒙、镇雄改隶云南①，开始在南方民族地区大规模推行"改土归流"政策。

清政府于雍正四年（1726 年），开始在南方民族地区革除"自王其地"的土司制度，代之以非世袭的流官。在实行"改土归流"政策过程中，采取两种手段：一种是大兵压境，强制改流；另一种是招抚土司纳土献田。云南、贵州、四川三省是用前一种方式，广西、湖广等省及其他民族地区，则用后者。

清政府对云南省东北部彝族地区的改土归流，是陈兵边境，革除东川土府，近逼乌蒙、镇雄。乌蒙土司禄万钟、镇雄土司陇庆侯等人，发动土兵反清。鄂尔泰用武力瓦解土兵，压服了土司的反抗。先后改东川、乌蒙、镇雄土府为府、州，设流官，派兵镇守。② 贵州苗区亦于雍正四年开始"改土归流"，起初清政府派兵进入苗区，"招抚"黔南、黔北、黔西三面的广顺、定番、镇宁、永宁、永丰、安顺等地 1000 多处苗寨，控制 1000 余里土地。③ 之后，又派熟悉苗区的张广泗率兵赴都匀、黎平、镇远、清平诸地，"导化群苗，相机剿抚"。两次大规模用兵，贵州苗区基本上被清政府所控制，而"改土归流"政策之演变，又成为对苗族人民一场残酷镇压。雍正时期，乘云南川东、乌蒙、镇雄的改流，兵力延伸到四川彝区，"自小金沙江外，沙马、雷波、吞都、黄螂诸土司地，直抵建昌，袤延千里，皆置营汛，形联执控"，强制推行"改土归流"政策，力图把压服云南彝族的经验，推广到四川大、小凉山。但是清政府对四川彝区的政策，遭到强烈反抗，未能实现。所以大、小凉山仍然保持原有的制度。

清初，对川康地区的藏族，沿用明制，又加封了土司，主要有明正宣抚司、瞻对安抚司、绰司安抚司、巴里两塘正副宣抚司、德格宣抚司、梭磨宣抚司、金川安抚司等。这些土司属于四川总督及下设官员的管辖。他们要按照清朝政府的规定，缴纳贡赋，在指定的地点进行贸易，只有

---

① 《清史稿》五一二；魏源：《圣武记》卷七。
② 《清史稿》卷五一四。
③ 《清史稿》卷五一五。

金川土司多次违反清政府的规定，触怒"天威"，不遵"王法"，致使清朝皇帝两次派遣大军镇压。第一次是乾隆十二年（1747年）调"征苗有功"之云贵总督张广泗率领3万大军入川征讨金川，其后又派遣大学士讷亲以"经略大臣印信"征金川。乾隆十三年，因此二人"征剿不力"被诛，又派大学士傅恒率军征剿，终于迫使金川土司莎罗奔投降。

但是，大、小金川土司和清政府的斗争，并未因此而结束。乾隆三十六年（1771年）大、小金川土司与邻近土司矛盾斗争，触犯了清军。清廷任命温福为定边将军，率大军征讨，温福无攻坚之策，被金川土兵包围，中枪死。乾隆皇帝又任命阿桂为定西将军，率领京旗健锐营、火器营及陕西、山西、甘肃、云南、贵州、四川、吉林、黑龙江等省征调的兵丁，共约5万余人征讨金川。历时5年，费"币银七千万"，终于压服了统辖"纵不过二三百里，横不过数十里"，男女老幼不到一万藏民的大、小金川土司。

乾隆四十一年（1776年），在其地"分置美诺，阿尔古两厅"。四十四年，并阿尔古入美诺。4年之后改"懋功厅，驻同知，理五屯事务"。

清政府对广西、湖广及其他南方民族聚居区，通过招抚土司、纳土献田，改土府、土州、土县、土官、土目为与汉区一致的府、州、县，派遣流官管辖。这里的"改土归流"是比较顺利的。之所以能顺利施行，主要原因有两方面：一是居住在广西、湖广、广东、福建等省的壮、瑶、土家、苗、畲等族，在某种程度上受汉区文化的影响较深，加上本身经济的发展，要求改变落后的土司制度；另一是清政府对云南、贵州、四川"改土归流"之例，使其他地区的土司慑服于清廷的兵威，被迫接受改流。湘西永顺土司彭肇槐"献土"，并呈请清政府改流，其地置永顺府，随后又废保靖、桑植两土司，设保靖、桑植两县，归永顺府管辖。广西、湖南的壮族、瑶族聚居区，经过"改土归流"政策的推行，原存土府、州、县、峒，大多裁革，由清政府派官管辖，直接受清政府的统治。

清朝"改土归流"政策的推行，在南方少数民族居住区，大多数以流官统治代替了土司制度。但是，处于边远地区的某些民族，由于种种原因仍然保存着土司制度，这些土司制直到民国年间才最后革除。

　　"改土归流"，确实在某些民族地区取消了土司制度，打破了封建割据状态，使土司统治下的土民摆脱了农奴身份，土兵免除了参加各种械斗和苛役。汉族及其他各族人民就有可能和南方民族地区的劳动人民一起，"垦辟污莱，焚烈山林"，把久荒之地变成亩增几倍的良田。① "改土归流"之后，在统一的国家里，各民族之间的生产技术才有更好的条件得到交流和传播，有利于改变偏僻地区"刀耕火种"的落后状态。如湘西黔东地区的苗民，原只知种谷子、杂粮，而不会种稻，他们学到种稻技术后，按地力播种，适时耕作，使肥沃之地产量增加几倍。壮族农民按土地肥瘠分类，田皆种稻，地种杂粮，雨足必丰收。"古州、丹江，禾长八尺，穗五六歧，豆大如粟"，云南东川土府所属，原是"膏腴四百里无人敢垦"，现已"屯垦东川，岁收二万余石"。② 乾隆年间，南方一些少数民族地区，一度出现"野无旷土""比屋而居，庐舍稠密"③ 的景象。社会制度的改进，自然为经济发展提供条件。南方一些边远地区，耕作工具简陋，盐、茶、布匹奇缺，给少数民族带来很大困难。一旦增强相互学习、互通有无的条件，对民族地区经济文化的发展是有益的。

　　清政府对南方民族地区的改土归流政策，固然是为了加强对南方民族的统治，但它符合我们统一的多民族国家的要求，也反映了南方民族地区社会经济的发展和演变。"改土归流"的结果，除进一步使国家政令统一，也加强和促进了各族人民间的经济文化关系的发展，使各民族之间更接近了。在推行"改土归流"政策过程中，所采取的军事镇压手段，特别对滇东彝族和黔、川、湘等省的民族进行的残酷镇压，不分青红皂白，不根据社会发展的实际情况，施行赤裸裸的民族压迫政策，是应该否定的。

---

① 魏源：《圣武记》卷十七；《清世宗实录》卷九十六、一一七。
② 魏源：《圣武记》卷七。
③ 中国第一历史档案馆藏《民族事务类》。

附录：杨学琛先生生平

杨学琛，女，1928 年 11 月 29 日生，四川省彭山县保胜乡人。1955
年毕业于四川大学历史系，分配到中央民族学院研究部和历史系工作。
1978 年调到中国科学院民族研究所工作，1988 年被评为研究员，1992 年
享受国务院颁发的"政府特殊津贴"。2009 年 9 月 18 日因病逝世，享年
81 岁。

杨学琛是我国著名的民族史专家，长期从事清代民族史、满族历史
及民族关系史等研究与教学工作，在学术界有较广泛的影响及较高的声
誉。

从开始工作起，杨学琛先生就积极投身于少数民族社会历史调查、
研究及教学工作中。1958～1963 年，她参加由傅乐焕先生领导的辽宁少
数民族社会历史调查组，在沈阳、新宾等地对满族历史、社会经济、宗
教信仰及风俗习惯等开展大规模的调查及从事编写满族简史、简志的前
期准备工作。其间，杨学琛先生同调查组同仁跋山涉水，深入田间地头，
访问各类人士，广泛搜集文献、文物及民间传说等，为正确、全面及深
入认识满族社会历史、风俗习惯等提供了宝贵的资料，并参与了《满族
简史》初稿的撰写工作。

杨学琛先生的代表作有《清代八旗王公贵族兴衰史》（辽宁人民出版
社，1986）、《清代民族关系史》（吉林文史出版社，1991）、《清代民族
史》（四川民族出版社，1996）及《中国民族史》（台北，文津出版社，
1994）等。她还参与了《中国民族关系史纲要》《中国历代民族政策研
究》等多项集体论著的撰写工作。

杨学琛先生具有扎实的历史专业知识，能熟练地运用满语满文，注

重实地调查，将文献、文物及口述资料等结合，认识历史现象，分析历史问题，解释历史发展，视角独特，见解犀利。在清朝八旗王公贵族的研究上深刻反映了杨先生的学术见识及研究方法。

不同于中国历史上的多数王朝，清朝是以满族为主，联合蒙古族，利用及拉拢部分汉族而建立的封建王朝，传承时间长达 260 余年（若加上后金，则接近 300 年）。作为军事及政治制度来说，八旗制度曾起到极大作用，连接及涵盖了部分满洲、蒙古族及汉族民众（有满、蒙及汉军八旗），军民合一，农武互助，形成强大的战斗力。附生和依持八旗制度的王公贵族在清朝的创建、发展及衰落过程中起到非常重要的作用。当然，除占有特殊地位，掌握统治权力外，王公贵族在经济上还与旗地、庄园及农奴等密切相连，是大农奴主、大地主阶层。清朝的衰败以至灭亡，与列强入侵、门户洞开、屡遭挨打等有关，但也与八旗制度的没落、王公贵族的腐朽等有直接联系。

早在 20 世纪 60 年代初，杨先生就着手研究清代的王公贵族及庄园等，发表了《清代旗地的性质及其变化》《关于清代皇庄的几个问题》《清代的逃人法》《清代的王公庄园》等系列论文，在坚实的前期研究基础上，与周远廉先生合著，撰写了《清代八旗王公贵族兴衰史》，成为杨先生的代表作。

该著作从满洲八旗贵族入手，区分了宗室贵族及异姓贵族等几个类型，阐述了其相互作用、彼此关系及地位高低，揭示了其权势的消长与存亡。努尔哈赤起兵反明后，为增强力量，扩大基础，以封高官、赐贵爵、厚赏庄园、缔结婚姻等手段，竭力争取团结蒙古各部落，借助八旗制度等方式，建立及密切同蒙古的联系。满蒙联盟，增强了国势，削弱了明朝，巩固及扩大了清朝的地盘，自然而然，蒙古贵族在清朝占有相应的特殊地位。此外，无论是在满洲兴起之初招降东北、镇压抗金活动中，还是在入关夺取"大顺"或"南明"江山的过程中，汉军贵族运筹帷幄、出谋划策，或充当满洲兵前驱，在南北征战中立下了汗马功劳。没有这批汉军贵族的投附尽力，清王朝是很难夺取中原的。有清一代，尤其是在后金及清初历史中，汉军贵族起了较大的作用，也占有重要的地位。《清代八旗王公贵族兴衰史》以满、蒙、汉王公贵族作为研究对象，剥蕉至心，直中的底，对于清代若干重大的历史问题，如宗室王公与异姓贵族的权势消长、八旗贵族的封建庄园、八旗贵族的阶级特性、清朝政局的重大事件和八旗贵族在政治、军事、科学、文艺、书画及史学方面的成就和贡献等，都进行了系统的描述和深刻的剖析；对八旗贵族集团由盛到衰的演变做了科学的总结，得出符合史实的规律，提出了颇具新意的见解。因之该著作被誉为"我国第一部论述八旗贵族的历史专著"，"填补了这一领域研究的空白"（郑昌淦语），具有突出的开创之功。该书荣获首届北方十五省市自治区哲学社会科学优秀图书一等奖。

《清代八旗王公贵族兴衰史》不仅观点新颖，论证缜密，发前人之所未发，更因利用及发掘翔实丰富的珍稀资料，增添了该书的学术分量。该书不仅充分利用了《清实录》、《大清会典》、《文献通考》及《八旗通志》等重要文献，还深入发掘及依赖"满文老档"等珍稀资料，广泛搜集及利用《肃王府奉天各庄佃地亩纸》、平南王尚可喜《关东庄园地亩清册》、《英公府地册》、《京都惠郡王府骑缝底簿》等簿册，对皇庄、王庄等封建庄园的经营状况做到了有数据的解释，对八旗王公贵族的兴衰成败做出了"量"的说明。该书通过部分亲王、郡王、贝勒、贝子及其子弟口述资料及个人回忆，利用现身说法，借助亲身经历，揭示了清代王公贵族的最终归宿，反映了他们在新中国社会中得到的妥善安置，使得对清代八旗王公贵族的研究有始有终，答案圆满。

著作《清代民族史》则集中体现了杨先生善于大处着眼，小处着手，抓纲举目的治学特点。该著作谋篇布局颇有新意，既书写了一朝各民族的发展史，也突出了重点，凸显了时代特色及其变化。

清代是我国统一多民族国家的重要朝代，中华民族的56个民族多元一体格局因之形成。毋庸解释，所谓清代民族史事实上就是书写55个少数民族在清朝的发展史、巩固及建设边疆史，该著作涉及民族数量多、涵盖内容广，如采取惯用的方式，比对当今各民族，一一书写，难突重点；更难以完成，因为个别民族的清代文献的确太少太少……

杨先生在该书体例上有所创新，概括而言，主要表现在：第一，划分区域空间，或以该地区某主要少数民族引带其他民族，如"满族和东北诸族""藏族和门巴、珞巴"；或单析民族，如"蒙古族"；或某地多个民族并列，在平叙之中，有所侧重，如"新疆诸族""川滇彝羌诸族""云南白傣诸族"等。第二，以方位为引导，突出重点，首列满族，次列蒙古族，再列陕甘宁地区诸族。该书的这种体例既切合由北向南的方位书写惯例，更突出了满蒙两族在清代的特殊地位及作用，寓清朝的政治特点于其中。第三，提纲挈领，抓住重要事件或人物活动，弃置繁琐细事，较准确地概括了清代各民族的发展历史，更为重要的是，彰显了他们维护祖国统一、民族团结的努力和行动。

杨学琛先生热爱学生，关心家乡的教育事业，积极扶植青少年成长，她生前表示尽自己的绵薄之心，将有限积蓄及部分图书捐助母校，为家乡教育事业添砖加瓦。其家属根据杨先生的遗愿，于 2009 年底向彭山县保胜乡中学捐资 10 万元，设立"杨学琛奖学金"，奖励优秀学生及老师；还捐资 2 万元，用于该校购买图书等设备，方便师生们学习及提高。2010 年 4 月，其家属代表杨学琛先生向四川大学历史文化学院捐赠了价值 5 万元的图书，以支持院师生的教学及科研工作。

（本文原载《中国民族研究年鉴》2009 年卷）

图书在版编目（CIP）数据

杨学琛清史论文集/杨学琛著.—北京：社会科学
文献出版社，2016.5
（中国社会科学院老年学者文库）
ISBN 978 - 7 - 5097 - 7181 - 5

Ⅰ.①杨…　Ⅱ.①杨…　Ⅲ.①中国历史 - 清代 -
文集　Ⅳ.①K249.07 - 53

中国版本图书馆 CIP 数据核字（2015）第 042166 号

· 中国社会科学院老年学者文库 ·
杨学琛清史论文集

著　　者 / 杨学琛

出 版 人 / 谢寿光
项目统筹 / 宋月华　杨春花
责任编辑 / 周志静

出　　版 / 社会科学文献出版社 · 人文分社（010）59367215
　　　　　地址：北京市北三环中路甲 29 号院华龙大厦　邮编：100029
　　　　　网址：www. ssap. com. cn
发　　行 / 市场营销中心（010）59367081　59367018
印　　装 / 三河市尚艺印装有限公司

规　　格 / 开　本：787mm × 1092mm　1/16
　　　　　印　张：17.75　字　数：263 千字
版　　次 / 2016 年 5 月第 1 版　2016 年 5 月第 1 次印刷
书　　号 / ISBN 978 - 7 - 5097 - 7181 - 5
定　　价 / 98.00 元